治安管理处罚法系列丛书
总主编：李春华

治安管理处罚法百案解析

陈积敏　李向玉　主编

群众出版社
中国人民公安大学出版社
CPPSUP 全国百佳图书出版单位

图书在版编目（CIP）数据

治安管理处罚法百案解析/陈积敏，李向玉主编．北京：群众出版社：中国人民公安大学出版社，2025．7．--（治安管理处罚法系列丛书/李春华总主编）．
ISBN 978-7-5014-6502-6

Ⅰ．D922.145

中国国家版本馆CIP数据核字第202598XT58号

治安管理处罚法百案解析

陈积敏　李向玉　主编

策划编辑：刘　悦
责任编辑：杜向军　白彩华
责任印制：周振东

出版发行：群众出版社　中国人民公安大学出版社
地　　址：北京市丰台区方庄芳星园三区15号楼
邮政编码：100078
经　　销：新华书店
印　　刷：天津盛辉印刷有限公司

版　　次：2025年7月第1版
印　　次：2025年9月第2次
印　　张：10.625
开　　本：880毫米×1230毫米　1/32
字　　数：270千字

书　　号：ISBN 978-7-5014-6502-6
定　　价：49.00元

网　　址：www.qzcbs.com
电子邮箱：qzcbs@sohu.com

营销中心电话：010-83903991
读者服务部电话（门市）：010-83903257
警官读者俱乐部电话（网购、邮购）：010-83901775
法律图书分社电话：010-83905745

总　序

新修订的《治安管理处罚法》已于2025年6月27日经第十四届全国人民代表大会常务委员会第十六次会议通过并公布，将于2026年1月1日起施行。自1957年《治安管理处罚条例》发布施行始，历经1986年《治安管理处罚条例》、2005年《治安管理处罚法》，至本次修订后的《治安管理处罚法》——这一从“条例”到“法”、从法的诞生到法的精进的过程，始终伴随着新中国成立以来社会、政治、经济等领域的发展变化不断完善。它深刻体现了党和国家全面推进科学立法、严格执法、公正司法、全民守法，持续推进法治中国建设的坚定决心与坚实步伐。

《治安管理处罚法》与公众日常生活联系密切，是我国二元惩罚体系中行政处罚的重要组成部分，明确授予公安机关行使治安管理处罚的执法权。此次修订有诸多亮点：一是本法第一条、第二条明确坚持中国共产党领导，将治安管理处罚纳入治安管理、社会治安综合治理乃至社会治理范畴，规定采取有效措施预防和化解社会矛盾纠纷。二是针对治安管理领域出现的新情况新问题，将一些危害行为纳入治安管理处罚，包括考试作弊、高空抛物、抢夺方向盘、违规飞行无人驾驶航空器、非法安装使用窃听窃照器材等行为。三是调整涉未成年人处罚，一方面，强化保护未成年人的合法权益，对涉及侵犯未成年人权益的行为从重处罚；另一方面，对违法造成恶劣影响、应当给予行政拘留处罚的未成年人，执行行政拘留。四是增设“免受不法侵害的制止行为”制度，保护公民反击不法侵害的权利，引导社会公众积极见义勇为。五是增设当事人“认错认罚从宽”制度，引导违法行为人认识错误、改正错误。六是优化处罚程序，吸收公安机关多年来的公安执法规范化建设成果，增设执法实践中科学、合理的执法程序，强化法制审核、集体决定，要求全程录音录像。七是增设符合法定条件的行政拘留处罚听证程序。八是推动治安调解与人民调解、自行和解相融合，强化矛盾纠纷源头化解，等等。

值此新修订的《治安管理处罚法》颁布之际，群众出版社精心组织编写了本套“治安管理处罚法系列丛书”。其中，《治安管理处罚法案例精解与实务指引》对治安管理处罚经典案例进行深度解析，为民警执法办案提供精准指导；《治安管理处罚法百案解析》对治安管理处罚常见案例进行全面解读，用通俗易懂的语言以案释法；《一书读懂治安管理处罚法》可帮助零基础的读者快速理解核心要点，轻松学法用法；《治安管理处罚法500问》通过一问一答的方式，速解读者身边的法律问题。

作为丛书的总主编，凭借多次受邀参与相关立法工作积累的专业经验，我带领编写团队深入研读新法条文，力求精准把握立法精神。丛书各分册的主编及参编人员，均为长期深耕于治安管理处罚法教学与研究领域的资深教师，其中不乏知名专家学者。他们兼具深厚的法学理论素养与丰富的公安执法实务经验，为丛书筑牢了坚实的专业支撑。在编写过程中，我们秉持总主编与出版社定框架、分册主编拟大纲、参编人员写初稿，再经分册主编统稿完善，最后由总主编审读定稿这一编写流程，旨在保障丛书集权威性、系统性、实用性于一体，兼具理论价值与实践价值，力求为读者呈现一套立足前沿、服务实战的治安管理法律知识精品。

由于编写时间仓促，疏漏之处在所难免，敬请广大读者批评指正！

李春华

2025年7月

前　言

作为一部与人民群众切身利益息息相关的法律，《治安管理处罚法》对维护社会治安秩序，保障公共安全，保护公民、法人和其他组织的合法权益，规范和保障公安机关及其人民警察依法履行治安管理职责作出了明确的规定。2025年6月27日第十四届全国人民代表大会常务委员会第十六次会议通过并公布新修订的《治安管理处罚法》，将于2026年1月1日施行。本次修订聚焦新时代社会治安面临的新挑战，将无人机“黑飞”、高空抛物、考试作弊、抢夺方向盘妨碍驾驶、升放明火孔明灯等行为纳入处罚范围，完善未成年人矫治教育机制，明确“免受不法侵害的制止行为”条款，彰显“法不向不法让步”的法治精神。

为了帮助广大群众清晰理解新法变化，本书精选典型案例，通过场景化解析，明确违法行为边界与法律后果。本书中的“案情分析”“案例提示”板块清晰地指出日常生活中常见行为的法律责任，明确法律界限，引导公众知法守法、理性维权。普法不仅是法律普及，更是对社会责任感的唤醒。

本书由陈积敏、李向玉担任主编，负责统稿、定稿；唐静也参与了本书的统稿、定稿工作；李春华负责审定。具体编写分工如下：崔向前编写第一章和第五章；陈俊豪、杨纪恩编写第二章；李向玉、唐静、雷舒越、陈积敏编写第三章；李兴林、梁桂英、肖付全编写第四章。

本书在编写过程中，参考了许多专家、学者的著作，得到了许多单位和朋友的帮助，在此表示衷心的感谢！由于学识水平有限，错漏之处在所难免，敬请广大读者批评指正。

陈积敏　李向玉

2025年7月

目　录

第一章　总则

一、《治安管理处罚法》没有规定处罚程序的适用《行政处罚法》《行政强制法》

《治安管理处罚法》第4条规定："治安管理处罚的程序，适用本法的规定；本法没有规定的，适用《中华人民共和国行政处罚法》、《中华人民共和国行政强制法》的有关规定。"《治安管理处罚法》与《行政处罚法》《行政强制法》关于处罚程序规定不一致的，适用《治安管理处罚法》的规定；《治安管理处罚法》没有规定的则适用《行政处罚法》《行政强制法》。但是，2021年修订的《行政处罚法》对处罚程序"告知环节"进行了完善，均比2012年修正的《治安管理处罚法》第94条和2025年修订的《治安管理处罚法》第112条规定的细致。那么，当前处罚程序是适用《治安管理处罚法》还是适用《行政处罚法》呢？

【基本案情】

李某因与王某发生争执，于是伙同他人对王某进行殴打并致王某受伤。某年8月6日，公安机关对此以治安案件立案调查。8月22日，公安机关对李某进行行政处罚前的告知。告知内容为："依据《治安管理处罚法》的相关规定，公安机关拟对你作出相应处罚。"8月26日，公安机关对李某作出行政拘留15日并处罚款1000元的行政处罚。李某对该行政处罚部分不服，提起行政诉讼。

【案情分析】

本案例争议的焦点在于公安机关在作出行政处罚决定前的告知环节没有告知拟作出处罚的内容。援引2021年修订的《行政处罚法》第44条的规定，不仅要告知处罚的事实、理由及依据，还需要告知拟作出处罚的内容，即拟作出处罚的具体种类、具体数额或数量、幅度等。如果告知不全面，会影响当事人陈述权、申辩权的行使，构成行政程序违法，导致行政处罚行为不成立。

2025年修订的《治安管理处罚法》则完善了告知的相关规定，告知内容除处罚的事实、理由及依据,还增加了“内容”，即拟作出处罚的内容。但对当事人具体享有的权利规定依然笼统，没有像《行政处罚法》一样具体、详细列举当事人享有的“陈述、申辩、要求听证等权利”。《治安管理处罚法》与《行政处罚法》《行政强制法》关于处罚程序规定不一致的，适用《治安管理处罚法》的规定；《治安管理处罚法》没有规定的则适用《行政处罚法》《行政强制法》。

【法条链接】

1.《治安管理处罚法》第四条　治安管理处罚的程序，适用本法的规定；本法没有规定的，适用《中华人民共和国行政处罚法》、《中华人民共和国行政强制法》的有关规定。

第一百一十二条第一款　公安机关作出治安管理处罚决定前，应当告知违反治安管理行为人拟作出治安管理处罚的内容及事实、理由、依据，并告知违反治安管理行为人依法享有的权利。

2.《行政处罚法》第四十四条　行政机关在作出行政处罚决定之前，应当告知当事人拟作出的行政处罚内容及事实、理由、依据，并告知当事人依法享有的陈述、申辩、要求听证等权利。

【案例提示】

首先，关于处罚程序的适用，以《治安管理处罚法》为首要选择，《治安管理处罚法》没有规定的才适用《行政处罚法》《行政强制法》。其次，要注意日常容易混淆的问题，2025年修订的《治安管理处罚法》第4条规定的只是处罚程序适用的特别条款，而不是处罚种类，不能类推得出《治安管理处罚法》没有规定的，适用《行政处罚法》《行政强制法》的有关规定。

二、外国人在我国境内违反治安管理适用我国法律

涉外警务是警务工作的重要方面。涉外案件如果处理不好，轻则会影响交往互信和国际商贸往来，重则可能会引发外交争端。妥善处理涉外案件是维护国家主权和社会秩序、促进国际交往的重要方面。外国人在中国违反治安管理是否可以处罚呢？

【基本案情】

某日，网络上流传一段一名外籍男子在车站拒绝配合安检工作的视频。据现场人员描述，这名外籍男子被车站工作人员拦下来之后突然暴怒，于是便开始辱骂阻拦他的车站工作人员，还拿起手机砸向车站工作人员。随后车站工作人员报警，民警抵达之后将该男子带走调查，并于当日依据《治安管理处罚法》和《出境入境管理法》给予该男子行政处罚并处以限期出境。

【案情分析】

《治安管理处罚法》第5条规定的是空间效力，根据该条规定，外国人在我国领域内或我国船舶和航空器内发生的违反治安管理行为，除法律有特别规定的外，我国均有管辖权，采用的是属地管辖原则。“除法律有特别规定”中的“特别规定”一般是指外交领域条约转化的国内法，如《外国国家豁免法》《出境入境管理法》等相关法律。违法人员如果不享有外交豁免权或其国家放弃

其外交豁免权，其行为应当受到相应的处罚。因此，本案中公安机关给予该男子行政处罚并处以限期出境是正确的。

【法条链接】

1.《治安管理处罚法》第五条　在中华人民共和国领域内发生的违反治安管理行为，除法律有特别规定的外，适用本法。

在中华人民共和国船舶和航空器内发生的违反治安管理行为，除法律有特别规定的外，适用本法。

在外国船舶和航空器内发生的违反治安管理行为，依照中华人民共和国缔结或者参加的国际条约，中华人民共和国行使管辖权的，适用本法。

第十条　治安管理处罚的种类分为：（一）警告；（二）罚款；（三）行政拘留；（四）吊销公安机关发放的许可证件。

对违反治安管理的外国人，可以附加适用限期出境或者驱逐出境。

2.《出境入境管理法》第三十七条　外国人在中国境内停留居留，不得从事与停留居留事由不相符的活动，并应当在规定的停留居留期限届满前离境。

第八十一条　外国人从事与停留居留事由不相符的活动，或者有其他违反中国法律、法规规定，不适宜在中国境内继续停留居留情形的，可以处限期出境。

外国人违反本法规定，情节严重，尚不构成犯罪的，公安部可以处驱逐出境。公安部的处罚决定为最终决定。

被驱逐出境的外国人，自被驱逐出境之日起十年内不准入境。

【案例提示】

办理外国人违反治安管理案件的注意事项：

1. 处理外国人违反治安管理案件，应当依照法律规定和办案程序，认真做好查处工作。

第一，要及时核实身份，掌握现场事态。公安机关接到报警后，要及时派人赶赴现场，查清违法行为人的国籍、姓名（中文、外文）和身份，开展调查询问，查明事实，分清责任，依法处理。违法行为人为享有外交特权和豁免权的外国人的，公安机关应当将其身份、证件及违法行为等基本情况记录在案，保存有关证据，并尽快将有关情况层报省级公安机关，由省级公安机关商请同级人民政府外事部门通过外交途径处理。对享有外交特权和豁免权的外国人，不得采取限制人身自由和查封、扣押的强制措施。

第二，要依法办理。调查取证、定性裁决处罚要准确，要有法律依据。法律手续要完备，法律文书要合乎规范。违法行为人不服提出申诉的，上一级公安机关要认真复核。对违法行为人向人民法院提起诉讼的案件，要及时做好应诉的各项准备工作。

2. 处理外国人违反治安管理案件的分工和审批权限。

办理外国人违反治安管理案件，应当按照国家有关外国人违反治安管理案件的规定，严格执行请示报告、内部通报、对外通知等各项制度。外国人违反治安管理或者出入境管理，情节严重，但尚不构成犯罪的，承办的公安机关可以层报公安部处以驱逐出境。公安部作出的驱逐出境决定为最终决定，由承办的公安机关宣布并执行。

对外国人作出行政拘留、拘留审查或者其他限制人身自由以及限制活动范围的决定后，决定机关应当在48小时内将外国人的姓名、性别、入境时间、护照或者其他身份证件号码，案件发生的时间、地点及有关情况，违法的主要事实，已采取的措施及其法律依据等情况报告省级公安机关；省级公安机关应当在规定的期限内，将有关情况通知该外国人国籍国的驻华使馆、领馆，并通报同级人民政府外事部门。该外国人要求不通知使馆、领馆，且我国与该外国人国籍国未签署双边协议规定必须通知的，可以不通知，但应当由其本人提出书面请求。

外国人在被行政拘留、拘留审查或者采取其他限制人身自由以及限制活动范围期间死亡的，有关省级公安机关应当通知该外国人国籍国的驻华使馆、领馆，同时报告公安部并通报同级人民政府外事部门。

三、治安管理处罚应实现教育与处罚相结合

《论语·尧曰》曰“不教而诛谓之虐”“不戒视成谓之暴”。我国传统文化认为“人之初，性本善”，历来反对“不教而诛”，认为人是可以教化的。1986年《治安管理处罚条例》中就已确立了教育与处罚相结合原则。教育与处罚相结合原则也是《治安管理处罚法》的一个主要原则。《法治政府建设实施纲要（2015–2020）》规定：“推广运用说服教育、劝导示范、行政指导、行政奖励等非强制性执法手段。健全公民和组织守法信用记录，完善守法诚信褒奖机制和违法失信行为惩戒机制。”2021年修订的《行政处罚法》引入了“首违不罚”制度，其主要目的就是让当事人更加积极主动地学法、知法、守法。因此，教育既是处罚的前置性原则，也是其应然性目的和替代性措施。

【基本案情】

某日，在某小区内，陈某、李某、陆某同乘小区电梯下楼，陈某在电梯内发表了针对李某的不当言语。出电梯后，因言语冲突。李某对陈某实施了殴打行为。李某曾担任该小区业主委员会主任，在任职期间，曾因物业管理问题等与陈某发生过纠纷。

案发后，某公安分局考虑到李某虽然有殴打年满70周岁陈某的法定情节，但陈某言语挑衅在先，且事发后经司法鉴定，陈某所受伤害不构成轻微伤，李某亦认识到自己的行为错误，愿意赔礼道歉、赔偿损失，于是作出决定给予李某罚款1000元的行

政处罚。某公安分局作出裁决后，陈某不服，认为单处罚款处罚过轻，根据《治安管理处罚法》的规定，对70周岁以上的人进行伤害，应拘留和罚款并处。陈某以处罚决定在应为罚款与拘留并处的情况下，减轻至仅适用罚款缺乏法律依据为由，先后提起行政复议和行政诉讼。

一审法院认为，某公安分局的处罚裁量并无明显不当。行政机关在作出处罚决定时，享有根据具体情况依法予以量罚的权力，做到责罚相当。减轻处罚是与免除处罚或者不予处罚直接衔接的处罚裁量，尤其是根据《治安管理处罚法》的规定，在同一情节对应减轻处罚和不予处罚两种裁量类型的情况下，要求必须有个别处罚种类或幅度不得适用，势必会造成某些情形下处罚结果畸轻或畸重。在本案中，李某虽有故意殴打70周岁以上老人的情形，但是基于违法行为情节特别轻微，某公安分局经综合考虑事发起因、伤害后果、当事人主观过错、案发后李某的态度、避免激化邻里矛盾等多种因素，进行处罚裁量，对李某罚款1000元并无明显不当。

二审法院认为，根据《治安管理处罚法》的规定，被上诉人某公安分局具有作出被诉处罚决定的法定职权。《治安管理处罚法》规定了伤害年满70周岁以上人员的罚则。该法亦规定，情节特别轻微的，可以减轻处罚或者不予处罚。其第6条规定，治安管理处罚必须以事实为依据，与违反治安管理的事实、性质、情节以及社会危害程度相当。办理治安案件应当坚持教育与处罚相结合的原则。在本案中，被上诉人某公安分局向原审法院提供的与上诉人陈某、李某、证人陆某制作的询问笔录、司法鉴定意见书等证据相互印证，可以证明事发当日上诉人在电梯内发表了针对李某的不当言语挑衅，有过错在先。经司法鉴定，上诉人所受伤害并不构成轻微伤，且事发后李某亦有悔过之意，表示愿意赔礼道歉、赔偿损失。被上诉人某公安分局综合考虑事发原因、伤害后果、社会危害程度等情况，认定李某违法情节特别轻微，适用《治安管理处罚法》相关规定作出被诉处罚决定，对李某罚款1000元，符合教育与处罚相结合的原则，并无不当。

【案情分析】

《治安管理处罚法》第6条规定的是办理治安案件的原则，同时也是《治安管理处罚法》立法精神蕴含的原则。教育与处罚相结合原则是贯穿全法的基本原则之一，教育具有过程性和前置性。本案的一、二审判决较好地体现了公安机关在办理治安管理处罚案件过程中，在坚持法定原则、过罚相当原则的基础上，贯彻了教育和处罚相结合的执法理念，维护了公安机关执法权威和政府公信力。

【法条链接】

《治安管理处罚法》第六条　治安管理处罚必须以事实为依据，与违反治安管理的事实、性质、情节以及社会危害程度相当。

实施治安管理处罚，应当公开、公正，尊重和保障人权，保护公民的人格尊严。

办理治安案件应当坚持教育与处罚相结合的原则，充分释法说理，教育公民、法人或者其他组织自觉守法。

第五十一条　殴打他人的，或者故意伤害他人身体的，处五日以上十日以下拘留，并处五百元以上一千元以下罚款；情节较轻的，处五日以下拘留或者一千元以下罚款。

有下列情形之一的，处十日以上十五日以下拘留，并处一千元以上二千元以下罚款：（一）结伙殴打、伤害他人的；（二）殴打、伤害残疾人、孕妇、不满十四周岁的人或者七十周岁以上的人的；（三）多次殴打、伤害他人或者一次殴打、伤害多人的。

【案例提示】

《治安管理处罚法》第6条规定的是办理治安案件的原则，同时也是《治安管理处罚法》立法精神蕴含的原则。教育与处罚相结合原则是贯穿全法的基本原则之一，教育具有过程性和前置性。

1. 办理治安案件时，应深刻理解、全面认识教育与处罚之间的关系。教育既是处罚的前置性原则，也是其应然性目的和替代性措施。在原则层面，教育是前置性的，“不教而罚”有程序违法之虞；在目的层面，教育是应然性的，“为罚而罚”属于目的性背离；在措施层面，教育是替代性的，“不罚不教”有违法定职责。[①]

2. 注意教育具有过程性和前置性。在具体操作层面应以教育为先，同时兼顾教育的过程性；在具体办案过程中教育和处罚都是手段，坚持两手抓。

四、违反治安管理行为造成损害须承担民事责任

若违反治安管理行为构成犯罪，应当依法追究刑事责任，不得用治安管理处罚来替代刑事处罚。未构成犯罪但可给予、不予或免予治安管理处罚的，有可能同时构成民事侵权。也就是说，无论违法行为是构成犯罪还是构成违反治安管理行为，只要对他人造成了损害，行为人或者其监护人都应当依法承担民事责任。依据《民法典》第1167条的规定，侵权行为危及他人人身、财产安全的，被侵权人有权请求侵权人承担停止侵害、排除妨碍、消除危险等侵权责任。当被侵害人报警时，往往会一并主张要求民事赔偿，甚至有的仅仅要求民事赔偿即可。那么，当“违反治安管理行为”造成损害时，行为人或者其监护人应当如何承担民事责任呢？

【基本案情】

案例1：某日，某派出所接到陈某报警，称其车辆大灯被王

① 江国华、孙中原：《论行政处罚制度中的教育措施》，载《学习与实践》2022年第11期。

某损坏，请求派出所出警处置。接警后，民警迅速赶到现场处置。经了解，陈某驾驶半挂车超越王某驾驶的半挂车时，差点发生剐蹭。王某将陈某的车辆截停后，下车找陈某理论，后发生冲突。王某将陈某车辆的左前大灯玻璃罩打碎，无其他违反治安管理行为，无人员受伤，无其他财物受损。鉴于双方当事人是因一时冲动引发的冲突，且情节显著轻微，结合本案的实际情况，为维护辖区社会稳定，消除当事人之间的矛盾，民警对陈某、王某进行了调解。通过讲法律、讲政策、讲道理，使双方都认识到自身的错误，最终达成一致，并在调解协议书上签字。王某向陈某支付了车辆维修及其他一切费用共计3000元整，并赔礼道歉，双方握手言和，一起故意损毁财物案被成功调解。

案例2：郭某与白某系邻居，因郭某家安装的摄像头和监控设备发生争吵。白某越想越生气，未经允许闯入郭某家中，将郭某家中的摄像头和监控设备损坏，郭某报警。经辖区派出所调查，对白某故意损毁财物的行为处以行政拘留5日的处罚，对非法侵入他人住宅的行为处以行政拘留10日的处罚，两处罚合并执行。对于摄像头和监控设备损失，郭某向法院提起诉讼，要求被告白某赔偿损失。法院经审理认为，该案事实清楚，证据确实充分，白某因琐事将郭某财物损坏，存在过错，应当承担侵权责任，判决白某赔偿郭某摄像头和监控设备损失275元。

案例3：某日，小王、小彭、小邝等五名血气方刚的初中生因口角起争执，进而在学校教室里相互扭打。在扭打过程中，小王、小彭多处受伤，被送往医院住院治疗，产生了3000元左右的医疗费。经过派出所、司法所多次耐心的调解，双方当事人最终达成调解协议，由打架的另外3名学生的监护人一次性赔偿小王、小彭医疗费、护理费等共计9000元，并当场履行，本起纠纷得以圆满化解。

【案情分析】

1. 构成违反治安管理行为能够给予治安调解的，首选治安调解。为迅速定分止争，化解基层治安纠纷，治安调解是效果最好的途径。对符合治安调解范围的尽量就民事赔偿一并进行调解或由当事人自行和解处理，其能够履行的不予治安管理处罚，如案例1。

2. 构成违反治安管理行为不能治安调解的，就民事赔偿无法和解的，告知其通过民事诉讼或民事调解途径解决。例如，案例2中，由于侵入他人住宅行为不仅侵犯了对方的财产性权利，还侵犯了人身自由权。从严格意义上说不符合《治安管理处罚法》规定的治安调解条件，加之行为人有两个以上违法行为，情节较重，民事赔偿未能自行达成协议，可以选择民事诉讼途径解决。

3. 由于主体责任年龄原因而不予处罚，但属于“违反治安管理行为”的，可以结合《预防未成年人犯罪法》《未成年人保护法》的要求，邀请司法所等有关主体介入调解，尽可能以调解方式化解纠纷，如案例3。实在调解不成的，可以告知选择诉讼途径。

【法条链接】

《治安管理处罚法》第八条　违反治安管理行为对他人造成损害的，除依照本法给予治安管理处罚外，行为人或者其监护人还应当依法承担民事责任。

违反治安管理行为构成犯罪，应当依法追究刑事责任的，不得以治安管理处罚代替刑事处罚。

【案例提示】

1. 违反治安管理的行为包括违反治安管理行为和犯罪行为两种情形。构成犯罪的，应当依法追究刑事责任，不能降格以治安管理处罚代替刑事处罚。

2. 无论是构成违反治安管理行为还是犯罪行为，行为对他人造成损害的，行为人或者其监护人应当依法承担民事责任。

第二章　处罚的种类和适用

一、未成年人违反治安管理行为的处罚

未成年人是祖国的花朵，民族的未来，家庭的希望。近年来，由于不良社会环境的影响，未成年人违法犯罪呈现逐年增长的趋势。最高人民检察院发布的《未成年人检察工作白皮书（2023）》显示，2023年全国检察机关共批准逮捕未成年犯罪嫌疑人26855人，起诉未成年犯罪嫌疑人38954人，同比分别上升73.7%、40.7%；受理审查起诉14周岁至16周岁的未成年犯罪嫌疑人10063人，同比上升15.5%。①

未成年人身心发育不成熟，对自身行为的社会意义认识不太明确，不能自由地控制自己的社会行为，不能正确预见自己行为的后果，属于不承担或者承担部分法律责任年龄阶段。对不满14周岁的违反治安管理行为人，主要通过教育使其辨别是非，增强法律意识。当然，不予治安管理处罚并不是放任不管，应当责令其监护人严加管教，防止其继续危害社会。已满14周岁未满18周岁的未成年人正处在智力和体力发育阶段，思想尚未成熟，具有一定的是非辨别能力和行为控制能力，承担部分法律责任，违反治安管理行为的，应当从轻或减轻处罚。

① 参见《未成年人检察工作白皮书（2023）》，载最高人民检察院网站，https：//www.spp.gov.cn/xwfbh/wsfbh/202405/t2024053-655854.shtml。

【基本案情】

王某，男，15周岁，中学辍学后结交了一帮朋友，整日在大街上东游西荡。李某，男，13周岁，初中二年级学生，为了不被同学欺负，认王某为“大哥”寻求保护。某日下午5时许，为搞些零花钱，两人尾随放学回家的初一学生陆某。到达偏僻处后，王某安排李某在附近望风，自己将手搭在陆某肩上说：“只要你给点钱买烟抽，我就是你大哥，别人就不敢欺负你。”陆某不敢说话，将口袋中的10元钱拿出来交给王某。第二天，陆某将相关情况告诉家长，家长报警，公安机关对王某和李某展开调查。公安机关依据相关法律法规，考虑到王某已满14周岁不满18周岁，决定以寻衅滋事行为对其从轻处罚；对不满14周岁的李某，责令其监护人严加管教。

【案情分析】

王某已满14周岁不满18周岁，属于承担部分法律责任年龄阶段，但他具有部分辨认和控制自己行为的能力，应该知道整日无所事事、东游西荡是不良的社会行为。同时，也应当明知强拿硬要属于违法行为，必然要受到法律的处罚。他尾随未成年人，随意强行拿走对方10元钱，存在明确的主观故意，构成寻衅滋事行为。公安机关按照《治安管理处罚法》的相关规定，决定对其从轻处罚。李某不满14周岁，公安机关对其不予处罚，责令其监护人严加管教。

【法条链接】

1.《治安管理处罚法》第十二条　已满十四周岁不满十八周岁的人违反治安管理的，从轻或者减轻处罚；不满十四周岁的人违反治安管理的，不予处罚，但是应当责令其监护人严加管教。

第三十条　有下列行为之一的，处五日以上十日以下拘留或者一千元以下罚款；情节较重的，处十日以上十五日以下拘留，可以并处二千元以下罚款：（一）结伙斗殴或者随意殴打他人的；

（二）追逐、拦截他人的；（三）强拿硬要或者任意损毁、占用公私财物的；（四）其他无故侵扰他人、扰乱社会秩序的寻衅滋事行为。

2.《行政处罚法》第三十条　不满十四周岁的未成年人有违法行为的，不予行政处罚，责令监护人加以管教；已满十四周岁不满十八周岁的未成年人有违法行为的，应当从轻或者减轻行政处罚。

3.《关于审理未成年人刑事案件具体应用法律若干问题的解释》第七条　已满十四周岁不满十六周岁的人使用轻微暴力或者威胁，强行索要其他未成年人随身携带的生活、学习用品或者钱财数量不大，且未造成被害人轻微伤以上或者不敢正常到校学习、生活等危害后果的，不认为是犯罪。

已满十六周岁不满十八周岁的人具有前款规定情形的，一般也不认为是犯罪。

4.《预防未成年人犯罪法》第三十一条　学校对有不良行为的未成年学生，应当加强管理教育，不得歧视；对拒不改正或者情节严重的，学校可以根据情况予以处分或者采取以下管理教育措施：（一）予以训导；（二）要求遵守特定的行为规范；（三）要求参加特定的专题教育；（四）要求参加校内服务活动；（五）要求接受社会工作者或者其他专业人员的心理辅导和行为干预；（六）其他适当的管理教育措施。

第三十二条　学校和家庭应当加强沟通，建立家校合作机制。学校决定对未成年学生采取管理教育措施的，应当及时告知其父母或者其他监护人；未成年学生的父母或者其他监护人应当支持、配合学校进行管理教育。

第三十三条　未成年学生有偷窃少量财物，或者有殴打、辱骂、恐吓、强行索要财物等学生欺凌行为，情节轻微的，可以由学校依照本法第三十一条规定采取相应的管理教育措施。

第三十九条　未成年人的父母或者其他监护人、学校、居民委员会、村民委员会发现有人教唆、胁迫、引诱未成年人实施严重不良行为的，应当立即向公安机关报告。公安机关接到报告或者发现有上述情形的，应当及时依法查处；对人身安全受到威胁的未成年人，应当立即采取有效保护措施。

【案例提示】

未成年人身心正处在发育阶段，他们的世界观、价值观和人生观还未完全形成，法治观念淡薄，自控能力差，容易受到不良社会环境的影响走上违法犯罪的道路。未成年人违法犯罪不仅危及自身的身心健康，从此走上人生歧途，而且破坏社会正常秩序，影响社会稳定，还给被害人造成身体和心理伤害。因此，预防未成年人违法犯罪，需要全社会携起手来，家校合作，共同筑牢防护网。

1. 社会要营造起未成年人健康成长的良好环境。良好的社会环境是未成年人健康成长的基础。一些留守未成年人、处于困境的未成年人，因自身和家庭原因而陷入生存、发展和安全困境，需要给予特别的支持和帮助。政府和社会应当给予关爱帮扶，及时将异常情况反馈给其父母，为未成年人健康成长营造有益的社会环境。

2. 学校要及时对未成年人开展法治教育。学校要根据未成年人的身心发展特点，更新教育观念，调整教学内容，完善德育途径。要加强与公安、司法等部门合作，组织开展形式多样的普法宣传教育活动，通过组织未成年人参加“模拟法庭”活动、加入法律社团等方式，使他们增强深度参与的体验感，感受法治精神和法治的意义。

3. 家长要切实履行监护职责。家长是孩子的启蒙老师，关注孩子的成长，经常与孩子谈心，了解他们的思想动态和学习情况，倾听他们的烦恼，化解他们的忧虑，是家长义不容辞的责任。当发现未成年人心理或者行为异常时，应当立即开展教育引导。通过全社会的共同努力，构建起防范未成年人违法犯罪的坚实屏障。

二、精神病人违反治安管理行为的处罚

精神病人是指受人体内外致病因素的影响，大脑活动出现障碍，导致感知觉、思维、情感、认知、意志、自知力等精神活动明显失调或者出现紊乱的一类病人。

精神病人在不能辨认或者不能控制自己的行为时视为丧失责任能力。此时实施违反治安管理行为的，因其不具备责任能力，故不承担违法责任，不予处罚。如果精神病人的精神状态尚未达到完全不能辨认或者不能控制自己行为的程度，只是其辨认或者控制自己的行为能力较弱，或者间歇性精神病人在未发病时违反治安管理的，视为完全责任能力人，必须承担法律责任，应当给予处罚。

【基本案情】

张某，男，46岁，曾有短暂精神病史。陈某是张某的对门邻居，两家之间的矛盾由来已久。陈家长期将废旧家具、婴儿床等杂物堆放在楼道里，导致张某一家出行不便，有时整个楼道被占，张家的门都无法打开。陈家则指责张家将生活垃圾堆放在门口，臭气熏天。社区多次上门调解，但两家的矛盾难以调和。某日下午6时许，张某的母亲又因垃圾堆放问题与陈某发生激烈争吵，争执当中遭到陈某的推搡。这一幕正好被下班回家的张某看到，他觉得母亲被欺负了，于是发了疯似的从自己家里搬出煤气罐。张某一手拧开煤气罐，一手举着打火机，扬言要与陈某一家同归于尽。庆幸的是，在街坊邻里的努力下，张某的过激行为被制止，没有造成实际危害后果。公安机关对张某立案调查，拟以扬言实施爆炸扰乱公共秩序行为对张某进行处罚。后经家属申请并鉴定，张某系受到刺激后间歇性精神病复发，不能控制自己的行为，公安机关对其不予治安管理处罚。

【案情分析】

张某作为成年人，处于负完全责任年龄阶段，因与邻居发生

矛盾，拧开煤气罐，扬言实施爆炸，要与邻居一家同归于尽，主观上为直接故意。张某的行为对群众的生命、身体健康和公私财产等构成威胁，在一定程度上造成社会秩序的混乱，只不过尚未造成实际危害后果，属于扬言实施爆炸扰乱公共秩序行为。考虑到张某受到刺激后间歇性精神病复发，不能辨认和控制自己的行为，根据《治安管理处罚法》第13条的规定不予处罚。

【法条链接】

1.《治安管理处罚法》第十三条　精神病人、智力残疾人在不能辨认或者不能控制自己行为的时候违反治安管理的，不予处罚，但是应当责令其监护人加强看护管理和治疗。间歇性的精神病人在精神正常的时候违反治安管理的，应当给予处罚。尚未完全丧失辨认或者控制自己行为能力的精神病人、智力残疾人违反治安管理的，应当给予处罚，但是可以从轻或者减轻处罚。

2.《行政处罚法》第三十一条　精神病人、智力残疾人在不能辨认或者不能控制自己行为时有违法行为的，不予行政处罚，但应当责令其监护人严加看管和治疗。间歇性精神病人在精神正常时有违法行为的，应当给予行政处罚。尚未完全丧失辨认或者控制自己行为能力的精神病人、智力残疾人有违法行为的，可以从轻或者减轻行政处罚。

3.《精神卫生法》第二十八条　除个人自行到医疗机构进行精神障碍诊断外，疑似精神障碍患者的近亲属可以将其送往医疗机构进行精神障碍诊断。对查找不到近亲属的流浪乞讨疑似精神障碍患者，由当地民政等有关部门按照职责分工，帮助送往医疗机构进行精神障碍诊断。

疑似精神障碍患者发生伤害自身、危害他人安全的行为，或者有伤害自身、危害他人安全的危险的，其近亲属、所在单位、当地公安机关应当立即采取措施予以制止，并将其送往医疗机构进行精神障碍诊断。

医疗机构接到送诊的疑似精神障碍患者，不得拒绝为其作出诊断。

第三十条　精神障碍的住院治疗实行自愿原则。

诊断结论、病情评估表明，就诊者为严重精神障碍患者并有下列情形之一的，应当对其实施住院治疗：（一）已经发生伤害自身的行为，或者有伤害自身的危险的；（二）已经发生危害他人安全的行为，或者有危害他人安全的危险的。

第五十三条　精神障碍患者违反治安管理处罚法或者触犯刑法的，依照有关法律的规定处理。

【案例提示】

精神病人违法犯罪具有不确定性，让人猝不及防，其中有些精神病人暴力性明显，已经成为较为严重的社会问题。特别是肇事肇祸精神病人给社会带来严重的治安隐患。因此，全社会要高度重视对精神病人的关怀、关注和管理。

1. 社会要消除对精神病人的歧视。要纠正思想偏差，消除歧视，充分认识到精神病人是患者，是弱势群体，要多给他们一些尊重、关爱。遇到精神病人不要围观、哄笑、辱骂甚至打骂，这样更容易刺激他们作出过激行为，造成更严重的后果。

2. 家庭要加强对精神病人的看管监护。家庭是防范精神病人违法犯罪的第一道防线，监护人要充分担负起监管职责，保证精神病人不失控、不伤人。要力所能及地安排家中严重精神病人及时就诊，照顾其生活，做好看护管理。

3. 加强对肇事肇祸精神病人的收治工作。为有效规避可能产生的危害，公安、卫生、民政等相关部门要切实履行监管责任，对肇事肇祸精神病人进行全面且细致的登记备案，特别是家属要及时将患者送往专业医院接受治疗，从源头上消除安全隐患，保障社会的和谐稳定与民众的生命安全。

三、醉酒的人违反治安管理行为的处罚

在中华五千年的文化当中，酒文化根深蒂固并影响深远。但是，饮酒过量不仅危害身体，引发疾病，而且人在酒精的刺激下，酒后行为引发的违法犯罪不容忽视，特别是酒驾和醉驾违法犯罪问题，严重危害公共安全，值得全社会高度关注和警惕。2022年全国共查处酒驾醉驾90.1万起，其中醉驾17.7万起，因酒驾醉驾导致死亡交通事故1525起，造成1674人死亡，同比分别减少20.7%、20.4%。[①]一个人喝醉酒后，其辨认能力和控制能力下降甚至丧失，但这不能成为逃避法律制裁的理由，因为醉酒的人在喝酒之前就应当意识到醉酒后可能出现神经麻痹、行为难以自控的后果，醉酒惹祸之后的违法责任必须由自己承担。

① 《公安部：上半年全国查处酒驾醉驾 90.1 万起致死 1674 人》，https：//news.sina.cn/2019-07-24/detail_ihytcitm4240076.d.html ？ from=wap。

【基本案情】

某日晚，赵某（男，31岁）参加公司会餐，饮用啤酒5瓶。赵某自知酒后不能开车，会餐结束后便步行回家。当走到一条偏僻小巷的超市门口，赵某尿急，于是躲到超市边上一辆小汽车后面方便，被超市老板朱某（男，62岁）发现。朱某对着赵某大声呵斥，并上前制止其不文明行为。赵某借着酒劲，指着朱某的鼻子大声辱骂，两人互相推搡。赵某用手掐住朱某的脖子，用力将其往墙上推。朱某的儿子听到打闹声，从超市冲出来拉扯两人。随后赵某被父子二人摁倒在地。赵某受酒精刺激，怒不可遏，冲进超市进行打砸，货架被推倒，货物散落一地。民警接警赶到现场后，拟对赵某采取约束性保护措施，赵某欲袭击民警，但被及时制止没有得逞。经鉴定，朱某为轻微伤，超市财物损失860元。赵某被约束至酒醒后，主动承认错误，承担赔偿责任，民警依法以寻衅滋事行为给予其行政拘留5日的处罚。

【案情分析】

赵某作为精神正常的成年人，具备完全责任能力。赵某辱骂、殴打他人，任意打砸超市，具有明显的主观故意，其行为不只是针对特定个人的利害冲突，而是向社会公共秩序发起挑战。在客观方面，赵某无视法律和社会公德，以寻衅滋事的方式破坏社会公共秩序。尽管赵某的行为发生在饮酒之后，其辨认和控制自己行为的能力有所减弱，但他在饮酒之前应当意识到醉酒之后无法控制自己行为的后果，从而可能实施危害社会的行为，所以赵某应当对自己的行为承担法律责任。公安机关根据《治安管理处罚法》第15、30条的规定对赵某予以治安管理处罚。

【法条链接】

1.《治安管理处罚法》第十五条　醉酒的人违反治安管理的，应当给予处罚。

醉酒的人在醉酒状态中，对本人有危险或者对他人的人身、财产或者公共安全有威胁的，应当对其采取保护性措施约束至酒醒。

第三十条 有下列行为之一的，处五日以上十日以下拘留或者一千元以下罚款；情节较重的，处十日以上十五日以下拘留，可以并处二千元以下罚款：（一）结伙斗殴或者随意殴打他人的；（二）追逐、拦截他人的；（三）强拿硬要或者任意损毁、占用公私财物的；（四）其他无故侵扰他人、扰乱社会秩序的寻衅滋事行为。

2.《道路交通安全法》第九十一条 饮酒后驾驶机动车的，处暂扣六个月机动车驾驶证，并处一千元以上二千元以下罚款。因饮酒后驾驶机动车被处罚，再次饮酒后驾驶机动车的，处十日以下拘留，并处一千元以上二千元以下罚款，吊销机动车驾驶证。

醉酒驾驶机动车的，由公安机关交通管理部门约束至酒醒，吊销机动车驾驶证，依法追究刑事责任；五年内不得重新取得机动车驾驶证。

饮酒后驾驶营运机动车的，处十五日拘留，并处五千元罚款，吊销机动车驾驶证，五年内不得重新取得机动车驾驶证。

醉酒驾驶营运机动车的，由公安机关交通管理部门约束至酒醒，吊销机动车驾驶证，依法追究刑事责任；十年内不得重新取得机动车驾驶证，重新取得机动车驾驶证后，不得驾驶营运机动车。

饮酒或者醉酒驾驶机动车发生重大交通事故，构成犯罪的，依法追究刑事责任，并由公安机关交通管理部门吊销机动车驾驶证，终生不得重新取得机动车驾驶证。

【案例提示】

要适量饮酒，切莫贪杯醉酒，轻则失态出丑，伤害身体，重则违法犯罪，身陷囹圄。在餐桌上不要劝酒，切忌酗酒，避免过量饮酒造成人员伤亡，更要防范酒后违法犯罪带来不必要的麻烦。

1. 饮酒不能过度。“花看半开，酒饮微醺。”这句话告诉我们饮酒要适量。长期大量饮酒，对人体的肠胃、胰腺、肝脏和肾脏甚至神经系统都会有不同程度的损害，容易引起酒精肝、胰腺炎、高血压、冠心病等疾病，导致记忆力下降、反应迟钝、共济失调等神经系统症状，严重时甚至会导致酒精中毒和脑萎缩。饮酒过度不仅损害自身健康，而且可能触犯法律。酒后滋事必须承担相应的法律责任；饮酒驾驶机动车的，将面临罚款、行政拘留、吊销驾驶证等处罚；醉酒驾驶机动车的，可能要承担刑事责任。

2. 切忌劝酒和斗酒。共同饮酒时，如果有人因过度劝酒而导致对方受伤或死亡，劝酒者可能会承担民事赔偿责任。所以，在酒桌上不要劝酒，更不能斗酒，还要制止未成年人饮酒。当饮酒者因醉酒失去自我控制能力时，同饮人负有一定的监护照顾义务，要么送其回家，要么联系他的家人。遇到醉酒逞能的人，不要与他作对，尽可能地安慰他的情绪，联系其家人接回或者送到医院治疗。

3. 执法者对醉酒者要给予人文关怀。民警在执法当中遇到醉酒的人时，要对醉酒者的状态进行评估，在确保安全的前提下妥善处理。醉酒者只是对公共秩序或他人正常生活造成一定的干扰，尚未达到违法程度，可对其进行劝导、教育，通知其家属或朋友、同事前来照顾，确保其安全回家。构成违法犯罪的，如殴打他人、损坏公共财物，并且还可能对自身安全，他人的人身、财产或者公共安全构成威胁的，要采取保护性措施约束至酒醒。待其酒醒后，依法追究其法律责任。此外，对于频繁醉酒滋事者，可考虑采取更深入的干预措施，如酒精戒断治疗、心理辅导等，帮助其认识到问题的严重性，改正不良行为。处理醉酒滋事者需综合考虑各方面因素，既要查处醉酒滋事行为，维护社会秩序，又要加强醉酒者的安全保障，体现人文关怀。

四、共同违反治安管理行为的处罚

共同违反治安管理行为，是指两人以上共同实施违反治安管理行为。共同违反治安管理的行为人必须都是达到法定责任年龄、具有完全责任能力的人。无责任能力人（如精神病人）或者有责任能力人和无责任能力人共同实施的违反治安管理行为，则不构成共同违反治安管理行为。对于共同违反治安管理行为人，应根据行为人所起的作用分别处罚。起主要作用的行为人，如组织者、策划者、领导者、指挥者，应当承担共同违反治安管理行为本身应负的法律责任，需按照其所参与的全部违反治安管理行为进行处罚。起次要作用的行为人，他们不直接实施共同违反治安管理行为，而是为该行为的实施创造条件，辅助实施违反治安管理行为，和起主要作用的行为人比较，其受到的处罚要轻。在比照起主要作用的行为人应承担的共同违反治安管理行为的法律责任基础上，对起次要作用的行为人予以适当减轻处罚或者不予处罚。

【基本案情】

朱某，男，35岁，开设了一家休闲茶馆。由于茶馆生意冷清，时常打电话邀请熟人来打牌消遣。某日下午2时，朱某邀请胡某、张某、裴某（3人均为成年人）来茶馆打麻将，单注输赢20元。下午5时15分，辖区派出所民警接到群众举报说有人在茶馆打麻将赌博，立即前往调查，当场查获朱某、胡某、张某、裴某聚众赌博，现场收缴现金4200元，赌资数额较大，朱某、张某各赢300元和1600元，胡某、裴某各输1100元和800元。朱某作为组织策划者，被处以行政拘留10日，并处罚款2000元；胡某、张某、裴某3名参与者均被处以罚款500元。

【案情分析】

朱某、胡某、张某、裴某4人都是成年人，能够承担违反治安管理的法律责任。朱某邀请胡某、张某、裴某来茶馆打麻将，单注输赢20元，这不是以娱乐为目的的行为，而是赌资较大的违反治安管理行为。4人主观方面具有共同的故意，目的在于通过赌博获得他人的财物，客观上侵犯了社会治安管理秩序，属于共同违反治安管理行为。朱某作为组织策划者，在共同违反治安管理行为当中起到主要作用，比照其他3人从重处罚，其他3人作为参与者，比照朱某从轻处罚。公安机关根据《治安管理处罚法》第17、82条对4人在违反治安管理行为中所起的作用分别给予治安管理处罚。

【法条链接】

《治安管理处罚法》第十七条　共同违反治安管理的，根据行为人在违反治安管理行为中所起的作用，分别处罚。

教唆、胁迫、诱骗他人违反治安管理的，按照其教唆、胁迫、诱骗的行为处罚。

第八十二条　以营利为目的，为赌博提供条件的，或者参与赌博赌资较大的，处五日以下拘留或者一千元以下罚款；情节严重的，处十日以上十五日以下拘留，并处一千元以上五千元以下罚款。

【案例提示】

共同违法犯罪给社会管理、秩序维护和个人安全带来严重威胁，是当代社会面临的严重问题。要遏制共同违法犯罪，需要多措并举、综合施策，有效预防和打击共同违法犯罪，维护社会和谐与治安稳定。

1. 要从源头上治理共同违法犯罪。加强共同违法犯罪的源头治理，就要消除违法犯罪的经济根源，改善落后地区的经济状况，完善社会保障体系，提供广泛的社会福利，增加稳定的就业机会，减少因贫困而引发违法犯罪的可能性。

2. 要加强对公共场所、重点区域的安全监管。对容易发生共同违法犯罪的场所和区域，要加强重点监管。要推行举报奖励制度，鼓励群众检举揭发违法犯罪，对及时提供有效线索的给予适当奖励，及时发现并制止共同违反治安管理行为，形成全社会共同监督的良好氛围。

3. 要构筑齐抓共管的治理格局。构筑党委政府领导、部门协同治理、单位联络互动、社会广泛参与的治理新格局，是防范共同违法犯罪的关键。要通过社区建设，提供丰富多彩的文化娱乐活动，丰富群众的精神生活。要加大对团伙违法犯罪的打击力度，坚持信息共享和区域警务合作，重点查处一批群众反映强烈、社会影响恶劣的典型案例，充分发挥法律的震慑作用，以此减少共同违法犯罪。

五、违反治安管理行为在6个月以内没有被公安机关发现的，不再处罚

治安管理处罚的追究时效，是指公安机关追究违反治安管理行为人法律责任的有效期限。追究时效的设定是在维护社会秩序与保障公民权利之间寻求平衡。一方面，它促使执法机关及时履行职责，提高执法效率；另一方面，避免了因时间过长导致证据缺失、事实难以查清，从而保障了当事人的合法权益。超过追究时效的违反治安管理行为通常不能再予以处罚。治安管理处罚的目的在于维护社会秩序，对违法行为及时纠正和惩戒。然而，若超过了法定的追究时效，意味着被侵犯的社会秩序在一定程度上已经恢复，再行处罚可能不符合法律的效率与公平原则。总之，在绝大多数情况下，超过追究时效的违反治安管理行为不再处罚，这是法治精神和社会治理综合考量的结果。但是，超过追究时效不再处罚并不等于不再处理，涉案的非法财物、赃款赃物应当收缴或追缴，造成的损失应当挽回，只是不给予行政处罚。

【基本案情】

某日上午11时许，派出所民警在街面巡逻时发现一名20来岁的瘦高男子迎面走来。该男子见到民警之后，神色慌张，迅速左转，拐进一条偏僻小巷。民警看其形迹可疑，立即将其拦下，对其进行盘问。只见该男子低头不语，慢慢腾腾地从口袋里掏出身份证，哆哆嗦嗦地递给民警。面对民警的提问，他始终无法正面回答，前言不搭后语，不能自圆其说。民警随即将其带至派出所进一步调查，经过耐心劝导，该男子如实交代了自己的基本情况和违法事实：张某，21岁，曾为"快递小哥"，7个月前利用上门收快递的机会，从客户家中盗窃现金800元。由于该案已超过追究时效，民警对张某进行了批评教育，并要求其赔偿受害人损失800元。

【案情分析】

张某作为成年人，应该对自己违反治安管理的行为承担法律后果。张某以非法占有为目的，利用上门收快递的机会，趁人不备，秘密窃取客户家中少量财物，主观上具有违法的直接故意，客观上侵害了他人财物所有权。不过该行为发生在7个月之前，已经超过追究时效，公安机关根据《治安管理处罚法》第25条，对张某不再处罚。

【法条链接】

1.《治安管理处罚法》第二十五条　违反治安管理行为在六个月以内没有被公安机关发现的，不再处罚。

前款规定的期限，从违反治安管理行为发生之日起计算；违反治安管理行为有连续或者继续状态的，从行为终了之日起计算。

2.《行政处罚法》第三十六条　违法行为在二年内未被发现的，不再给予行政处罚；涉及公民生命健康安全、金融安全且有危害后果的，上述期限延长至五年。法律另有规定的除外。

前款规定的期限，从违法行为发生之日起计算；违法行为有连续或者继续状态的，从行为终了之日起计算。

【案例提示】

明确治安管理处罚追究时效有利于保障违反治安管理行为人的长期利益，有利于提高行政效率。从保护被侵害人的角度来讲，公安机关应当及时发现违反治安管理案件线索，让违反治安管理行为在追究时效内受到应有的处罚。公安机关在处理这类案件时要遵循法定程序，对已经超过法定追究时效的，依法作出不立案或者撤销案件的决定，确保处理决定的合法性和合规性。

1. 要加大法治宣传教育力度。通过宣传法律法规和公安工作方针政策，教育那些还没有被公安机关发现的违反治安管理行为人，让其放下思想包袱，主动到公安机关投案，并如实陈述自己的违法行为，接受公安机关的处理。

2. 广泛发动群众收集、摸排、核查治安案件线索。治安案件与刑事案件相比较，其社会危害性小，对被侵害人造成的影响小。但是，公安机关依然要从保护当事人合法权益、维护法治公平公正的角度出发，广泛发动群众，收集治安案件线索，让违反治安管理行为受到应有的制裁。对于超过法定追究时效的案件，要做好后续的处理工作。对于此类案件的被侵害人，公安机关在作出不处罚决定后应告知其不再处罚的理由。这既是对当事人知情权的尊重，也是法律程序公正的体现。

3. 超过追究时效虽不再处罚，但应承担损害赔偿责任。当前是人工智能、信息化时代，公安机关办理案件的效率得到了极大的提升，这意味着违法犯罪行为被及时发现和处理的可能性大大增加。任何抱有侥幸心理，认为时间可以掩盖违法事实的想法都是错误且危险的。对违反治安管理行为人来说，尽管已超过追究时效，不再对其进行处罚，但公安机关仍然要积极履行职责，对其进行批评教育，让其承担因违反治安管理造成的民事损害赔偿责任。

六、胁迫未成年人从事有偿陪侍行为应从重处罚

未成年人涉世未深、社会阅历浅、自我保护能力弱，容易成为不法分子侵害的对象。近年来，组织、胁迫未成年人从事有偿陪侍的案件有所增长，损害了未成年人的身心健康，影响了他们的正常成长。在此类案件中，违法犯罪行为人利用未成年人辨别是非能力弱、容易上当受骗的特点，通过网络组织招募未成年人到不适宜未成年人活动的经营场所从事陪酒、陪唱等工作，获取非法利益。在这些从事有偿陪侍的未成年人当中，不只有女性，还有男性，年纪最小的只有10岁出头。组织、胁迫未成年人到娱乐场所从事有偿陪侍活动，不仅导致未成年人过早辍学，养成好逸恶劳的不良习性，还可能面临人身被侵害的风险。这种违法犯罪行为不仅损害了未成年人的人格尊严和身体健康，也破坏了社会秩序和道德风尚，严重的会涉嫌组织未成年人进行违反治安管理活动罪。对于组织、胁迫未成年人从事有偿陪侍的行为，国家采取了严厉的惩处措施，2025年修订的《治安管理处罚法》明确将此类行为纳入查处范围，依法追究相关人员的法律责任。

【基本案情】

华某，男，36周岁，KTV保安。该KTV为了招揽生意，获取暴利，以“工作轻松、月薪十万”为由头，发动所有工作人员招募年轻漂亮女性从事有偿陪侍活动。某日，华某通过网络结识了未成年人学生刘某，用花言巧语将刘某骗到其工作的KTV。刘某来到该KTV后，发现存在不正当经营行为，便打算离开。华某威胁刘某：离开可以，但要缴纳违约金1万元。第二天，刘某通过家长报警，当地公安机关对该KTV经营人员和华某展开调查，按照《治安管理处罚法》的相关规定，决定对华某从重处罚，对其他涉案人员依法处理。

【案情分析】

华某具有完全责任能力，应当明知胁迫未成年人在不适宜未成年人活动的经营场所从事陪酒、陪唱等有偿陪侍活动属于违法行为，必然受到法律的处罚。华某以获取不法利益为目的，将刘某诱骗到其工作的KTV从事有偿陪侍活动，当刘某发现该场所存在违规经营行为准备离开时，华某又以高额违约金阻止其离开，存在明确的主观故意，构成胁迫未成年人在不适宜未成年人活动的经营场所从事陪酒、陪唱等有偿陪侍活动行为，应依法对其从重处罚。

【法条链接】

《治安管理处罚法》第二十二条　违反治安管理有下列情形之一的，从重处罚：（一）有较严重后果的；（二）教唆、胁迫、诱骗他人违反治安管理的；（三）对报案人、控告人、举报人、证人打击报复的；（四）一年以内曾受过治安管理处罚的。

第四十八条　组织、胁迫未成年人在不适宜未成年人活动的经营场所从事陪酒、陪唱等有偿陪侍活动的，处十日以上十五日以下拘留，并处五千元以下罚款；情节较轻的，处五日以下拘留或者五千元以下罚款。

【案例提示】

未成年人是祖国的未来、社会的希望，理应成为关心爱护的对象。但是，一些不法分子为了获取私利，竟然将违法犯罪的魔爪伸向未成年人，组织、胁迫未成年人在不适宜未成年人活动的经营场所从事陪酒、陪唱等有偿陪侍活动。加强对此类行为的打击力度，有利于减少侵害未成年人违法犯罪，切实做好未成年人权益保障工作。

1. 未成年人要学会自我保护。学校要关注学生的心理健康，加强对学生的法治宣传教育，提高学生的法律意识和自我保护能力，家长要关注未成年人的身心健康，及时纠正孩子的不良习惯。

最重要的是，未成年人要树立正确的人生观、价值观，提高辨别是非能力，要净化自己的交际圈，能够抵制形形色色的诱惑。

2. 严厉查处经营场所违法经营行为。有偿陪侍主要存在于KTV、酒吧、私人影院等场所，这些场所的经营者违规招募、接纳甚至胁迫未成年人从事有偿陪侍，涉嫌违法犯罪，应该严厉查处。公安机关、检察院、文旅等相关职能部门要加强对此类场所的监督检查，对违规经营行为依法进行整改，严厉打击利用未成年人谋取利益的违法犯罪行为。

3. 营造良好的社会环境，形成综合治理大格局。全社会要将保护未成年人工作放在重要地位，共同营造风清气正的社会环境。经营者要严格遵守法律法规，拒绝任何形式的有偿陪侍服务，以实际行动促进行业的健康有序发展。消费者发现经营场所存在未成年人有偿陪侍现象的，应积极向公安机关检举，共同为未成年人营造健康、安全的成长环境。

七、70周岁以上老人违反治安管理行为的处罚

随着“银发浪潮”的到来，我国的人口老龄化问题引发了社会各界的普遍关注。国家统计局公布的第七次全国人口普查主要数据表明，我国60周岁及以上人口2.64亿，占18.7%；65周岁及以上人口1.9亿，占13.5%。与此同时，老年人违法犯罪对社会治安管理提出挑战。“矜老恤幼”是中国传统文化的组成部分，也是世界上大多数国家遵循的国际惯例。在国际范畴内，对于老年人违法年龄的界定基本上确定为70周岁，且70周岁以上的老年人犯罪通常不适用死刑，在自由刑、假释、执行刑罚的方式等方面相较于一般犯罪人而言要宽缓。当然，宽大处理并不等同于不予处罚。如果完全不给予任何实质性的惩罚，则是毫无原则地一味姑息宽纵。这样不仅起不到对违法老年人进行教育惩戒、敦促其改

恶从善的作用，而且还会于无形之中严重破坏社会管理秩序、损害社会公共利益。以年满70周岁老年人嫖娼为例，虽然法律规定“不执行行政拘留处罚”，但是并不意味着不追究其违法责任。公安机关要依照法定程序对老年人的违反治安管理行为作出行政拘留处罚的决定，还可以依法给予相应的罚款处罚，这样才能体现过罚相当原则。

【基本案情】

周某，男，72周岁，退休工人，妻子早逝，子女皆已各自成家，独自生活。周某的物质生活相对富足，然而精神世界却极为空虚，平时偶尔与街坊邻里打牌、跳舞，无其他社交活动。某日，周某在公园散步时，遇到一位浓妆艳抹的中年女性，她笑嘻嘻地问周某要不要按摩，并用眼睛直勾勾地盯着周某。周某被她的妩媚所吸引，毫不迟疑地跟随她前往出租屋，并以200元的价格发生了性关系。此后，周某越发沉溺于其中，隔三岔五就来该出租屋一次。1个月之后，周某在公安机关开展的坚决打击涉黄涉赌“百日会战”行动中被抓获，他对自己涉嫌嫖娼的违法事实供认不讳，公安机关依法对其作出行政拘留10日但不执行的行政处罚决定。

【案情分析】

周某作为老年人，具有完全责任能力。他由于子女不在身边，精神世界空虚，明知嫖娼是法律禁止的行为，为了追求刺激，依然置法律于不顾，多次以金钱为媒介，与失足女性发生性关系，主观上存在明显的故意，构成嫖娼行为，破坏国家正常的社会管理秩序。考虑到周某年龄在70周岁以上，从人道主义出发，公安机关根据《治安管理处罚法》第23、78条给予其行政拘留处罚，但行政拘留不执行。

【法条链接】

《治安管理处罚法》第二十三条　违反治安管理行为人有下列情形之一，依照本法应当给予行政拘留处罚的，不执行行政拘留处罚：（一）已满十四周岁不满十六周岁的；（二）已满十六周岁不满十八周岁，初次违反治安管理的；（三）七十周岁以上的；（四）怀孕或者哺乳自己不满一周岁婴儿的。

前款第一项、第二项、第三项规定的行为人违反治安管理情节严重、影响恶劣的，或者第一项、第三项规定的行为人在一年以内二次以上违反治安管理的，不受前款规定的限定。

第七十八条　卖淫、嫖娼的，处十日以上十五日以下拘留，可以并处五千元以下罚款；情节较轻的，处五日以下拘留或者一千元以下罚款。

在公共场所拉客招嫖的，处五日以下拘留或者一千元以下罚款。

【案例提示】

随着人口老龄化趋势的不断加剧，老年人违法犯罪现象进一步突出。老年人违法犯罪一般不具有严重的暴力性，但可能产生的社会危害性不容低估。《治安管理处罚法》规定，对于70周岁以上违反治安管理行为人，依法应当给予行政拘留处罚的，只决定但不执行行政拘留处罚，充分体现了法律的人道主义特性。其目的在于对老年人群体的特殊关怀，同时也可以降低监管成本。开展防范老年人违法犯罪工作，还需要从老年人自身着手，综合施策、多措并举。

1. 老年人要自尊自爱，明理守法。公民在法律面前人人平等，老年人也不例外。《老年人权益保障法》第11条规定："老年人应当遵纪守法，履行法律规定的义务。"老年人作为家庭的长辈、社会的长者，理应受到全社会的尊敬、关照和爱护。当然，老年人绝不能倚老卖老、目无法纪，应该自尊自爱，明理守法，树立法纪意识，严格依法办事，遵守各项法律规定和社会公德，给年轻人做表率。

2. 要加强对老年人的社会保障和关爱关怀。家庭成员应多陪伴老年人，关注他们的身心健康，尽量满足老年人对物质和精神的双重需求，实现老有所养、老有所乐。对于独居的老年人，社区应建立完善的老年人服务体系，提供必要的生活照料和精神慰藉，减轻老年人的经济压力，降低因生活无着落而实施违法犯罪的风险。

3. 对违法犯罪的老年人要坚持宽宥制度。要充分考虑老年人的自身特点、传统伦理和社会影响，加强对老年人的特殊保护，在办理老年人违法犯罪案件时落实宽宥制度，坚持宽严相济原则，做到法理、事理、情理“三理”统一。

第三章 违反治安管理的行为和处罚

第一节 扰乱公共秩序的行为和处罚

一、以跳楼方式讨要工程款按照扰乱单位秩序行为进行处罚

在社会发展进程中不可避免地会发生纠纷。当个人与单位或者个体之间发生矛盾时，要通过合法途径表达诉求。例如，在工程欠款纠纷中，不能采取极端方式，如静坐、穿状衣、出示状纸、拉横幅、喊口号、散发材料、跪地喊冤甚至跳楼等方式维权。有的违法人员为争取个人利益最大化，到单位办公场所起哄、闹事，或者纠缠、辱骂有关工作人员，严重扰乱单位秩序。以极端或违法手段讨要工程款的行为不仅无法有效解决问题，更是一种违法行为，会造成不良的社会影响。

【基本案情】

某日傍晚，某市建设公司承建的项目工地上机器轰鸣。突然，刺耳的停工电铃声响起，正在施工的工人纷纷抬头四下张望。原来，工地正中心的楼顶边缘处，一个人手持红色横幅，摇摇晃晃且激动地高声呼喊："无良开发商，还我工钱！还我工钱！还我工钱！"工地指挥部立即组织人员上楼劝解，但违法行为人郭某却以不给钱就跳楼、不给钱就要工地见血等相威胁，拒不走下楼顶。郭某在楼顶滞留约20分钟，工地工作完全无法正常开展。后经民

警反复劝说且晓以利害，郭某才从楼顶下来，有些许悔过表现。公安机关经过调查取证，对郭某依法扰乱单位秩序的行为处以警告。

【案情分析】

郭某作为具备完全民事责任能力的成年人，在面对开发商拖欠工程款时，以跳楼的方式索要，扰乱施工单位秩序。在施工单位工作人员劝解时，拒不走下楼顶。在民警到达后，其仍然滞留20分钟，致使施工单位完全停止工作。郭某主观故意明显，构成扰乱单位秩序的违法行为。虽经劝阻后郭某当场改正，事后也有悔过表现，但违法情节严重，依法予以警告处罚。

【法条链接】

《治安管理处罚法》第二十六条第一款第一项、第二款 有下列行为之一的，处警告或者五百元以下罚款；情节较重的，处五日以上十日以下拘留，可以并处一千元以下罚款：（一）扰乱机关、团体、企业、事业单位秩序，致使工作、生产、营业、医疗、教学、科研不能正常进行，尚未造成严重损失的……

聚众实施前款行为的，对首要分子处十日以上十五日以下拘留，可以并处二千元以下罚款。

【案例提示】

在生活和工作中难免会遇到纠纷或权益受到侵害的情况。面对此类事件，要摆正心态，正确看待生活和工作中的不公事件，学会理性维权。结合上述案例，应重视以下几点注意事项：

1. 权益受损时要学会理性表达诉求。无论在何种情况下，公民都要以合法、理性的方式表达诉求，切勿逾越法律红线。这不仅是法治社会对公民的基本要求，也是每个社会成员应当遵守的行为准则。通过违法途径表达诉求，不仅会扰乱正常的社会秩序，而且会损害他人的合法权益。

2. 维护权益不要采取过激行为。切勿以非法行为对抗非法行为，以暴制暴只会导致两败俱伤。采取过激行为，如以扰乱单位秩序的违法行为相要挟，将受到公安机关依法严厉打击。无论是个人还是单位，都要守护好自身信誉，杜绝实施违法性行为。

3. 要学会及时止损。行政处罚中设有从轻、减轻或不予处罚的标准，发生违法行为后，要积极配合公安民警等公职人员的执法工作，将危害后果降到最低。违反后要防止损失扩大。

二、在机场滋事按照扰乱公共场所秩序行为进行处罚

公共场所的公共性决定了其秩序的重要性。公共场所通常也是人流、车流较为密集的区域，尤其是机场、车站、商场、码头、展览馆、公园等场所，每逢节假日人流量都会明显增加。良好的公共秩序是社会健康运行的保障，而扰乱公共秩序不仅会导致社会秩序混乱，还会影响到社会稳定，更破坏了社会公共安全和公众利益。在现实中，一些人出于维护个人权益或者情急之下无法控制情绪，实施了扰乱公共场所秩序行为，如旅客因天气原因飞机无法正常起飞在机场大吵大闹等，导致公共场所秩序受到严重破坏。

【基本案情】

每年进入台风季节后，沿海地区的机场与航空公司都会承担着比较大的压力，集中全力应对台风可能带来的各种突发情况，尽最大可能减少旅客损失。某日，台风肆虐，疾风暴雨使东南沿海城市交通陷入“瘫痪”状态，机场航班大面积停航，起飞时间待定。当天晚上，因乘坐的航班受台风影响取消，徐某想着第二天早上即将在上海签字的合同，烦闷地喝起了酒。后其借着酒劲来到机场航空公司的售票柜台，大声吵闹，不时辱骂工作人员，

情绪失控之下，将售票柜台上的盆栽等绿植推到地上。执勤人员接报后上前劝导，徐某不听劝阻并推搡执勤人员，并掏出现金扔向执勤人员，民警接到报警后将其带至派出所展开调查。徐某对其违法事实供认不讳，最终因扰乱公共场所秩序被依法行政拘留5日。

【案情分析】

面对不可抗力的台风天气，徐某明知飞机无法起飞，仍借酒滋事，不仅辱骂工作人员，还将盆栽等绿植从柜台上推到地上。在机场工作人员维护秩序时，其更是推搡执勤人员，甚至掏出现金扔向执勤人员，主观违法故意行为明显，严重扰乱机场秩序，按照《治安管理处罚法》第26条行政拘留5日。

【法条链接】

1.《治安管理处罚法》第二十六条第一款第二项、第二款　有下列行为之一的，处警告或者五百元以下罚款；情节较重的，处五日以上十日以下拘留，可以并处一千元以下罚款：……（二）扰乱车站、港口、码头、机场、商场、公园、展览馆或者其他公共场所秩序的……

聚众实施前款行为的，对首要分子处十日以上十五日以下拘留，可以并处二千元以下罚款。

2.《民法典》第一百八十条　因不可抗力不能履行民事义务的，不承担民事责任。法律另有规定的，依照其规定。

不可抗力是不能预见、不能避免且不能克服的客观情况。

【案例提示】

对扰乱公共场所秩序违法行为的处理，民警要体现出现场控制能力，将不理性的违法人员及时制伏或带离，尽快恢复公共场所的正常秩序，避免事态升级。通过制止违法行为人的不理性“维权行为”，让群众学会用法律武器维护自己的权益。防止以“违法行为”实现“合法目的”，从处理结果上实现法律效果与社会效果的有机统一。

1. 遵守公共场所秩序是个人素质与修养的重要体现。良好的公共行为不仅是对他人的尊重，更是对自身品格的塑造。损公利己之事不可为，损公害己之事更应杜绝。行事之前需三思而后行，时刻谨记个人在公共场所的言谈举止。

2. 公共场所的管理者或经营者要学会换位思考，秉承服务大众的原则。公共场所管理者要守好分内职责，事前要做足且做好应急预案，事中要做好前期处置工作，事后要尽可能弥补各项损失。

3. 解决事情前要先控制好个人情绪。情绪失控往往会导致言行失当，甚至酿成无法挽回的后果。遇到纠纷时，务必保持冷静，学会理性沟通、理性维权。过激行为不仅无助于解决问题，还可能触犯法律，最终承担相应的法律责任。

三、高铁“霸座”按照扰乱公共交通工具秩序行为进行处罚

是否遵守公共交通工具上的秩序，从表面上看是个人素质或道德品质问题，实际上却是影响乘客安全的大事。例如，有些人购买经济舱机票，却强行要求乘坐公务舱，扰乱客舱秩序；有些人逃避安检携带宠物登机，结果宠物在机舱内逃脱，致使航班因安全隐患而延误；有些人在高铁上霸占他人座位，不按规定就座；有些人在飞机、火车等交通工具上争抢行李放置台；有些人在交通工具上不顾他人感受随意脱鞋；更为恶劣的是，有些人为一己私利，抢夺驾驶操纵装置。

【基本案情】

某日，在湖南长沙开往深圳北的高铁上，60多岁的王某从长沙南站上车，看到车厢内有许多空座位，便在靠窗的位置顺

势坐下。列车停靠郴州站后，大批旅客匆忙上车。年轻女子李某站在王某面前，仔细核对车票后对王某说靠窗的位置是自己的，请她坐到自己的位置。王某火冒三丈，坚持认为座位谁先占就归谁，她坐了30多年的火车向来如此，还声称李某可以坐到自己1号车厢的座位上，自己老了走不动了，李某应该尊重老年人。其还叫嚣："没法让，我一直坐这，这旁边的座位不能坐吗？"在列车员的多次劝解下，王某仍然胡搅蛮缠；在乘警到达现场后，王某依然如故，并声称自己有多种疾病，谁动自己谁就要倒大霉。列车准点到达广州南站后，乘警依法将王某交由车站派出所处理。民警根据调查结果，对王某处以行政拘留5日的处罚。

【案情分析】

本案中，王某具有完全民事责任能力，无正当理由霸占他人座位。在李某要求其让座时仍胡搅蛮缠，拒不按票乘坐，面对列车员的劝说和乘警的调查，依然蛮横无理，扰乱了火车上的乘车秩序，明显存在主观故意。根据《治安管理处罚法》第26条规定，依法予以行政拘留。

【法条链接】

1.《治安管理处罚法》第二十六条第一款第三项、第二款　有下列行为之一的，处警告或者五百元以下罚款；情节较重的，处五日以上十日以下拘留，可以并处一千元以下罚款：……（三）扰乱公共汽车、电车、城市轨道交通车辆、火车、船舶、航空器或者其他公共交通工具上的秩序的……

聚众实施前款行为的，对首要分子处十日以上十五日以下拘留，可以并处二千元以下罚款。

2.《民法典》第八百一十五条第一款　旅客应当按照有效客票记载的时间、班次和座位号乘坐。旅客无票乘坐、超程乘坐、越级乘坐或者持不符合减价条件的优惠客票乘坐的，应当补交票款，承运人可以按照规定加收票款；旅客不支付票款的，承运人可以拒绝运输。

【案例提示】

在《民法典》施行之前，《合同法》虽然明确旅客需持有效客票乘运，但在“霸座”行为的定性上存在缺失，并未明确其违法属性。《民法典》规定，旅客必须按照有效客票记载的时间、班次以及座位号乘坐公共交通工具。该规定不仅从法律层面完善了公共交通出行规则，也促进了公民养成契约精神，提升了公共交通出行的规范性和有序性。综合近年来发生的典型案例，以下问题值得深切关注：

1. “对号入座”是乘坐公共交通工具的基本规则。“对号入座”也是维护公共交通有序运行的关键。除此之外，违反铁路乘车秩序，除要接受法律处罚外，还会被记入铁路征信系统，限制购票乘车，以此强化公众遵规意识。

2. 破坏公共交通乘车秩序依法要承担相应的法律责任。法律通过惩处违法人员，维护公共交通秩序，保障乘客的合法权益。公共交通工具属公共场所，违反公共交通乘车秩序要受到法律追究，依情节轻重需要承担民事责任、行政责任，如情节严重恶劣，还可能构成妨害安全驾驶罪、寻衅滋事罪。

四、阻挡地铁车门关闭按照妨碍交通工具正常行驶行为进行处罚

随着公共交通优先发展的稳步推进，乘坐公共交通工具出行的便捷性日益显现。公共交通运行建立在科学论证与安全保障的坚实基础之上，其发车时间、停靠站点都有一系列严格的运行规范，不仅仅是基于运营效率的考量，更是对乘客生命安全负责。然而，部分人对公共交通秩序缺乏敬畏之心。例如，在非停靠站

点强行要求下车，以等待家人上车为由阻拦车门关闭，甚至在公共交通工具上拉扯驾驶员、乘务员等。作为公共交通活动的参与者，每一位公民都应维护公共交通秩序。公共交通秩序更是保障乘客生命财产安全的根本前提，只有严格遵守相关法律法规，才能确保公共交通系统安全、高效地运行。

【基本案情】

某日晚5时左右，正值当天的晚高峰时间，某市地铁十号线某站站台上有不少乘客正在候车，地铁到站后，站台上的乘客纷纷有序排队上车。但地铁关门提示音及广播多次响过后，列车门仍未关闭，地铁也迟迟没有开动。原来，王某和几个朋友一同乘坐地铁，他上车后发现仍有朋友没有及时上车，情急之下，王某强行用手扒住地铁车门，阻止车门正常关闭。站台工作人员发现后，多次劝说王某松手，其他人可以乘坐下一趟地铁，每趟地铁发车时间间隔不长，但王某拒绝听从工作人员劝说。无奈之下，工作人员只好报警，民警到达现场后，王某才停止违法行为。经调查，因王某的违法行为导致该趟地铁晚点2分30秒，严重影响了地铁的正常运营秩序。

【案情分析】

在本案中，王某作为成年人，明知阻挡地铁车门关闭的行为违法，在站台工作人员劝阻下仍不改正。经民警教育后，才真正认识到其行为的严重性并停止该违法行为，但仍导致地铁停运2分30秒，不仅影响到乘客准点上下班，更危及地铁运营安全。经调查，公安机关给予王某行政拘留7日的行政处罚。

【法条链接】

《治安管理处罚法》第二十六条第一款第四项、第二款　有下列行为之一的，处警告或者五百元以下罚款；情节较重的，处五日以上十日以下拘留，可以并处一千元以下罚款：……（四）非法拦截或者强登、扒乘机动车、船舶、航空器以及其他交通工具，影响交通工具正常行驶的……

聚众实施前款行为的，对首要分子处十日以上十五日以下拘留，可以并处二千元以下罚款。

【案例提示】

近年来，各大城市地铁通车里程逐年增长，地铁在公共交通中的重要性日渐凸显。以广州为例，地铁通车里程751.1千米，地铁运营线路18条，每天乘坐地铁出行近千万人，维护地铁运行秩序至关重要。为此，各地成立专业警种负责办理公共交通违法犯罪案件，如北京市公安局公共交通安全保卫总队、广州市公安局公共交通分局等。

1. 交通安全切莫当儿戏。城市地铁交通繁忙，特别是在早晚高峰，分秒之间的偏差就会影响群众的准点安全出行。遵守公共交通秩序不仅仅是个人道德和素质问题，更是影响到城市安全的大事。公共交通秩序关乎着每一位乘客的出行安全，无论以任何理由都不能干扰公共交通运行秩序。

2. 妨碍地铁正常行驶，违法与刑事犯罪仅一步之遥。一时不理智的冲动行为很有可能会导致违法甚至犯罪，给自己和他人带来无法挽回的后果。在实践中，妨碍地铁正常行驶造成延误的，属于行政处罚裁量环节的较重情形。

3. 公安机关应加强宣传教育。地铁内的部分违法行为具有偶发性，民警应对不文明的乘车行为进行教育引导，对于一些案件常发场所，重点防范及时监督检查，确保公共交通安全运行。在法律裁量范围内，坚持处罚与教育相结合，彰显公安机关执法的温度与力度。

五、破坏选举秩序行为应予以处罚

选举权是《宪法》赋予公民的神圣权利，也是人民当家做主的具体体现方式，国家通过各种形式保障公民选举权的行使。近年来，人民群众民主权利意识和法治观念不断提高，其不仅关注选举结果，而且重视选举过程的民主性。权力以实实在在的方式让群众能够看得见，在阳光下运行。然而，在一些村“两委”班子和城市小区业委会选举过程中，有时会发生影响选举、破坏选举、扰乱选举秩序等行为，如在选举现场抢夺、损毁票箱或者选票。这些行为损害选举的公正性和严肃性，严重干扰选举秩序，侵犯人民群众的合法权益。

【基本案情】

更换物业公司是小区业主的权利，也是业委会监督和督促物业公司积极作为的重要方式。出于利益考虑，某小区原物业公司对更换新的物业服务企业总是百般阻挠，甚至不惜以违法的方式阻止小区业委会罢免物业的投票工作。某日晚8时左右，某高档小区召开业主大会投票罢免物业，经过紧张的工作，业委会工作人员终于收集完所有业主的选票，准备吃饭后再完成统计选票等工作。半小时后，业委会工作人员吃饭后返回，发现存放在社区活动室的500多张选票离奇被盗，小区办公室内一片狼藉，于是报警。接到报警电话后，民警火速赶到事发现场，通过视频侦查，公安机关发现此案为物业公司经理张某所为，张某被抓获后供述选票已被焚毁，组织盗窃选票为其个人行为。在调查取证后，公安机关以违反《治安管理处罚法》第26条第1款第5项“破坏依法进行的选举秩序的”，对张某给予行政拘留10日的处罚。

【案情分析】

本案中，张某作为物业公司经理，为达到阻止小区业委会更换物业公司的目的，以非法手段盗窃选票破坏选举秩序。张某不设法提高物业管理服务水平，而是焚毁选票扰乱业主自主选择物业，其主观故意明显，应依法受到行政拘留10日的处罚。

【法条链接】

1.《治安管理处罚法》第二十六条第一款第五项、第二款 有下列行为之一的，处警告或者五百元以下罚款；情节较重的，处五日以上十日以下拘留，可以并处一千元以下罚款：……（五）破坏依法进行的选举秩序的。

聚众实施前款行为的，对首要分子处十日以上十五日以下拘留，可以并处二千元以下罚款。

2.《民法典》第二百八十四条 业主可以自行管理建筑物及其附属设施，也可以委托物业服务企业或者其他管理人管理。

对建设单位聘请的物业服务企业或者其他管理人，业主有权依法更换。

3.《物业管理条例》第十五条第一项、第二项 业主委员会执行业主大会的决定事项，履行下列职责：（一）召集业主大会会议，报告物业管理的实施情况；（二）代表业主与业主大会选聘的物业服务企业签订物业服务合同；

【案例提示】

扰乱居（村）委会秩序和破坏居（村）委会选举秩序，特别是干扰小区业委会选举是近年常见的违法行为。从案件事实来看，主要存在认识误区，以为此举为“维权行为”。因此，要清醒认识到：

1. 业委会为群众性自治组织。业委会是群众性自治组织，享有自治权限，其依法选举行为适用《治安管理处罚法》第26条第1款第5项规定。

2. 扰乱破坏选举秩序属于违法行为。选举是一项严肃的政治活动，每张选票都承载着选民的真实意愿，破坏选举秩序是违法行为，情节严重的可构成刑事犯罪。选举既关乎广大群众的切身权益，又关乎基层治理的公平公正，任何破坏选举秩序的行为都将受到法律的制裁。破坏选举秩序是公然挑战法律权威，该行为严重损害了选举的公正性和公信力。一旦触碰法律红线，必将承担相应的法律后果。

3. 未经他人委托，擅自代为填写选票属于破坏选举秩序的违法行为。私自代填选票严重违背选举的公平原则。切勿实施破坏选举秩序的行为。

六、组织多人拉横幅讨要租金按照聚众扰乱单位秩序行为进行处罚

在法治路径下维护个人合法权益，用法律定纷争、断曲直是法治社会的应有之义。但在矛盾纠纷的处理过程中，部分违法人员相信人多力量大，坚信法不责众，利用多数人的从众心理，组织并纠集群众实施阻挠单位正常运行的违法行为。以聚众的方式向相关单位施压，扰乱单位正常的运行秩序，企图通过此种方式争取超出法律规定之外的不法利益，殊不知此行为属于违法行为，对聚众行为的首要分子要从重处罚，后果严重甚至构成刑事犯罪。

【基本案情】

近年来，一些酒店将低楼层改建或将部分楼层作为附属项目整体出租增加了酒店的经营效益，同时也提升了酒店的知名度，但商业经营总会存在各种风险。某日晚7时左右，在某市主城区的五星级大酒店内，张某等10人扮成客人模样依次进入大堂。趁保安人员不注意，张某等10人分工明确，有的拿出横幅快速打开，有的高高举起写着不同内容的展示牌，齐声大喊："不良商家，还我租金！不良商家，还我租金！"更有人开始佩戴黑纱，一时间酒店经营秩序受到严重影响。一些正在办理入住的客人被眼前的突发事情惊扰，匆忙离开酒店；就餐区的客人受大堂嘈杂声影响，大多提前结束就餐。酒店保安人员报警并采取应急措施，公

安民警到达后立即控制相关违法人员，随即展开案件调查工作。经查，刘某承租该酒店某层经营俱乐部，后因房租问题与酒店产生纠纷，多次协商无果后，刘某组织了张某等10人实施此次违法活动，但刘某未现场参与。调查取证后，公安机关对首要分子刘某处以行政拘留10日的处罚，对其他参与人员予以批评教育。

【案情分析】

在市场经济活动中，产生纠纷是不可避免的，采取合理的方式才是解决问题的关键。在本案中，刘某承租该酒店某层经营俱乐部，因房租问题引发纷争，采取组织多人聚众实施扰乱酒店经营秩序的违法行为，不仅不能解决问题，反而因其组织实施了该聚众行为受到治安管理处罚。

【法条链接】

《治安管理处罚法》第二十六条第一款第一项、第二款　有下列行为之一的，处警告或者五百元以下罚款；情节较重的，处五日以上十日以下拘留，可以并处一千元以下罚款：（一）扰乱机关、团体、企业、事业单位秩序，致使工作、生产、营业、医疗、教学、科研不能正常进行，尚未造成严重损失的……

聚众实施前款行为的，对首要分子处十日以上十五日以下拘留，可以并处二千元以下罚款。

【案例提示】

聚众扰乱社会秩序，特别是扰乱单位秩序，破坏了社会契约精神，损害了社会运行规则。从维护权利的角度考虑，以下几点应予以高度重视：

1. 维护合法权益要按规则行事。通过合法途径表达合理诉求是法治社会的基本行为规则，以违法行为相对抗，幻想以此谋取非法利益，最终损失的是双方利益。要把握好权利的边界，不要让合法的维权行为变为违法甚至犯罪。以“抱团取暖”方式看似能争取更大的权益，有些实则为违法行为，情节严重甚至可能构成犯罪。

2. 抱着“法不责众”的从众心态，结果仍是“法要责众”。聚众扰乱单位秩序，首要分子要处罚，实际参与者也要受处罚。组织、策划、指挥的违法行为人是聚众扰乱单位秩序的首要分子。公安机关根据共同违法行为人在违法活动中所起的作用大小，区分共同参与人各自的责任并依法处罚。

七、球迷跳下看台拥抱球星按照扰乱大型群众性活动秩序行为进行处罚

2007年9月14日，国务院公布了《大型群众性活动安全管理条例》（国务院令第505号），对参加人数达到一定规模的大型群众性活动加强安全管理。在大型活动现场，一些球迷、歌迷因受现场气氛影响，以快跑快跳等手段避开安保人员，强行进入大型活动管控区域，通过献花、合影或拥抱等方式表达对明星的喜爱，导致大型活动秩序受到影响。在实践中，还存在部分无票人员不服从现场工作人员指挥，强行冲关入场的情况，这些行为严重扰乱了大型活动现场秩序。

【基本案情】

某日晚8时，两支国家队的友谊赛在国内某市体育场正式开始，容纳近8万人的体育场座无虚席，不少球迷身着自己喜爱球队的服装呐喊助威，现场气氛高涨。

当激烈的比赛正在进行时，特别喜欢看“欧洲五大联赛”的球迷陈某（已成年）抑制不住激动的心情，趁安保人员不备，从约3米高的看台突然翻下冲进球场，一路躲避球场内的安保人员，激动地奔跑至一名正在比赛的球星身边并热情拥抱。在安保人员制止过程中，陈某仍绕场狂奔一周，与其中一支球队的守门员击

掌之后才被追上的安保人员抬出球场。众目睽睽之下，面带笑容的陈某“风光一时”，比赛因此而中断1分多钟，其行为严重扰乱了足球比赛的秩序。

公安机关对闯入球场的陈某调查取证，综合其本人陈述、现场照片、视频资料等证据，依法对陈某处以行政拘留5日的处罚，同时责令其12个月内不得进入体育场馆观看同类比赛。

【案情分析】

在本案例中，刚刚成年的陈某以追星为由实施严重扰乱足球比赛秩序的违法行为，看似“风光”，实则违反了《治安管理处罚法》第28条的规定，主观故意明显，依法给予行政拘留5日的处罚。

【法条链接】

1.《治安管理处罚法》第二十八条　有下列行为之一，扰乱体育、文化等大型群众性活动秩序的，处警告或者五百元以下罚款；情节严重的，处五日以上十日以下拘留，可以并处一千元以下罚款：（一）强行进入场内的；（二）违反规定，在场内燃放烟花爆竹或者其他物品的；（三）展示侮辱性标语、条幅等物品的；（四）围攻裁判员、运动员或者其他工作人员的；（五）向场内投掷杂物，不听制止的；（六）扰乱大型群众性活动秩序的其他行为。

因扰乱体育比赛、文艺演出活动秩序被处以拘留处罚的，可以同时责令其六个月至一年以内不得进入体育场馆、演出场馆观看同类比赛、演出；违反规定进入体育场馆、演出场馆的，强行带离现场，可以处五日以下拘留或者一千元以下罚款。

2.《大型群众性活动安全管理条例》第二十三条　参加大型群众性活动的人员有违反本条例第九条规定行为的，由公安机关给予批评教育；有危害社会治安秩序、威胁公共安全行为的，公安机关可以将其强行带离现场，依法给予治安管理处罚；构成犯罪的，依法追究刑事责任。

【案例提示】

组织或举办大型活动，应按规定的程序申请安全许可，未经公安机关批准，一律不得违规组织或举办大型活动。同时，要及时进行安全风险评估，做好必要的安全防范预案。以下几点事项应予以高度重视。

1. 参加大型活动要严格遵守活动秩序。消费者应从官方渠道购买大型活动门票或入场券，切勿从非指定官方渠道购票。在活动中，要遵守公共场所行为规则，遵守大型活动秩序，切实防范发生踩踏事件。

2. 不能把无知无畏当成违法的借口。部分追星者把无知与不法结果当成炫耀的资历，以违反治安管理行为的“小成本”换取与明星合影等“高收益”。要树立正确的价值观，在大型活动现场，违法的事情不做，不图一时“风光”。

3. 公安机关要加大治安防控力度。对此类违法行为的处罚，公安机关既要展示出现场处置的专业性，也要体现出专业人士超强的风险预判能力。除要加强大型活动安全许可审批外，还要及时研判可能发生干扰比赛秩序的违法行为类型，精准处置活动现场的违法行为。

八、谎报警情按照虚构事实扰乱公共秩序行为进行处罚

在互联网蓬勃发展的时代浪潮下，信息交互愈加便捷即时，发布虚假消息的成本大幅降低，其对社会公共秩序的影响不断升级。在实践中，以散布谣言，谎报险情、警情或者以其他方法故意扰乱公共秩序的违法行为屡见不鲜。特别是近年来随着新型自媒体的兴起，依托互联网平台，以虚构事实扰乱公共秩序的治安或刑事案件逐年攀升，破坏了健康有序的网络生态空间。网络既

能传递真实有用的信息，也可能成为传播谣言的温床。面对网络谣言的滋生与泛滥，我们每个人都应坚决做到不造谣，从源头上遏制虚假信息的产生。另外，我们更要时刻保持清醒的头脑，做到不信谣、不传谣，不能仅凭猜测就随意发布未经确认的消息，共同营造风清气正的网络空间，维护社会公共秩序的稳定。

【基本案情】

某日深夜11时47分左右，张某不断用电话拨打110报警，一会儿称自己被追杀，一会儿又称自己被人骗了，在接警员的多次确认警情时，又慌忙改口自己被人打了。派出所接警后，考虑案情重大且情况不明，民警以最快的速度到达张某住所地，面对全副武装的民警，张某神情紧张，经核实发现张某所报警情为假警。半个小时之后，110接警台接到张某的道歉电话，称自己已把情况发到朋友圈和其他自媒体平台，看到网上流传的110电话经常占线，想测试一下110报警电话能否打通。民警随即将张某传唤至派出所调查，到案后张某终于认识到自己编造事实、谎报警情的违法行为的错误性。依据《治安管理处罚法》第29条第1项的规定，派出所依法对张某处以罚款500元的行政处罚。

【案情分析】

互联网时代，公共秩序有其运行的基本规则，破坏了规矩最终也会害了自己。在本案例中，张某拨打110报警电话随意编造虚假信息，消耗了本就紧张的警力。在接警员的追问下仍拒不说出真实情况，主观故意明显，违反了《治安管理处罚法》第29条的规定，依法应予以治安管理处罚。

【法条链接】

《治安管理处罚法》第二十九条第一项　有下列行为之一的，处五日以上十日以下拘留，可以并处一千元以下罚款；情节较轻的，处五日以下拘留或者一千元以下罚款：（一）故意散布谣言，谎报险情、疫情、灾情、警情或者以其他方法故意扰乱公共秩序的；

【案例提示】

学会控制个人情绪，不要在网络等新型公共场所发表未经核实的信息。一些违法行为人为增加粉丝关注，故意炒作，或以转发“恶作剧”的方式提高“知名度”，最后还是害了自己。营造健康文明的网络环境和清朗的网络空间，需要大家共同参与。以拨打110谎报险情或者警情等方式恶作剧寻求刺激的，要承担违法甚至犯罪的法律责任。

1. 110报警电话是宝贵且有限的社会资源。社会公共资源不可乱用，每个人都要珍惜有限的警力资源。任何人无视法律谎报警情，都要为自己的错误行为付出代价。对谎报警情、案情或无故拨打报警电话等滋扰公安机关工作秩序的行为，公安机关都将追究其法律责任。

2. 不信谣、不传谣是法治时代的网络规则。在法治时代，应了解基本的法律原则，保持对事物的判断能力，要知道什么能做什么不能做，学会懂法用法。要提高法治观念，增强辨别是非的能力。没有根据的事情不说，眼见不一定为实，道听途说的事情更难让人信服。无论何种情况，都不要以身试法，无论何种借口，都不是违法犯罪的理由。

九、谎称投毒按照虚构事实扰乱公共秩序行为进行处罚

如何正确看待矛盾纠纷，不同的人会给出不同的答案。有的人积极化解，寻求解决问题的合适路径，充分兼顾自己和他人及单位的利益。但个别人却选择极端方式，以投放虚假的爆炸性、毒害性、放射性、腐蚀性物质或者传染病病原体等危险物质相要挟，通过制造恐慌，达到个人目的或以此争取更多的利益，严重

扰乱了社会公共秩序。

【基本案情】

某日13时48分，某村群众报警称，刘某因建房纠纷，往村里的水井投毒。刘某扬言，如果乡政府不批准他家建房，就让村里的群众一起陪他去死，村民都很惶恐。当地派出所迅速组织警力赶到现场，刑警大队也增派刑事技术民警赶到现场，将刘某控制后，刘某交代他投的并非毒药，只是吓唬乡政府的工作人员，让政府批准他建房。经过刑事技术民警仔细勘查和检测水源，确认水源中并未有有毒物质。刘某向办案民警交代，他家房屋年久失修，想重新建房，但因地处政府规划园区内，按政策不能建房。为达到目的，他多次到乡政府反映，并以自杀相要挟，但仍未能获批。思前想后，他假装在水井里投毒，并在村里大声喊叫，想以此让乡政府批准其建房。村民报警后，他认识到问题的严重性，主动配合交代。鉴于刘某投放虚假危险物质的行为严重扰乱社会秩序，造成社会恐慌，公安机关依法对刘某处以行政拘留10日的处罚。

【案情分析】

刘某作为成年人，知道投毒的危险性，以此方式作为要挟政府的手段，迫使乡政府同意其翻建房屋。其投放虚假危险物质的行为严重扰乱了社会秩序，造成了社会恐慌。在村民报警后，刘某能很快交代问题，配合公安机关调查，但鉴于其违法后果严重，根据《治安管理处罚法》第29条仍应给予行政拘留10日的治安管理处罚。

【法条链接】

1.《治安管理处罚法》第二十九条第二项　有下列行为之一的，处五日以上十日以下拘留，可以并处一千元以下罚款；情节较轻的，处五日以下拘留或者一千元以下罚款：……（二）投放虚假的爆炸性、毒害性、放射性、腐蚀性物质或者传染病病原体等危险物质扰乱公共秩序的；

2.《刑法》第二百九十一条之一 投放虚假的爆炸性、毒害性、放射性、传染病病原体等物质，或者编造爆炸威胁、生化威胁、放射威胁等恐怖信息，或者明知是编造的恐怖信息而故意传播，严重扰乱社会秩序的，处五年以下有期徒刑、拘役或者管制；造成严重后果的，处五年以上有期徒刑。

【案例提示】

投放虚假危险物质指的是故意投放虚假的爆炸性、毒害性、放射性、腐蚀性物质或者传染病病原体等物质，严重扰乱社会秩序的行为。这一行为具有极大的社会危害性。《刑法》第二百九十一条之一明文设立投放虚假危险物质罪。该罪的设立旨在维护社会的公共秩序与安全，任何企图通过制造恐慌扰乱正常社会运转的行为都将受到法律制裁。

1. 投放虚假危险物质属于严重的违法犯罪行为。2001年12月29日通过的《刑法修正案（三）》新增投放虚假危险物质罪，不构成刑事犯罪的情形仍要承担行政责任。此类行为的危害不容小觑，不仅消耗大量公共资源，如警力、应急救援力量等，还破坏了社会的和谐稳定。法律对投放虚假危险物质行为的严厉制裁是对社会秩序的有力捍卫，任何挑战法律底线、破坏社会安宁的行为都将付出沉重的代价。

2. 生命高于一切，有些玩笑开不得。无论基于何种目的，不能拿他人的生命安全下赌注，对自己负责更要对他人的生命负责。要以积极的心态面对生活中出现的各种烦心之事，学会通过合理合法的方式解决问题。

3. 要学会理性表达诉求。无论任何时候都不要做会给社会及他人造成危害后果的事情。例如，有人出于恶作剧或其他不良目的，在公共场所谎称放置了炸弹，引发群众恐慌、场所秩序混乱，即便没有造成实际的人员伤亡和财产损失，其行为也已构成投放虚假危险物质罪。

十、扬言对医院实施爆炸按照虚构事实扰乱公共秩序行为进行处罚

在工作生活中与他人发生矛盾在所难免，有矛盾并不可怕，关键在于要依法解决。有人处理矛盾时喜欢说一些狠话，试图以威胁的口吻解决问题；殊不知这种行为稍有不慎，就会触碰法律底线。例如，以扬言实施放火、爆炸、投放危险物质等危险行为的方式对社会公共秩序造成影响。

【基本案情】

某日12时许，某市公安局110接警中心接到12345市民热线打来的报警电话。电话中称违法行为人许某拨打12345市民热线反映其对某三甲医院的治疗结果不满，接线员就前期许某的相关问题进行了反馈，也把职能部门的调查结果和许某进行了再次充分沟通。在接线员详细解释后，许某仍然情绪激动，并显得异常狂躁，扬言要炸了该三甲医院，并多次说政府部门并不想真正解决问题。之后许某又拨打12345市民热线，仍以其就医问题反映情况，在此过程中又多次扬言若不在合理的期限内解决治疗遗留的问题，就要对医院实施爆炸。民警到达现场后，依法将许某带回派出所调查处理，许某对于上述违法行为认错认罚。以上事实有许某的陈述和申辩及通话录音等事实依据，经调查后，公安机关决定给予许某行政拘留2日的行政处罚。

【案情分析】

在解决医疗纠纷时，作为成年人的许某不是积极协商，或者采取诉讼等方式合法化解矛盾，而是扬言在医院内实施爆炸等危险行为，借此达到获得医院赔偿的个人目的。虽然许某认错认罚，但鉴于其违法行为后果及造成的损失，根据《治安管理处罚法》

第29条依法给予治安管理处罚。

【法条链接】

《治安管理处罚法》第二十九条第三项 有下列行为之一的，处五日以上十日以下拘留，可以并处一千元以下罚款；情节较轻的，处五日以下拘留或者一千元以下罚款：……（三）扬言实施放火、爆炸、投放危险物质等危害公共安全犯罪行为扰乱公共秩序的。

【案例提示】

放火、爆炸、投放危险物质等违法犯罪直接威胁人民群众生命财产安全，公安机关对于此类警情应高度重视。安全无小事，即便只是扬言实施放火、爆炸、投放危险物质等行为，不管最终是否构成犯罪行为，都要经过严格的调查程序予以核实。在警力资源有限的情况下，若经调查确认不存在刑事犯罪，不仅会造成宝贵警力资源的浪费，更会影响到人民群众正常的生产生活秩序。

1. 每个人都需为自身的言行负责。公民要知法、懂法、守法，切不可拿法律当儿戏，随意试探法律的底线。以扬言采取过激乃至极端行为扰乱社会秩序的错误行为必将受到法律的制裁。

2. 网络不是随意宣泄不满情绪的场所。网络并非法外之地，互联网是有记忆的，图一时的口舌之快往往会让自己承受难以预料的严重后果。无论何时何地，遇到问题都应通过合法途径解决，切不可寻求捷径，触犯法律红线。

十一、酒后滋扰女性按照扰乱社会秩序行为进行处罚

治安案件中寻衅滋事违法行为的最常见表现方式是随意殴打他人，追逐、拦截他人，无故侵扰他人，强拿硬要或者任意损毁、占用公私财物，以及其他无事生非扰乱社会秩序的寻衅滋事行为。

近年来，酒后无端打骂他人或者在网络上肆意对公职人员发表不当言论的治安案件有所增加，扰乱了社会秩序。

【基本案情】

某日晚9时许，江某在某饭店内就餐，酒足饭饱之后，江某与朋友在酒店门口告别。江某家离饭店不远，就想先到江边散步，之后再打车回家。江某边走边打电话，江边的凉风一吹，顿时酒意就上了头，江某一个趔趄。此时，一名穿短裙的女子从江某身边经过，江某顺势拉了一下该女子的裙边，女子边跑边大声喊叫："臭流氓，老流氓，滚开！滚开！"江某追上穿短裙的女子，不断用污言秽语辱骂对方，女子刚一还口，江某就扇其一耳光，还用脚猛踹女子面部。路过的群众上前阻拦时，江某还摆出要打人的姿势。群众报警后，江某敞开前襟，脱掉鞋子，越发无法无天。民警到达后，及时将江某控制并带回派出所调查处理。酒醒后的江某对自己的行为懊悔不已，根据《治安管理处罚法》第30条之规定，公安机关决定给予江某行政拘留5日的行政处罚。

【案情分析】

作为成年人的江某酒后控制不住个人行为，在路边随意滋扰他人，其失态的言行举止已属违法。《治安管理处罚法》明文规定，醉酒的人也要承担法律责任。在群众阻拦及报警后，江某仍变本加厉，没有停止违法举动，根据《治安管理处罚法》第30条依法对其予以治安管理处罚。

【法条链接】

《治安管理处罚法》第三十条　有下列行为之一的，处五日以上十日以下拘留或者一千元以下罚款；情节较重的，处十日以上十五日以下拘留，可以并处二千元以下罚款：（一）结伙斗殴或者随意殴打他人的；（二）追逐、拦截他人的；（三）强拿硬要或者任意损毁、占用公私财物的；（四）其他无故侵扰他人、扰乱社会秩序的寻衅滋事行为。

【案例提示】

寻衅滋事是性质恶劣、严重扰乱社会公共秩序的违法行为。公安机关始终对寻衅滋事类违法行为予以高度关注。守护人民安宁是人民公安践行“人民公安为人民”初心使命的生动注脚。面对寻衅滋事，我们要保持理性的认知，自觉依法行事，严格遵守法律规则。

1. 饮酒不是违法的理由和借口。酒精会麻痹神经，影响判断，但法律的界限不会因此模糊，莫让一时的放纵毁掉自己及影响他人。明知自己有酒后失控的习惯，更要时刻约束自己，少饮酒，不饮酒。

2. 公共场所要学会谨言慎行。有些人酒后为了取乐、寻求精神刺激或者耍威风，在公共场所肆意追随、追赶、拦截他人，扰乱公共秩序。在付诸行动之前，请务必三思，想想自己清醒之后将何去何从，莫要因一时的糊涂让自己陷入难以挽回的困境。

3. 法律的底线不容任何人触碰。天网恢恢，疏而不漏，任何违法犯罪行为最终都逃不过法律的制裁。敬畏法律就是敬畏自己的生活与未来。

十二、私建伪基站按照故意干扰无线电通讯秩序行为进行处罚

无线电与民众的生活息息相关，众多行业系统的正常运行都需要通过无线电传输指令和信号。1993年9月11日，国务院制定并颁布《无线电管理条例》，加强对无线电的管理，依法保护空中电波秩序。2015年，《刑法修正案（九）》细化了1997年《刑法》第288条规定的扰乱无线电通讯管理秩序罪。2017年发布的最高人

民法院、最高人民检察院《关于办理扰乱无线电通讯管理秩序等刑事案件适用法律若干问题的解释》对黑广播、伪基站等新的扰乱无线电通讯管理秩序行为加大打击力度。作为行刑衔接的法律，《治安管理处罚法》对故意干扰无线电业务正常进行的违法行为进行处罚。

【基本案情】

李某听信朋友及网友传言最好赚的钱就是开车拉着“设备”到处闲荡，向不特定人群发送信息。李某用手机查询，发现真有类似所谓赚快钱的方法，轻轻松松就能日进斗金，于是动了心。在点开不明来历的网站后，李某终于找到了“路子”，有人通过线上联系李某并邮寄了用来赚钱的设备。在对方的指导下，李某很快就学会了操作方法。某日，李某借着夜色将伪基站设备放到车内，开车至人流密集的小区、工厂、城中村等地，用伪基站发送信息。当李某行至一酒驾检查点时，被公安人员当场抓获，从车上查获伪基站一台。到案后，李某对自己的违法事实供认不讳，深刻认识到故意干扰无线电正常业务的错误行为，积极配合公安机关办案，采取有效措施消除不法行为造成的后果。根据《治安管理处罚法》规定，公安机关依法对违法行为人李某处以行政拘留10日的处罚。

【案情分析】

本案中李某的赚钱方法简单明了，本人被抓时更是清楚自己的所作所为，其犯罪故意明显。李某开车拉着伪基站设备精准发送信息，不仅实施了违法行为，还干扰到无线电的正常业务，危害后果较为严重。根据《治安管理处罚法》第32条的规定依法应给予治安管理处罚。

【法条链接】

《治安管理处罚法》第三十二条　违反国家规定，有下列行为之一的，处五日以上十日以下拘留；情节严重的，处十日以上十五日以下拘留：（一）故意干扰无线电业务正常进行的；（二）对正常运行的无线电台（站）产生有害干扰，经有关主管部门指出后，拒不采取有效措施消除的；（三）未经批准设置无线电广播电台、通信基站等无线电台（站）的，或者非法使用、占用无线电频率，从事违法活动的。

【案例提示】

近年来，行为人在无意识情形之下参与违法犯罪的情况时有发生，违法犯罪人员法律意识淡薄。为此，各地公安机关在治安防控方面应加大宣传力度，不断织密防范网，以案说法，教育引导民众不要贪小利，从源头上减少此类违法犯罪行为的发生。

1. 国家对无线电有严格的管理规定。生产和销售无线电发射设备要接受无线电管理，不能随意生产或销售；无线电发射设备销售前要接受型号核准检测，及时办理销售备案。违反法律规定，会依法受到处罚。

2. 干扰无线电业务为违法犯罪行为。故意干扰无线电业务的正常进行属违法犯罪行为，其不仅影响人民群众的正常生活，甚至影响国家安全。因此，国家对用伪基站发送不法信息，故意干扰无线电正常业务的违法行为历来从严打击，对不构成刑事犯罪的予以治安管理处罚。

3. 不要随意打开不明真相的链接，谨防电信诈骗。保护好自己的钱袋子。以违法的方法挣小钱，丢掉的多是人身自由。贪小便宜的最终结果往往是吃大亏。不要轻信网络上轻松致富的神话，谨防掉入算法陷阱。

十三、侵入他人办公系统按照非法侵入计算机信息系统行为进行处罚

数据作为一种资源，其重要性已在全社会形成广泛共识。单位的数据一旦受损或泄露，极有可能引发一系列严重后果，甚至可能对个人隐私和权益造成难以挽回的损失。非本单位员工以及未被授予相应权限的人员严禁随意接触与自身职责不相关的工作信息。对于经手的数据资料，更要严格执行保密制度，确保数据的安全性与保密性。需要明确的是，使用非法手段侵入他人或单位的计算机信息系统的行为已触犯法律红线，属于违法犯罪行为。

【基本案情】

某日晚，一小区的业主微信群里，大家正在对物业服务、小区日常管理与收费标准吐槽，突然一名未标明房号的业主上传到群里一份文件。不少业主打开一看，物业公司的详细账目一目了然，业主发现物业公司具有超强的盈利能力。微信群里的业主随即@物业经理，不少激动的业主甚至到物业办公室聚集，要求物业出示明细账目。随后的几天，物业公司开展排查，在排除公司内部人员所为后，一方面向业主解释账目，公开详细收支用度等情况；另一方面向辖区派出所报警。民警对发文件的微信使用者的IP进行调查后发现为租住在该小区的马某所为。马某在小区群发现物业与业主有矛盾，便非法侵入物业公司办公系统，将物业公司账目上传至业主群。马某因非法侵入计算机信息系统被公安

机关处以行政拘留5日的处罚。

【案情分析】

在本案例中，业主在微信群里诉说对物业的不满属于正常的沟通交流，业主有权要求物业公司提供与收费对等的服务，如对相关费用支出有异议，可以要求物业公司出具支出明细。马某作为专业人员，以非法方式侵入物业公司办公系统，将物业公司账目上传至业主群，其目的虽然是让业主了解物业费用明细，但客观上损害了计算机信息系统安全。马某未标明房号而在业主群上传材料，说明其主观上明知该行为的违法性。

【法条链接】

《治安管理处罚法》第三十三条第一项　有下列行为之一，造成危害的，处五日以下拘留；情节较重的，处五日以上十五日以下拘留：（一）违反国家规定，侵入计算机信息系统或者采用其他技术手段，获取计算机信息系统中存储、处理或者传输的数据，或者对计算机信息系统实施非法控制的；

【案例提示】

部分用户网络安全意识淡薄，设置的电脑或网络密码过于简单，这就为不法分子提供了可乘之机。不法分子利用破解软件轻易攻破系统密码，非法侵入并控制电脑信息系统，严重威胁数据安全。

1. 无论以何种目的非法侵入计算机信息系统皆为违法行为。网络安全无小事，网络运营者要切实履行网络安全保护义务。一旦数据安全防线被突破，所造成的损失将难以估量。因此，提升数据安全防护意识，强化数据安全防护措施刻不容缓。

2. 网络可以冲“浪”，但也要小心“浪大伤人”。任何系统都难以做到尽善尽美，或多或少会存在漏洞。切勿为了蝇头小利，非法侵入计算机信息系统，否则必将会受到法律的严惩。

3. 作为网络专业人员，要恪守职业道德和法律。对非法侵入计算机信息系统违法行为，公安机关在督促单位防控的前提下，引导并化解问题是关键。

十四、未经授权删除数据按照非法改变计算机信息系统功能行为进行处罚

随着互联网的发展，新技术不断出现，网络与民众生活已密不可分，各行各业都深度拥抱网络，以创新求生存。但一些不法分子也利用网络实施违法违规行为，如网吧经营者为招揽生意，私自安装破解软件，绕开政府部门监管系统，非法改变计算机信息系统功能，让顾客不刷身份证即可上网，规避网吧上网实名制的相关规定，逃避互联网常态性安全检查。

【基本案情】

某日，某区公安分局网监大队接到某单位报警，称其投资开发的微信小程序被人恶意删除，相关代码和内部重要数据丢失，造成公司经济损失较大。接警后，网监大队办案民警与辖区派出所联合办案，经过周密调查，公安机关发现违法嫌疑人为该公司聘请的技术开发员工向某，向某自受聘后成功开发出合同要求的程序。但经过系列调试，公司提出一些优化措施，增加工作时间长之后，向某觉得自身的付出与收获不成正比，为达到让公司进一步支付更高开发费用的目的，向某利用掌握某云服务器子账号管理权限的便利，未经授权，多次在家及市区图书馆等地登录该云服务器子账户，删除相关数据，并擅自更换操作系统，导致该单位投资开发的两个微信小程序相关代码和数据丢失。到案后，向某认识到自己错误行为的严重性，积极采取措施减少单位损失，并取得单位谅解。向某因非法改变计算机信息系统功能被公安机关依法给予行政拘留10日。

【案情分析】

互联网时代，一些技术人员以技术无罪的理念实施违法活动，归根结底都是为个人谋取非法利益。本案例中，向某未经授权，非法登录某云服务器子账户，删除相关数据，并擅自更换操作系统，由此导致相关代码和数据丢失，给单位造成损失。向某到案后，能认识到自己行为的违法性，能积极采取措施减少单位损失，取得单位的谅解，但其违法行为仍应予以治安管理处罚。

【法条链接】

《治安管理处罚法》第三十三条第三项　有下列行为之一，造成危害的，处五日以下拘留；情节较重的，处五日以上十五日以下拘留：……（三）违反国家规定，对计算机信息系统中存储、处理、传输的数据和应用程序进行删除、修改、增加的；

【案例提示】

部分信息技术从业人员滥用专业技能实施违法行为，更有个别计算机网络从业者及技术爱好者以篡改他人计算机信息系统作为情绪宣泄手段，导致手机等智能设备关键功能丧失。

1. 干扰计算机信息系统功能属违法行为。在实践中，一些人通过违法提供系统破解服务牟利，如非法入侵计费系统篡改缴费数据，窃取个人隐私及商业秘密，造成关键数据永久性损毁等严重后果，非法破解无人机电子围栏，以上都属非法改变计算机信息系统功能的违法行为。

2. 聪明才智要用在正当的事情上，不可任性，更不能胡乱作为。技术从业者应当恪守职业伦理，将专业技能应用于社会服务领域，为维护互联网安全贡献专业力量，不能将技术手段用于违法犯罪。

十五、破解无人机禁飞及限高飞行管控按照故意制作、传播计算机病毒破坏程序行为进行处罚

一些违法行为人将专业知识用以赚“快钱”，以技术无罪为自己开脱。互联网并非法外之地，技术无罪，但掌握技术的人可能会走上违法甚至犯罪之路。幻想着以耍小聪明的方式，以制作、传播计算机破坏性程序技术或以病毒等实施违法犯罪牟利，都将付出沉重的代价。

【基本案情】

某日，公安机关接到群众报警，在某禁飞区域有多架无人机无视规定进行“黑飞”。经过线上技术巡查，公安机关发现违法嫌疑人李某通过“无人机黑客”等境外网站，购买用于破解无人机禁飞及限高飞行的黑客软件，经过一系列操作手段，在多个禁飞区试飞成功。李某在网络上发布多个无人机飞行视频，以此招揽客户。在找到买家后，李某通过远程控制客户电脑等方式，协助客户破解无人机禁飞及限高飞行管控，以此牟利19632元。经公安机关传唤到案后，李某认识到自己的错误行为，有明显悔过表现，被公安机关处以行政拘留10日的处罚，没收违法所得19632元。

【案情分析】

本案中，李某以非法方式获取破解无人机禁飞及限高飞行的黑客软件，在无人机禁飞区飞行，本身就是违法行为。此后又协助客户破解无人机禁飞及限高飞行管控，非法牟利近两万元，主观故意明显。经公安机关传唤后，能主动认识到违法后果，受到行政拘留处罚。

【法条链接】

《治安管理处罚法》第三十三条第四项　有下列行为之一，造成危害的，处五日以下拘留；情节较重的，处五日以上十五日以下拘留：……（四）故意制作、传播计算机病毒等破坏性程序的；

【案例提示】

涉网络犯罪是近年来各地普遍增长较快的案件类型，公安系统与行政部门及企业在数据交换等方面的合作日益深入，在案件打击与防范方面效果明显提升。

1. 靠歪门邪道发家致富，丢掉的是工作，失去的是自由。网络虚拟世界的财富也要靠勤劳的双手去努力获取，无论线上还是线下，都要遵守法律秩序。幻想以违法手段发家致富，用非法手段破坏正常的社会管理秩序，要小聪明试图以制作病毒等破坏性程序的方法赚大钱、赚快钱，最终是竹篮打水一场空，触犯法律的结果就是失去人身自由

2. 增强网络安全意识，切勿成为网络犯罪的帮凶。在AI技术兴起的时代背景下，网络空间不是法外之地，公民切忌用非法手段进行牟利。

3. “翻墙”是破坏网络安全的违法行为，甚至会危害到国家安全。非法售卖“翻墙”工具，实施浏览器劫持、恶意捆绑、非法收集用户信息等危害行为，存在较大的网络安全风险。

第二节　妨害公共安全的行为和处罚

一、吸食“笑气”按照非法使用危险物质行为进行处罚

“笑气”虽未被列入传统毒品的范畴，但其成瘾性和对年轻人健康的潜在危害不容忽视。近年来，因滥用“笑气”导致的健康问题和社会问题日益突出，引发了社会的广泛关注。

“笑气”，学名为一氧化二氮，是一种无色、有甜味的气体，属于危险化学品。它具有轻微麻醉作用，能够短效麻痹中枢神经，

吸食后2至3分钟内会使人产生轻度的麻醉感和短暂的愉悦感。“笑气”制作简单、价格较低、购买方便，容易在青少年群体中“泛滥”，这些年因吸食“笑气”致死致伤的案件频发，非法贩售“笑气”现象屡禁不止，其对青少年身心健康的严重危害亟待引起重视。

【基本案情】

王某与吴某是初中同学，两人从老家来到某地找工作。然而，工作并未如预料中的那样好找，整天在出租屋内无所事事的吴某开始频繁出入酒吧，慢慢接触到“笑气”。

“这不是毒品，玩一玩没事的。”吴某曾向王某描述吸食“笑气”的感受，“感觉头晕晕的，有种窒息感，很刺激，感觉忘记了一切烦恼。”刚开始，吴某购买一瓶“笑气”足够吸一晚上。后来他的吸食量越来越大，一晚上可以吸3瓶。嘴巴咬上吸管，睡醒了就吸一口，然后接着睡。

1年后的一天，吴某和王某吃晚饭时喝了7瓶啤酒，回家后就开始吸食“笑气”。直到第二天晚上10点，吴某都没有起床，王某连续敲了几次门也没人回应。

王某紧急联系房东打开房门，只见吴某斜趴在床上，一动不动，枕边残留着血红色呕吐物。房东吓得直接报警并送医，经抢救，吴某脱离生命危险，但由于神经损伤，无法直立行走，余生将在轮椅上度过。事后，吴某因吸食“笑气”被当地公安机关予以治安管理处罚。

【案情分析】

案例中吴某因精神空虚、追求刺激，吸食“笑气”。“笑气”属于《危险化学品目录》列管的危险化学品，不属于毒品，但其非法流通和滥用破坏了国家对危险化学品的管制秩序，可能引发公共安全风险。同时，长期吸食“笑气”会导致神经系统损伤、贫血，甚至瘫痪等严重健康问题，直接侵害吸食者的身体健康权。

本案例中吴某长期吸食“笑气”后导致昏迷，虽有惊无险脱离生命危险，但由于神经损伤，无法直立行走，余生将在轮椅上度过。“笑气”未被列为毒品，故不适用《禁毒法》，但根据《危险化学品安全管理条例》和《治安管理处罚法》相关规定其行为已构成非法使用危险物质，将受到治安管理处罚。

【法条链接】

《治安管理处罚法》第三十六条　违反国家规定，制造、买卖、储存、运输、邮寄、携带、使用、提供、处置爆炸性、毒害性、放射性、腐蚀性物质或者传染病病原体等危险物质的，处十日以上十五日以下拘留；情节较轻的，处五日以上十日以下拘留。

【案例提示】

1.“笑气”危害极大。“笑气”吸入后能产生短暂的兴奋和幻觉，因此被一些年轻人视为娱乐的新选择。然而，这种气体并非无害。医学证明，长期滥用“笑气”会对神经中枢系统造成不可逆的损伤，引发高血压、晕厥、心脏病发作等严重健康问题。同时，它还会导致维生素B12缺乏，影响运动神经通路的正常功能，严重时甚至会导致瘫痪。

2. 吸食“笑气”是违法行为。虽然“笑气”并非传统意义上的毒品，不在国家管制毒品目录中，但其成瘾性和对健康的危害已经足以将其视为一种有害的滥用物质，属于《危险化学品目录》中的危险化学品，吸食“笑气”不属于吸毒行为，一般以非法使用危险物质行为论处。近年来多地法院将“笑气”相关案件定性为“非法经营罪”或“危害公共安全罪”，反映出国家对“笑气”滥用行为的从严管控。

国家已经加大了对吸食“笑气”的治理力度，加强对电商平台的监管，严格禁止“笑气”等有害物质的销售。建议将笑气纳入“新精神活性物质”监管，填补法律漏洞。一旦发现违法行为，依法严厉打击，以产生有效的震慑作用。

二、危险物质①丢失未按规定报告行为应予以处罚

危险物质，是指爆炸性、毒害性、放射性、腐蚀性物质和传染病病原体等物质。鉴于危险物质的危险性，流入社会会引起恐慌或者造成危害，相关法律法规对危险物质的管理均作了严格规定，并要求发现危险物质丢失、被盗、被抢后要及时向有关部门报告。国家对民用爆炸物品的生产、销售、购买、运输和爆破作业实行许可证制度。民用爆炸物品从业单位是治安保卫工作的重点单位，应当建立安全管理制度、岗位安全责任制度，制定安全防范措施和事故应急预案，设置安全管理机构或者配备专职安全管理人员，防止民用爆炸物品丢失、被盗、被抢，一旦丢失、被盗、被抢，应当立即报告当地公安机关。

【基本案情】

王某和张某受公司指派为一家铁矿实施日常爆破作业，王某和张某均为爆破员，王某还兼任炸药配送员和仓库保管员。某日上午9时，王某从炸药仓库按规定领取了360千克炸药及配套雷管，后配送到矿井爆破作业点，用于当日爆破作业。由于张某负责爆破的一个作业点发生故障，当日无法进行爆破作业，剩余11根共计重1.8千克的乳化炸药没有使用。

---

① 危险物质主要是指爆炸性、毒害性、放射性、腐蚀性物质和传染病病原体等物质。爆炸性物质主要是指根据《民用爆炸物品安全管理条例》《烟花爆竹安全管理条例》等法律法规的规定，包括雷管、导火索、导爆管、非电导爆系统等各种起爆器材，雷汞、雷银等起爆药，硝基化合物类炸药，硝基胺类炸药，硝酸类炸药，高能混合炸药，爆破剂等各类炸药，以及烟火剂、民用信号弹、烟花爆竹等在内的物质。毒害性物质包括氰化物、磷化物、砷化物等，如氰化钾、氰化溴、磷化钾、砷化氢等；亚砷酸盐、砷酸盐、亚硒酸盐、硒化物等，如亚砷酸钙、砷酸铵、硒酸铜等；有机剧毒物品，如氯苯乙酮、苯化二氯、甲氟膦酸异丙酯（沙林）、阿托品、吗啡、海洛因及其盐类化合物、部分农药。传染病病原体是指能够引起传染病发生的细菌、病毒等病原体物质。常见的传染病病原体有乙肝病毒、炭疽杆菌、结核杆菌等。

当晚收工时，张某为了图省事，将未使用完的炸药放置在矿井作业点的炸药临时存放箱内，这个炸药临时存放箱已经损坏无法上锁，也无人看管。王某知晓还有炸药未使用完毕，遂向张某讨要，将剩余炸药按规定回收退库。当晚34根雷管被盗，第二日上午王某发现了这一情况，因担心被领导责骂选择了隐瞒不报。月底时，公安民警在对该公司日常检查时发现了这一情况。经民警口头传唤后，王某和张某随即到案。民警对王某涉及的危险物质丢失不报告行为予以治安管理处罚。

【案情分析】

本案中，王某作为危险物品的仓库保管员，在明知其负责保管的34根雷管被盗的情况下，因害怕被领导责骂而隐瞒不报。其行为已构成了违法，作为危险物品的仓库保管员在发现危险物质被盗、被抢或丢失后有义务及时按规定的时间、规定的方式向有关主管部门报告，并且这是一种法定义务。王某隐瞒不报的行为构成违法，应予以治安管理处罚。

【法条链接】

1.《治安管理处罚法》第十八条　单位违反治安管理的，对其直接负责的主管人员和其他直接责任人员依照本法的规定处罚。其他法律、行政法规对同一行为规定给予单位处罚的，依照其规定处罚。

第三十七条　爆炸性、毒害性、放射性、腐蚀性物质或者传染病病原体等危险物质被盗、被抢或者丢失，未按规定报告的，处五日以下拘留；故意隐瞒不报的，处五日以上十日以下拘留。

2.《民用爆炸物品安全管理条例》第四十一条　储存民用爆炸物品应当遵守下列规定：（一）建立出入库检查、登记制度，收存和发放民用爆炸物品必须进行登记，做到账目清楚，账物相符；（二）储存的民用爆炸物品数量不得超过储存设计容量，对性质相抵触的民用爆炸物品必须分库储存，严禁在库房内存放其他物品；（三）专用仓库应当指定专人管理、看护，严禁无关人员进入仓库区内，严禁在仓库区内吸烟和用火，严禁把其他容易引起燃烧、爆炸的物品带入仓库区内，严禁在库房内住宿和进行其他活动；（四）民用爆炸物品丢失、被盗、被抢，应当立即报告当地公安机关。

【案例提示】

1. 危险物质管控是维护公共安全与生态安全的生命线。作为具有爆炸性、毒害性、放射性、腐蚀性和传染性等危险特性的特殊物质，其全生命周期闭环管理直接关乎人民群众生命健康和社会稳定。根据《危险化学品安全管理条例》及《放射性污染防治法》的相关规定，我国已构建覆盖生产、储存、运输、使用、处置的全链条监管体系。通过严格实施风险评估、分类管控与动态监测，既能防范恐怖袭击、非法贩运等极端安全风险，又可避免因泄漏事故引发的环境污染和公共卫生事件。在当前全球恐怖主义威胁与新型危险物质涌现的背景下，强化溯源管理、提升本质安全水平、完善应急预案已成为国家安全战略的重要组成部分。唯有构建“科技防范+制度约束+伦理准则”三位一体的管控体系，方能实现危险物质治理现代化，筑牢高质量发展的安全屏障。

2. 危险物质一旦被盗、被抢或者丢失，应当立即报告。注意不是24小时内报告，而是立即向当地公安机关报告。故意隐瞒不报的，将面临行政拘留处罚。“故意隐瞒不报”是指采取各种方式隐瞒真相，隐匿证据，破坏现场，不让危险物质丢失、被盗、被抢情况外泄等。

3. 单位违法也会被罚。根据《治安管理处罚法》第18条和第37条的规定，单位违反治安管理的，对其直接负责的主管人员和其他直接责任人员按照本法的规定处罚。同时，《治安管理处罚法》第18条还规定，其他法律、行政法规对同一行为规定给予单位处罚的，依照其规定处罚。例如，民用爆炸物品丢失、被盗、被抢，民用爆炸物品从业单位未按照规定向当地公安机关报告或者故意隐瞒不报的，除按照《治安管理处罚法》第18条和第37条的规定，对其直接负责的主管人员和其他直接责任人员予以处罚外，还应当依照《民用爆炸物品安全管理条例》第50条第2项的规定，由公安机关对民用爆炸物品从业单位处以2万元以上10万元以下的罚款；情节严重的，吊销其许可证。

三、非法携带管制刀具行为应予以处罚

管制刀具由于具有锋利和尖锐的特性，极易造成人身伤害。为了维护公共安全，保障公民的生命健康，国家明文禁止携带管制刀具进入公共场所以及交通工具，如有违反将会受到罚款、拘留等治安管理处罚，情节严重的则要追究刑事责任。管制刀具本身具有较强的危险性，携带此类物品容易滋生携带者的逞强心理，使其在面对冲突时更倾向于采取极端行为，从而让管制刀具成为实施犯罪的工具，极大地增加了社会安全隐患。青少年群体在这一问题上尤为值得关注。

【基本案情】

某日，某车站派出所接车站工作人员报警称，旅客王某携带的包内有疑似管制刀具，民警立即赶赴现场进行处置。经现场鉴定，该弹簧跳刀刀身长度超过17厘米，且带有自锁装置，符合管制刀具认定标准。随后，民警将王某传唤至派出所做进一步处理。据调查，王某所携带的刀具是多年前从集市上购买的，主要用来削水果。最终，王某被处以罚款100元的行政处罚，对其携带的管制刀具予以收缴。

【案情分析】

根据公安部《对部分刀具实行管制的暂行规定》《关于管制刀具范围的批复》的规定，本案中王某携带的弹簧跳刀属于管制刀具。王某携带管制刀具进入火车站，其行为已然构成携带管制刀具的违反治安管理行为。王某供述购买该刀具主要用于削水果等情节属于裁量情节，并不妨碍其违反治安管理行为的成立，故应对王某进行治安管理处罚。

【法条链接】

《治安管理处罚法》第三十八条　非法携带枪支、弹药或者弩、匕首等国家规定的管制器具的，处五日以下拘留，可以并处一千元以下罚款；情节较轻的，处警告或者五百元以下罚款。

非法携带枪支、弹药或者弩、匕首等国家规定的管制器具进入公共场所或者公共交通工具的，处五日以上十日以下拘留，可以并处一千元以下罚款。

【案例提示】

无论出于何种动机，哪怕是基于自我保护的初衷，普通民众都不应携带管制刀具。一方面，个人难以保证在复杂情境下始终不主动使用管制刀具；另一方面，更无法杜绝刀具被他人，尤其是不法分子抢夺，从而对公共安全构成严重威胁。青少年心智尚未成熟，思想较为单纯，在情绪管理和行为控制方面存在一定的局限性，遇事容易冲动，行事容易偏激。一旦与他人发生矛盾冲突，往往难以保持理智，无法有效控制自身行为。倘若此时携带管制刀具，极有可能引发无法挽回的严重后果，不仅会对他人造成伤害，也会让自己陷入无法自拔的困境，给个人、家庭以及社会带来沉重的后果。

1. 哪些属于“管制器具”？　“管制器具”是指弩、管制刀具等其他需要进行管制的物品。以管制刀具为例，根据公安部1983年发布的《对部分刀具实行管制的暂行规定》的规定，管制刀具是指匕首、三棱刀（包括机械加工用的三棱刮刀）、带有自锁装置的弹簧刀（跳刀）以及其他相类似的单刃、双刃、三棱尖刀。但个人携带的水果刀、少数民族因生活习惯在本地区佩戴的刀具不属于管制刀具。常见的管制刀具有三类：第一类为匕首、三棱刮刀、带有自锁装置的弹簧刀、跳刀；第二类为刀尖角度小于60度，刀身长度超过150毫米的各类单刃、双刃和多刃刀具；第三类为刀身长度超过220毫米的各类单刃、双刃和多刃刀具。

2. 何谓“非法携带”？根据《对部分刀具实行管制的暂行规定》相关规定，非军警、非专业狩猎人员以及非地质、勘探等野外作业人员佩带匕首，机械加工人员在工作场所外携带的三校刮刀，在民族自治以外地区携带少数民族用刀，非法携带管制刀具进入公共场所或公共交通工具的，都是“非法携带”。根据《枪支管理法》相关规定，营业性射击场、狩猎场配置的民用枪支不得携带出营业性射击场、狩猎场。猎民、牧民配置的猎枪不得携带出猎区、牧区。携带枪支必须同时携带持枪证件。违反上述规定者都属于“非法携带”。根据2007年1月14日公安部印发的《管制刀具认定标准》第2条的规定，未开刀刃且刀尖倒角半径R大于2.5毫米的各类武术、工艺、礼品等刀具不属于管制刀具范畴。

四、盗割电缆按照盗窃公共设施行为进行处罚

公共设施是国家重要的基础设施和社会公用设施，其安全关系到国计民生、社会稳定和人民群众的切身利益。公共设施大多处于户外，分布广、线路长、防护难度大，违章野蛮施工以及盗窃等不法行为都会导致公共设施遭受破坏。生活中常见的因电力设备遭受盗窃、破坏而引发的停电，因电缆被挖断而导致的断网等现象，严重危害了社会公共安全和人民群众的正常生产生活秩序。

【基本案情】

某日，公安机关接到某小区物业公司报案称：两个月前的某日凌晨，该小区一商业楼的楼顶信号塔的信号中断。经检查，发现该商业楼的南门被人撬开，电井内的部分电缆被人切断盗走，被盗电缆价值2000余元。接警后，治安大队展开侦查工作。因该小区商业楼尚未投入使用，安保设施未配置齐全，办案民警经过调查走访，初步判断内部人员作案的可能性较大。民警一方面对公司内部进行调查；另一方面从销赃渠道进行摸排，经过分析研判和走访，民警逐步查明了某公司电工郭某盗卖电缆的违法事实。几日后，办案民警将郭某抓获归案。

经查，郭某为该小区商业楼电工，因该商业楼长期未投入使用，便产生了盗窃楼内电缆的邪念。两个月前，郭某利用电工身份的便利，谎称有废旧电缆需要回收，便联系废品回收人员到该商业楼，并将其带至管道井，把管道井内的部分电缆切断后进行变卖。几日后，郭某联系回收人员以同样的方式再次作案。两次作案合计变卖电缆500元，赃款均用于个人挥霍。后郭某因盗窃公共设施被当地公安机关予以治安管理处罚。

【案情分析】

本案中，郭某为小区商业楼电工，利用工作之便知晓该商业楼建成后长期未投入使用的内情，便盗割管道井内的电缆并卖给废品回收人员。盗窃公共场所已投入使用的电缆的行为侵犯了公共安全，商业楼属于商业配套设施，是公共场所，盗割电缆破坏电力设施危及公共安全。行为人郭某为贪图小利，非法占有的主观故意明显。其违反治安管理行为成立，应受治安管理处罚。

【法条链接】

《治安管理处罚法》第三十九条　有下列行为之一的，处十日以上十五日以下拘留；情节较轻的，处五日以下拘留：（一）盗窃、损毁油气管道设施、电力电信设施、广播电视设施、水利工程设施、公共供水设施、公路及附属设施或者水文监测、测量、气象测报、生态环境监测、地质监测、地震监测等公共设施，危及公共安全的；（二）移动、损毁国家边境的界碑、界桩以及其他边境标志、边境设施或者领土、领海基点标志设施的；（三）非法进行影响国（边）界线走向的活动或者修建有碍国（边）境管理的设施的。

【案例提示】

1.“公共设施”包括哪些设施、设备？《治安管理处罚法》所称的“公共设施”主要指油气管道设施、电力电信设施、广播电视设施、水利工程设施、公共供水设施、公路及附属设施或者水文监测、测量、气象测报、生态环境监测、地质监测、地震监测等公共设施。油气管道设施包括石油、天然气、煤气管道设施等。电力设施包括发电、供电和变电设备以及输电线路等电力设施。电信设施包括电报设施、电话设施和互联网络设施。电报设施是指邮政部门发送电报的设施。电话设施是指公用电话的电话交换设备、通讯线路等设备。互联网络设施是指传递国际互联网络信息的各种设施，包括光缆、网线等。广播电视设施是指广播电台、电视台、电视转播台等节目的发射设施、节目传送设施、节目监测设施等。水利工程设施包括堤防、水闸、护岸、抽水站、排水渠等防洪工程。水文监测、测量、气象测报、生态环境监测、地质监测、地震监测等公共设施包括水文监测站的各种设备、设施，气象测报的气象探测设施、气象信息专用传输设施、大型气象专用技术装备等。

2. 破坏、盗窃公共设施要负法律责任。破坏、盗窃公共设施情节严重的涉及犯罪，将被追究刑事责任。《刑法》第118条规定，破坏电力、燃气或者其他易燃易爆设备，危害公共安全，尚未造成严重后果的，处3年以上10年以下有期徒刑。第119条第1款规定，破坏交通工具、交通设施、电力设备、燃气设备、易燃易爆设备，造成严重后果的，处10年以上有期徒刑、无期徒刑或者死刑。第124条第1款规定，破坏广播电视设施、公用电信设施，危害公共安全的，处3年以上7年以下有期徒刑；造成严重后果的，处7年以上有期徒刑。

《电力设施保护条例实施细则》第20条规定损坏使用中的杆塔基础，损坏、拆卸、盗窃使用中或备用塔材、导线等电力设施，拆卸、盗窃使用中或备用变压器等电力设备等危害电力设施的行为，情节显著轻微的，由电力管理部门责令改正；拒不改正的，处1000元以上10000元以下罚款；破坏电力设备、危害公共安全构成犯罪的，依法追究其刑事责任。

对于广大群众来说，要做到坚决不参加任何破坏、盗窃公共设施的违法犯罪行为，坚决不隐瞒和窝藏任何破坏、盗窃公共设施的违法犯罪行为，站在维护国家、社会、群众、自身利益的立场，自觉遵纪守法。一旦发现或知晓相关违法犯罪行为，在保护好自己的同时，积极举报、揭发破坏、盗窃和非法窝藏、转移、收购、销售电信电缆设施等违法犯罪行为。

五、“拿”走航空救生衣按照盗窃航空设施行为进行处罚

飞行安全在国际上普遍被称为航飞安全，它所涉及的是与航空器飞行相关的客观因素，如航空器的性能、物理状态，航空活动中所依赖的航空设备、设施，通讯、导航、气象，从事航空活动的人员素质等。其中，飞机安全设备设施主要包括紧急出口、氧气面罩、救生衣、浮筒等，以确保乘客在紧急情况下的安全。航空救生衣是在紧急情况下保护乘客生命安全的重要设施，不得盗窃、损坏、擅自移动。

【基本案情】

某日，某市机场航站区派出所接到机场安检站工作人员报警

称，安检人员在对某旅客的托运行李进行开包检查时发现疑似航空救生衣1件。接警后，民警第一时间赶往现场，并与航空公司取得联系。经确认，该航班座位下方的航空救生衣确有遗失，某旅客有盗窃航空设施的重大嫌疑。经查证，旅客潘某从省外乘飞机到某市旅游，在飞机上偷拿了座位下方的航空救生衣，其对自己盗窃航空设施的行为供认不讳。机场派出所依法对潘某予以治安管理处罚。

【案情分析】

本案中旅客潘某出于占便宜、贪小利的心理，在乘坐民航飞机时偷走了座位下方的航空救生衣，转机安检时被发现。航空救生衣是飞机上重要的安全设备，是在紧急情况下飞机在水面迫降时的逃生设备，通常放置在座位下方或客舱的指定位置。盗窃航空救生衣可能致使紧急情况下其他乘客的生命安全面临巨大威胁。潘某已构成违法行为，应予以治安管理处罚。

【法条链接】

1.《治安管理处罚法》第四十条第一款　盗窃、损坏、擅自移动使用中的航空设施，或者强行进入航空器驾驶舱的，处十日以上十五日以下拘留。

2.《民用航空安全保卫条例》第二十五条　航空器内禁止下列行为:（一）在禁烟区吸烟;（二）抢占座位、行李舱（架）;（三）打架、酗酒、寻衅滋事;（四）盗窃、故意损坏或者擅自移动救生物品和设备;（五）危及飞行安全和扰乱航空器内秩序的其他行为。

第三十四条　违反本条例第十四条的规定或者有本条例第十六条、第二十四条第一项、第二十五条所列行为，构成违反治安管理行为的，由民航公安机关依照《中华人民共和国治安管理处罚法》有关规定予以处罚；有本条例第二十四条第二项所列行为的，由民航公安机关依照《中华人民共和国居民身份证法》有关规定予以处罚。

【案例提示】

1. 乘坐飞机时要了解的“航空设施”。《治安管理处罚法》中所指的航空设施是指正在使用的保证航空器安全飞行的设施，既包括作业中的航空设施，也包括已经交付使用，随时可以执行任务的航空设施，如机场跑道、停机坪、航空器起落的指挥系统、导航设施、机场监控装备、机场灯塔等。盗窃、损坏、擅自移动航空设施行为的后果是影响航空运输安全，但尚未造成使航空器发生倾覆、毁坏的事实，也没有造成倾覆、毁坏的危险，危害程度较轻的构成违反治安管理行为。如果实施上述行为造成的后果具有足以使交通工具发生倾覆、毁坏的现实可能和危险，危害公共安全，则有可能构成破坏交通设施罪。

2. 航空救生衣是重要的飞机安全设备，不能随便拿走。航空救生衣是飞机上重要的飞机安全设备，是在紧急情况下飞机在水面迫降时的逃生设备，通常放置在座位下方或在客舱的指定位置。在需要救生衣时，乘客需要把救生衣从包装中取出，穿上并系上安全带。救生衣的充气方式通常分为手动充气和自动降落充气两种，乘客需要根据实际情况进行选择。为保障飞行安全，旅客不得盗窃、损毁、擅自移动包括航空救生衣在内的航空设施。

六、强行进入航空器驾驶舱行为应予以处罚

飞机是当前世界上最安全的出行方式之一，这离不开每一位乘客与机组人员的共同维护。自2023年7月以来，民航公安机关组织开展了依法整治“机闹”，维护航空安全秩序专项行动，全力保障民航运营安全，切实提高民航旅客安全感和满意度。飞机

在万米高空飞行，客舱是一个封闭的空间，驾驶舱空间更是狭小，非专业人员擅自进入驾驶舱，可能会误触关键设备导致飞行状态异常，危及飞行安全。

【基本案情】

陶某是个航空迷，对各种飞机都很感兴趣。一次，陶某乘坐飞机出差，发现乘坐的是一种新型客机，于是向空姐要求去驾驶舱看看，遭到拒绝后，强行闯入驾驶舱，直到空警将其制服并带出驾驶舱。飞机落地后，公安机关对陶某作出了拘留10日的治安管理处罚，但陶某认为自己只是好奇，不应受到处罚。

【案情分析】

本案中的陶某是个航空迷，乘坐飞机时不听劝阻强行进入飞机驾驶舱，被处罚后仍不服气，坚称自己只是好奇心重并不构成违法。《治安管理处罚法》规定“强行进入航空器驾驶舱”即构成违法，该行为是行为犯，并不要求造成实际危害后果。航空器驾驶舱空间狭小，非专业人员擅自进入可能会误触关键设备（如油门杆、航电开关）导致飞行状态异常。因此，强行进入驾驶舱风险极大，该行为一经实施即成立，陶某应受治安管理处罚。

【法条链接】

1.《治安管理处罚法》第四十条第一款　盗窃、损坏、擅自移动使用中的航空设施，或者强行进入航空器驾驶舱的，处十日以上十五日以下拘留。

2.《民用航空安全保卫条例》第二十五条第五项　航空器内禁止下列行为：……（五）危及飞行安全和扰乱航空器内秩序的其他行为。

第三十四条　违反本条例第十四条的规定或者有本条例第十六条、第二十四条第一项、第二十五条所列行为，构成违反治安管理行为的，由民航公安机关依照《中华人民共和国治安管理处罚法》有关规定予以处罚；有本条例第二十四条第二项所列行为的，由民航公安机关依照《中华人民共和国居民身份证法》有关规定予以处罚。

【案例提示】

强行进入驾驶舱，严重危及航空安全，同时严重威胁到全体乘客的生命安全。在世界航空史上，违规让乘客进入飞机驾驶舱，曾酿成惨痛事故。1994年，俄罗斯AF593号航班机长让15岁的儿子进入驾驶舱体验飞行，后者不小心意外取消自动驾驶，导致飞机失速坠地，机上75人全部遇难。血的教训告诉我们：唯有严惩违规行为，明确安全红线，才能确保飞行安全。

1. 只有六类人员经允许可以进入驾驶舱。根据《大型飞机公共航空运输承运人运行合格审定规则》第121.545条规定，（1）下列人员可以进入飞机驾驶舱，但并不限制机长为了安全而要求其离开驾驶舱的应急决定权：①机组成员；②正在执行任务的局方监察员或者局方委任代表；③得到机长允许并且其进入驾驶舱对于安全运行是必需或者有益的人员；④经机长同意，并经合格证持有人特别批准的其他人员。（2）被准许进入驾驶舱的非机组人员，应当在客舱内有供该人员使用的座位，但下列人员在驾驶舱有供其使用的座位时除外：①正在对飞行操作进行检查或者观察的局方监察员或者经授权的局方委任代表；②局方批准进行空中交通管制程序观察的空中交通管制员；③合格证持有人雇用的持有执照的航空人员；④其他合格证持有人雇用的持有执照的航空人员，该人员得到运行该飞机的合格证持有人的批准；⑤运行该飞机的合格证持有人的雇员，其职责与飞行运作的实施或者计划、或者空中监视飞机设备或者操作程序直接有关，此人进入驾驶舱对于完成其任务是必需的，并且已得到在运行手册中列出的有批准权的主管人员的书面批准；⑥该飞机或者其部件的制造厂家技术代表，其职责与空中监视飞机设备或者操作程序直接有关，进入驾驶舱对于完成其职责是必需的，并已得到该合格证持有人在运行手册中列出的有批准权的运行部门负责人的书面批准。第121.547条规定，局方指定的监察员执行监察任务时，向机长出示局方监察员证件后，机长应当允许该监察员不受阻碍地进入该飞机的驾驶舱。

2.“黑名单”制度强化航空安全底线。中国民用航空局为维护航空安全与秩序，依据《民用航空法》《治安管理处罚法》等制定了《民航旅客不文明行为记录　管理办法（试行）》。该办法通过“黑名单”制度强化航空安全底线，旅客需严格遵守客舱秩序，强行进入驾驶舱、危害航空安全会被列入民航“黑名单”，并在1–2年内限制乘机，若对限制乘机有异议，建议及时通过法律途径维权，但安全违规行为无豁免空间。

因此，为了保障飞行安全，乘客需要遵守相关规定，不得擅自进入航空器驾驶舱。在万米高空，安全无小事，规则即底线。

七、盗窃、毁损、擅自移动铁路设施行为应予以处罚

“5·26”是“我爱路”的谐音，5月26日是“全国爱路护路日”。铁路安全关系千家万户，铁路宛如一条坚韧的动脉，蜿蜒穿梭于广袤大地，跨越千山万水，不仅承载着无数人奔赴远方的梦想，更是保障物资高效流通的关键纽带。每一段锃亮的铁轨、每一根默默支撑的枕木、每一盏闪烁的信号灯都如同跳动的脉搏，维系着这条运输生命线的蓬勃生机。

然而，破坏铁路设施的行为时有发生。有的人贪图一时便利，肆意翻越铁路防护栏，全然不顾潜在的危险；有的人毫无安全意识，随手向铁路投掷杂物，全然不知这可能引发的严重后果。这些举动时刻威胁着铁路运行安全。

【基本案情】

案例1：某日，刘某驾驶货车通过黔桂线流塘站内K33+610处

铁路下穿交通涵前的防护限高架时，明知可能会撞到限高架，仍不管不顾强行通过，致使汽车撞坏限高架，还好未影响列车通行。该行为违反了《治安管理处罚法》关于盗窃、损毁、擅自移动铁路设施、设备、机车车辆配件或者安全标志的相关规定。事件发生后，驾驶员刘某被追究法律责任，后与铁路单位协商达成一致意见，赔偿限高架修复费用12332元。

案例2：某日，两名男子无意中发现某村有一条铁路，周围杂草丛生，铁轨看起来锈迹斑斑，仿佛已被废弃多年。于是两名男子取来工具，将铁轨撬下来0.45吨，拉出去当废铁卖了800元。两人尝到了甜头，决定再次作案。当两人再次准备撬铁轨时被公安机关抓获。该行为违反了《治安管理处罚法》关于盗窃、损毁、擅自移动铁路设施、设备、机车车辆配件或者安全标志的相关规定。公安机关对其进行了治安管理处罚。

案例3：某日，李某、刘某为方便钓鱼，将钦州港东线K4+150处铁路桥上的步行板掀开并移动至一旁，危及铁路运输安全。该行为违反了《治安管理处罚法》关于盗窃、损毁、擅自移动铁路设施、设备、机车车辆配件或者安全标志的相关规定。铁路公安机关依法给予李某、刘某各罚款100元的行政处罚。

【案情分析】

案例1中司机刘某明知可能会撞到限高架，仍不顾后果强行通过，致使汽车撞坏限高架，间接故意构成损毁铁路交通设施行为。案例2中两名男子贪图小利，撬盗铁轨变卖获利，构成盗窃铁路设施行为。案例3中李某、刘某为方便自己通行，擅自移动铁路设施。上述行为均给铁路安全运行造成潜在风险，危害铁路行车安全，均构成违反治安管理。

【法条链接】

1.《治安管理处罚法》第四十一条第一项　有下列行为之一的，处五日以上十日以下拘留，可以并处一千元以下罚款；情节较轻的，处五日以下拘留或者一千元以下罚款：（一）盗窃、损毁、擅自移动铁路、城市轨道交通设施、设备、机车车辆配件或者安全标志的；

2.《铁路安全管理条例》第七十七条第六项　禁止实施下列危害铁路安全的行为：……（六）拆盗、损毁或者擅自移动铁路设施设备、机车车辆配件、标桩、防护设施和安全标志；

【案例提示】

铁路是国家交通的“大动脉”，承载着无数人的出行与经济的流通，对我们的生活影响深远。请大家务必警醒，破坏铁路设施的行为绝非小事，它时刻威胁着铁路运行安全。

1. 铁路设施事关行车安全。铁轨、信号灯、通信设备，这些看似普通的铁路设施，实则是保障列车安全运行的关键。哪怕是对铁轨的轻微破坏，都有可能导致列车瞬间脱轨；信号灯一旦损坏，列车行驶秩序陷入混乱，碰撞事故随时可能发生。

2. 破坏铁路设施是违法行为。法律对破坏铁路设施行为的惩处极为严厉。根据《刑法》规定，实施破坏轨道、桥梁等活动，只要足以使交通工具发生倾覆、毁坏危险，哪怕尚未造成严重后果，也将面临3年以上10年以下有期徒刑。一旦造成严重后果，10年以上有期徒刑、无期徒刑甚至死刑都有可能是最终的判决。

铁路设施安全不仅需要铁路部门的维护，更离不开每一位公民的守护与监督。大家在日常生活中要时刻保持警惕，切勿因一时糊涂作出破坏铁路设施的行为。不要在铁路沿线堆放杂物，不要攀爬防护设施，更不能故意破坏铁路设备。若发现有人妄图破坏铁路设施，或者铁路设施存在安全隐患，要立即向铁路部门或公安机关报告，这不仅是为了保护他人，更是在保护我们自己和家人的安全。

八、在铁轨上放置砖块按照在交通线路上放置障碍物行为进行处罚

铁路是国家的重要基础设施，是国民经济的“大动脉”。铁轨是铁路交通的生命线，它的安全状况直接关系到人民群众生命财产安全。擅自翻越铁路围栏或是在铁轨上放置杂物是非常危险的行为，因为列车以高速飞驰，一旦遭遇铁轨上的异物，或是铁轨设施受损，极有可能造成瞬间脱轨、侧翻等重大安全事故，危及人民群众生命安全。因此，务必时刻警醒，切勿心存侥幸，任何危害铁轨安全的行为都将付出沉重的代价。守护铁轨安全就是守护自己和他人的生命，这是我们每个人不可推卸的责任。

【基本案情】

某日下午2时多，一列客运列车途经京九铁路某路段时，司机忽然听到了一声异响，由于不确定异响从何而来，出于安全考虑，司机立即停车检查并向某市铁路公安处反映，民警迅速赶到现场。这一声异响使两辆客运列车和一辆货运列车的正常运行受到影响，民警到达现场之后，发现现场的铁轨旁散落着被撞击掉的红砖。民警随即对铁路周边进行了走访调查，最后在铁路附近发现了两名正在玩耍的小学生。经现场询问得知，出于贪玩好奇的心理，他们攀爬越过铁路护网，在铁轨上摆放了一块红砖。民警事后对两名小学生进行了严肃的批评教育，并且要求家长加强对孩子的安全教育和监管。撞到红砖的列车经检查确认安全后，恢复正常运行。

【案情分析】

本案中的两名“熊孩子”出于贪玩好奇的心理，攀爬越过铁路防护网，在铁轨上放置一块红砖，致使行经此地的火车发出异响，司机停车检查并报警，该列火车的停靠还使得两辆客运列车和一辆货运列车的正常运行受到影响。两名孩子构成在铁路交通

线路上放置障碍物的行为，后因两人未满14周岁而不予处罚，责令其监护人严加管教。

【法条链接】

《治安管理处罚法》第四十一条第二项 有下列行为之一的，处五日以上十日以下拘留，可以并处一千元以下罚款；情节较轻的，处五日以下拘留或者一千元以下罚款：……（二）在铁路、城市轨道交通线路上放置障碍物，或者故意向列车投掷物品的；

【案例提示】

《治安管理处罚法》《铁路安全管理条例》等规定在铁路线路上放置、遗弃障碍物的行为均属于违法行为，此行为会严重威胁行车安全，轻则造成列车中途停车，重则造成列车倾覆出轨，给不特定多数人的生命财产安全带来巨大威胁。提高自我防护意识，确保铁路运输安全，我们需要做到以下几点：

1. 严禁在铁路线路上放置、遗弃障碍物或向铁路行驶列车、信号灯等设备投掷石头危害公共安全，扰乱铁路运输正常秩序。不得擅自进入铁路线路封闭区域或者在未设置行人通道的铁路桥梁、隧道通行。

2. 严禁到铁路沿线、附近或线路上玩耍，以免发生伤亡事故。不得拆盗、破坏铁路器材、设施和盗割铁路通讯电缆。

3. 严禁携带危险物品、爆炸物品进站乘车。凡违反规定给铁路运输企业或者其他单位、个人财产造成损失的，依法承担民事责任，构成违反治安管理行为的由公安机关依法给予治安管理处罚，构成犯罪的依法追究刑事责任。

九、故意击打高铁按照故意向列车投掷物品行为进行处罚

我国高铁因快捷、舒适、准时，已经成为许多人出行的首选。截至2023年年底，我国高铁营业里程已达4.5万千米，稳居世界第

一，实现了对31个省份的全覆盖。中国高铁不仅在国内取得了显著成就，还在国际舞台上展现了“中国速度”。巨大的成就来之不易，高铁运行安全也需要大家共同守护。高速行驶中的列车即使遇到极小物品的撞击，也会造成不小的伤害。故意击碎高铁玻璃将危及整个列车人员的出行安全。任何危害高铁列车运行安全的行为都会受到法律的处罚。

【基本案情】

某日，一列高铁列车行驶至某地附近时，车窗玻璃被下来的小石子击碎，车上乘客受到惊吓。列车上的监控视频显示，事发时列车正处于高速行驶状态，列车中部一靠窗座位的女乘客正向窗外张望，窗户玻璃突然碎裂呈蛛网状，该名女乘客受到了惊吓。事后，铁路公安机关找到了打碎列车玻璃的两名孩子，是当地的初中学生（均为15周岁），事发时在铁路防护网外玩耍，朝高铁列车扔小石子，导致一节车厢车窗外层玻璃被击裂，所幸无旅客受伤。铁路公安机关根据《治安管理处罚法》对二人予以罚款处罚。

【案情分析】

本案中两名孩子因贪玩，在铁路防护网外朝高速行驶的高铁列车扔小石子，致使高铁窗户玻璃瞬间呈蛛网状碎裂并导致靠窗乘客受到惊吓。二人主观上存在故意，客观方面实施了向列车投掷物品的行为，该行为既包括徒手投掷，也包括使用工具向列车投掷物品。二人的行为已然构成故意向列车投掷物品的违反治安管理行为。

【法条链接】

1.《治安管理处罚法》第四十一条第二项　有下列行为之一的，处五日以上十日以下拘留，可以并处一千元以下罚款；情节较轻的，处五日以下拘留或者一千元以下罚款：……（二）在铁路、城市轨道交通线路上放置障碍物，或者故意向列车投掷物品的；

2.《铁路安全管理条例》第七十七条第四项　禁止实施下列危

害铁路安全的行为：……（四）击打列车；

第九十五条　违反本条例第五十一条、第五十二条、第五十三条、第七十七条规定的，由公安机关责令改正，对单位处1万元以上5万元以下的罚款，对个人处500元以上2000元以下的罚款。

【案例提示】

1. 勿向高铁列车投掷物品。速度和质量决定了冲击力的大小。高速行驶中的列车，即使遇到极小物品的撞击，亦会造成巨大伤害，故意击碎高铁玻璃，危及的是整列列车人员的出行安全。在现实生活中，阻拦高铁车门关闭、车厢吸烟逼停高铁的事情时有发生，这暴露出还有不少人缺乏基本的公共安全意识。这些不守规矩的行为必然受到法律的处罚。

2. 处罚并不是目的，而是为了保护高铁的运行安全。遵守相应的规则制度应该是每个公民的基本常识。高铁为人们出行带来便利的同时，人们也应遵守相应的出行规则，这是文明出行的首要条件。敬畏规则，其实也是对自己的保护。

十、翻越铁路网按照擅自进入铁路防护网行为进行处罚

铁路是国民经济的“大动脉”，是国家的重要基础设施。近年来，长三角地区铁路迎来高速发展期，铁路运营里程和运输量持续增长。截至2021年年底，长三角地区铁路运营里程已达1.3万余千米，其中高铁里程6300多千米。同时，铁路安全面临的外部风险因素日益增多，相关法律、行政法规亟须通过地方立法的形式加以细化完善。为切实保障铁路运输安全畅通，长三角地区的上海市、浙江省、江苏省已出台铁路领域地方性法规，安徽省正在加快推进铁路安全管理立法进程，为建设“轨道上的长三角”提供有力的法制保障。

【基本案情】

某日下午，某车站派出所接到该站调度中心报警，称发现京沪到达线有闲杂人员进入铁道线，造成列车紧急制动。民警立即赶到现场，调取视频发现，进入铁道线的疑似是3名男性青年，其中1名身穿蓝色外套，十分显眼。经过对附近村庄、工厂进一步调查排摸，终于找到3名违法嫌疑人。据3人交代，3人想在铁路附近寻找优质钓鱼点，步行到京沪到达线线桥接合部，从铁路护网上方翻越进入护网内，在线路上行走，发现列车抵近时，3人慌忙跨越线路躲避。经民警批评教育后，3人深刻认识到自己违法行为的严重性，对自己的行为后悔不已。3名男子私自翻越铁路护栏进入线路，逼停运行的列车，导致7列客运列车晚点，铁路公安机关依据《治安管理处罚法》对3人分别作出治安管理处罚。

【案情分析】

本案中3人为在铁路附近寻找优质钓鱼点，从铁路护网上方翻越进入护网内，企图抄近道，当列车驶近时发现3人紧急制动，共计导致7列客运列车晚点。在铁路沿线设置防护网主要是基于保障列车行车安全的考量，行为人随意翻越防护网进入列车线路内会严重影响列车安全行驶，危害公共安全，是《治安管理处罚法》禁止的行为。3人已构成擅自进入铁路防护网行为，应予以治安管理处罚。

【法条链接】

1.《治安管理处罚法》第四十二条　擅自进入铁路、城市轨道交通防护网或者火车、城市轨道交通列车来临时在铁路、城市轨道交通线路上行走坐卧，抢越铁路、城市轨道，影响行车安全的，处警告或者五百元以下罚款。

2.《铁路安全管理条例》第七十七条第八项　禁止实施下列危害铁路安全的行为：……（八）擅自进入铁路线路封闭区域或者在

未设置行人通道的铁路桥梁、隧道通行；

第九十五条 违反本条例第五十一条、第五十二条、第五十三条、第七十七条规定的，由公安机关责令改正，对单位处1万元以上5万元以下的罚款，对个人处500元以上2000元以下的罚款。

【案例提示】

1. 铁路防护网是保障铁路运输安全的重要设施。长期以来，一些单位和个人在铁路线路两侧修路、挖沟、盖房或排污、烧荒、倾倒垃圾、放养牲畜等，严重影响了列车运行安全。铁路线路安全保护区，是指为防止外来因素对铁路列车运行的干扰，减少铁路运输安全隐患，保护国家的重要基础设施，在铁路沿线两侧一定范围内对影响铁路运输安全的行为进行限制而设置的特定区域。这里所说的铁路线路包括铁路钢轨道床、路基、边坡、侧沟及其他排水设备、防护设备等，以及铁路桥梁、隧道、场站等。

2. 了解铁路防护网的设置。铁路沿线情况错综复杂，火车经过城市市区、城市郊区、村镇居民居住区与其他地区，面对的安全状况是不同的；特别是高速铁路速度快，对安全环境要求更高。《铁路安全管理条例》对铁路线路安全保护区的范围作了四种不同情况的规定，即“铁路线路安全保护区的范围，从铁路线路路堤坡脚、路堑坡顶或者铁路桥梁（含铁路、道路两用桥，下同）外侧起向外的距离分别为：（一）城市市区高速铁路为10米，其他铁路为8米；（二）城市郊区居民居住区高速铁路为12米，其他铁路为10米；（三）村镇居民居住区高速铁路为15米，其他铁路为12米；（四）其他地区高速铁路为20米，其他铁路为15米。”其中，路堤坡脚是指路基边坡与地面相连接的部分，路堑坡顶是指路堑坡坡面与地面相连接的部分。

十一、抢越铁路行为应予以处罚

抢越铁路线路，是指在未经许可或违反安全规定的情况下，擅自穿越铁路线路的行为。这种行为不仅违反了《铁路安全管理条例》的相关规定，而且对铁路交通的正常运行和公共安全构成潜在威胁。根据法律规定，抢越铁路线路的行为可能导致严重的法律后果，包括行政罚款或刑事责任。此外，这种行为还可能导致列车紧急停车或碰撞事故，对乘客的生命财产安全造成重大影响。因此，应严格遵守铁路安全规定，杜绝发生抢越铁路线路的行为，以确保自身和他人的安全。

【基本案情】

某日，某车站派出所接到火车司机报警：其驾驶火车行至线路K5+160处时，发现有20多名身着工装的人员集体抢越铁路。民警赶到现场后，立即联合工装所属公司所在地派出所开展排查，查明抢越铁路者系某公司工人，众人抢越铁路后，立即跑进附近某大型企业内。当时，列车处于高速行驶状态，情况极其危险，司机紧急刹车急停，所幸未造成实际危害后果。民警找到该公司领导后，当面通报了案件基本情况，告知其危害程度和法律后果。民警根据视频资料开展辨认，很快锁定了全部违法人员。实施抢越铁路线路行为的20余人均受到了治安管理处罚。

【案情分析】

本案中，20多名工人为通行便利，毫无安全意识，在列车通过时集体抢越铁路，司机紧急刹车急停，所幸未造成实际危害后果。这些工人的行为已构成抢越铁路行为，要注意的是该行为成立在客观方面有一个选择性要件，即在火车来临时，也就是说在废弃的铁路线路上逗留、行走等并不构成该行为，只有在火车来临时抢越铁路才构成违法。公安机关对上述人员予以治安管理处罚。

【法条链接】

1.《治安管理处罚法》第四十二条　擅自进入铁路、城市轨道交通防护网或者火车、城市轨道交通列车来临时在铁路、城市轨道交通线路上行走坐卧，抢越铁路、城市轨道，影响行车安全的，处警告或者五百元以下罚款。

2.《铁路安全管理条例》第七十七条第七项　禁止实施下列危害铁路安全的行为：……（七）在铁路线路上行走、坐卧或者在未设道口、人行过道的铁路线路上通过；

第九十五条　违反本条例第五十一条、第五十二条、第五十三条、第七十七条规定的，由公安机关责令改正，对单位处1万元以上5万元以下的罚款，对个人处500元以上2000元以下的罚款。

【案例提示】

1. 在危险面前切勿心怀侥幸心理。抢越铁路与火车抢道的现象时有发生。这种不顾安全直接横穿铁路完全是对自己的生命不负责。尽管铁路道口设有管护员、警示牌，沿线有防护网，但因为心存侥幸抢越铁路，发生的事故也不在少数。横穿铁路与火车抢道同时还会严重影响列车行车安全，严重威胁火车上广大乘客的生命财产安全。

2. 无规矩不成方圆。《治安管理处罚法》《铁路法》及《铁路安全管理条例》均明令禁止不能抢越铁路，影响行车安全，否则将处以警告或罚款。其实，相关立法的目的就是保护不确定大多数人的人身财产安全以及铁路运行安全。请大家遵守铁路及交通规则，听从管护人员指挥，提高文明安全出行意识，不要随意抢越铁路线路，让安全事故远离。

3. 时刻绷紧交通安全这根弦。比起抢越铁路线路的行为，抢越、穿越马路的行为更为常见，即使在设有天桥、斑马线、地下通道等安全设施的情况下，依然有人不遵守交通规则，图方便，结果悔恨不已。不论是铁路还是马路，只有做到“一站二看三通过，宁停三分不抢一秒”，提高自我安全意识，为自己及他人安全负责，才能避免事故的发生。

十二、擅自安装、使用电网行为应予以处罚

在我国某些地区，野猪等动物破坏庄稼的事情时有发生，遇有此类情况，可以向相关主管部门反映，运用合法的途径解决。公民擅自安装、使用电网是违法行为，会对公共安全造成重大威胁。公安机关将依法严厉打击私设电网的违法行为，广大人民群众要认识到此类行为的危害性，提高法律意识，共同营造安全的生活环境，积极检举此类违法行为。

【基本案情】

派出所接到官某报警称：前一日23时许，其在山上捡菌子时被他人擅自安装的电网电伤。接警后，派出所民警迅速赶至报警人官某家中查看其伤情，发现其左腿有两处被电流灼伤的创面，且腰部在被电击时摔伤。官某担心医疗费无着落而拒绝就医，经民警劝说，最终在其亲属的陪同下前往医院治疗。

民警了解情况后，由官某的同行人员带至现场进行勘查。到达事发现场后，发现电网已被人收走。民警随即在事发地点周围村庄调查走访。据周边群众反映，安装电网的是一名开着绿色三轮电动车的年轻男子。民警通过调取事发地点周围路口监控，发现前一日13时许有一辆绿色三轮电动车形迹可疑，车主有作案嫌疑。后经组织周边群众辨认，嫌疑车辆驾驶人员为某镇居民徐某。

当晚23时许，民警找到徐某，并在其家中发现电瓶、铁丝、逆变器等用于安装电网的工具。经询问，徐某对其擅自安装、使用电网用于猎捕野生动物的违法事实供认不讳，并带领民警成功指认现场。公安机关对徐某予以行政拘留10日的处罚。

【案情分析】

本案中徐某在山上私自安装了一小段电网，且未在周围竖立警示标志，导致他人被电流灼伤。按照相关规定，凡安装电网者应将安装的地点、理由、使用的电压等级等相关信息向所在地公安机关申报，经批准后才可安装。徐某未经任何审批手续私自安装电网，且已造成危害性后果，其行为在客观方面已然构成违法，应按照未经批准安装电网的行为对其治安管理处罚。

【法条链接】

《治安管理处罚法》第四十三条第一项　有下列行为之一的，处五日以下拘留或者一千元以下罚款；情节严重的，处十日以上十五日以下拘留，可以并处一千元以下罚款：（一）未经批准，安装、使用电网的，或者安装、使用电网不符合安全规定的；

【案例提示】

擅自安装、使用电网是一种以危险方法危害公共安全的行为，其与以危险方法危害公共安全罪的界限主要表现为是否足以危害公共安全。行为人擅自安装、使用电网，足以危害公共安全的，则构成犯罪。例如，在公共场所私设电网，直接威胁不特定多数人的安全，足以危害公共安全的，构成犯罪，反之则构成违反治安管理行为。《刑法》第114条规定的以危险方法危害公共安全罪，是指使用除放火、决水、爆炸、投放危险物质以外的并与之相当的其他危险方法，足以危害公共安全的行为。

1. 切勿私自安装电网。安装电网是一些特殊单位的需要，如重要军事设施、重要厂矿、监狱等。其他单位和个人未经公安部门许可，不得随意安装和使用电网。1983年9月23日水利电力部、公安部发布的《严禁在农村安装电网的通告》规定，凡安装电网者，必须将安装地点、理由，并附有安装电网的四邻距离图，以及使用电压等级和采取的预防触电措施等有关资料，向所在地县（市）公安局申报，经审查批准后方可安装。还规定，严禁社队企业、作坊安装电网护厂（场）防盗防窃，严禁用电网捕鱼、狩猎、捕鼠等。

2. 安装、使用电网要合规。安装、使用电网要符合国家对电网安装、使用的安全规定。例如，地网须安设内外刺线护网，其高度不得低于1.5米；电网四周明显处应设置白底红字警示牌，支柱上间隔适当距离须安装红色警灯；等等。行为人只要违反规定安装、使用电网，或者安装、使用电网不符合安全规定，尚未造成严重后果的，就应当受到治安管理处罚。如果行为人违反安装、使用电网的规定造成了严重后果的，则应当依据《刑法》的有关规定追究刑事责任。严重后果，是指人身重伤或者死亡，以及公私财产的重大损失。

十三、道路施工现场未设置安全防护设施应予以处罚

道路施工现场的每一处疏漏都是潜伏在道路上的“安全杀手”，不仅影响正常的交通秩序，而且威胁群众的生命财产安全。任何一个被遗漏的安全细节都可能引发不可挽回的悲剧。道路施工设置安全防护的重要性在于保障公共安全，防止发生交通事故。道路施工质量是道路安全的重要保障，而施工安全是提高工程质量的前提条件。道路施工安全不仅关乎施工人员的生命安全和工程质量，还与社会稳定密切相关。保障施工安全可以减少工程质量问题的出现，提高工程整体质量，施工单位应注重施工过程的安全管理，采取科学合理的施工工艺和技术措施，在保障工程质量的同时确保安全生产。

【基本案情】

某日，某派出所接群众报警称：某单位在挖掘道路施工现场未设置明显的安全标志和安全防围措施。民警接警后立即赶往现场进行调查，民警向现场施工负责人周某出示执法证件，周某称

已办理相关掘路手续，但未携带。2名民警对施工现场情况进行了拍照、摄像，测量了占路施工面积，制作了《现场勘验（检查）笔录》，由现场施工负责人周某签字确认。经初步调查，施工单位为某建筑工程公司，现场施工人员为该单位工作人员，考虑到施工现场未设置明显的安全标志和安全防围措施，存在严重的安全隐患。民警当场立即制止其违法行为，责令当事人停止施工并依法送达了《责令限期改正通知书》。公安机关依据《治安管理处罚法》相关规定对直接责任人进行了治安管理处罚。

【案情分析】

本案中周某为某工程的现场施工负责人，因道路施工的需要在马路上开挖掘土，按照规定应当在施工现场设置防护围栏并竖立安全警示牌，但周某对于应尽的义务未采取任何措施。周某作为现场施工负责人，明知在道路上施工对于开挖造成的沟井坎穴应当设置覆盖物、防围和警示标志却无动于衷，以不作为的形式构成不设覆盖物、防围和警示标志的违法行为，应予以治安管理处罚。

【法条链接】

《治安管理处罚法》第四十三条第二项　有下列行为之一的，处五日以下拘留或者一千元以下罚款；情节严重的，处十日以上十五日以下拘留，可以并处一千元以下罚款：……（二）在车辆、行人通行的地方施工，对沟井坎穴不设覆盖物、防围和警示标志的，或者故意损毁、移动覆盖物、防围和警示标志的；

【案例提示】

1. 警示标志是施工现场管理的重要组成部分。施工人员需要明确指示施工区域、安全通道、危险区域等，确保施工活动的有序进行，从而保障安全生产。道路施工现场存在较多的安全风险点，通过设置警示标志，可以提醒作业人员和过往车辆、行人注意安全，减少安全生产事故发生。通过警示标志的提示和引导，可以增强公众对道路施工安全的认知和理解，提高公众的安全意识。

2. 法律责任要知晓。根据《安全生产法》第35条规定，生产经营单位应当在有较大危险因素的生产经营场所和有关设施、设备上，设置明显的安全警示标志。道路施工现场需要设置安全警示标志标牌，需要设置的施工部位包括边施工边通车路段、施工区域入口处、既有道路和施工便道交叉口处、深基坑、大型特种设备、高边坡、临水路段、临崖路段、桥梁桩基施工部位、高空作业处等。

《道路交通安全法实施条例》第35条规定："道路养护施工单位在道路上进行养护、维修时，应当按照规定设置规范的安全警示标志和安全防护设施。道路养护施工作业车辆、机械应当安装示警灯，喷涂明显的标志图案，作业时应当开启示警灯和危险报警闪光灯。对未中断交通的施工作业道路，公安机关交通管理部门应当加强交通安全监督检查。发生交通阻塞时，及时做好分流、疏导，维护交通秩序。道路施工需要车辆绕行的，施工单位应当在绕行处设置标志；不能绕行的，应当修建临时通道，保证车辆和行人通行。需要封闭道路中断交通的，除紧急情况外，应当提前5日向社会公告。"

《道路交通安全法》第32条第2款规定，施工作业单位应当在经批准的路段和时间内施工作业，并在距离施工作业地点来车方向安全距离处设置明显的安全警示标志，采取防护措施；施工作业完毕，应当迅速清除道路上的障碍物，消除安全隐患，经道路主管部门和公安机关交通管理部门验收合格，符合通行要求后，方可恢复通行。

十四、故意移动、损毁施工安全防护设施行为应予以处罚

施工安全警示标志是施工现场管理的重要组成部分。施工安

全警示标志能够明确指示施工区域、安全通道、危险区域等，确保施工活动的有序进行。保障安全生产，必须规范施工现场管理，严格按照《安全生产法》《道路交通安全法》及其实施条例的规定设置施工安全防护设施。道路施工现场存在较多安全风险点，通过设置安全警示标志，可以提醒作业人员和过往车辆、行人注意安全，减少安全生产事故发生。同时，也能提高公众安全意识，通过安全警示标志的提示和引导，可以增强公众对道路施工安全的认知和理解，防患于未然，增强公众的风险意识。

【基本案情】

某日，某公安局接到群众报警称：有施工队未经审批占用、挖掘道路施工，擅自移动、损毁处于施工状态的道路安全设施，不仅影响交通出行，同时也存在极大的道路交通安全隐患。民警立即展开调查，发现一施工单位未经审批，未按照规定程序报备，擅自移开正在施工的同一路段的安全警示牌，占用并挖掘道路埋设管道，造成道路交通标线损毁，影响道路交通安全。

公安机关通过调查取证，依法传唤施工人员、现场管理员和工地负责人到公安分局治安大队接受处理，依法处以工地负责人罚款1000元，同时约谈业主单位负责人，要求规范占道施工作业，减少施工对交通造成的影响，消除道路交通安全隐患。

【案情分析】

本案中该施工单位未经审批，未按照规定程序报备，擅自移开正在施工的同一路段的安全警示牌，占用并挖掘道路埋设管道，造成道路交通标线损毁，影响道路交通安全。其行为构成故意损毁、移动警示标志，行为主体为单位，对该施工单位直接负责人予以治安管理处罚。

【法条链接】

《治安管理处罚法》第十八条　单位违反治安管理的，对其直接负责的主管人员和其他直接责任人员依照本法的规定处罚。其他法律、行政法规对同一行为规定给予单位处罚的，依照其规定处罚。

第四十三条第二项　有下列行为之一的，处五日以下拘留或者一千元以下罚款；情节严重的，处十日以上十五日以下拘留，可以并处一千元以下罚款：……（二）在车辆、行人通行的地方施工，对沟井坎穴不设覆盖物、防围和警示标志的，或者故意损毁、移动覆盖物、防围和警示标志的；

【案例提示】

1. 只要实施了故意损毁、移动道路施工安防设施的行为就构成违反治安管理。上述行为在客观方面表现为故意损毁、移动在车辆、行人通行的施工现场设置的覆盖物、防围和警示标志，危及公共安全，尚不够刑事处罚的行为。损毁，是指使施工现场设置的覆盖物、防围和警示标志的功能发生部分或者全部改变的行为。移动，是指将施工现场设置的覆盖物、防围和警示标志从一个地方移至另一个地方，从而不能准确表明施工现场需要警示的沟井坎穴的位置的行为。上述行为的危害性在于可能导致车辆、行人陷入或者跌入沟井坎穴，造成财产损失或者人员伤亡，属于一种抽象危险犯，至于是否实际发生了损害后果，并不影响本行为的成立。

2. 这些行为属于“情节较重”。在公安执法实践中，故意损毁、移动道路施工安防设施有下列情形之一的，一般会被认为“情节较重”：（1）故意损毁、移动在车辆、行人通行的施工现场设置的覆盖物、防围和警示标志手段恶劣的；（2）因故意损毁、移动道路施工现场的安全防护设施，被公安机关治安管理处罚过的；（3）多次故意损毁、移动在车辆、行人通行的施工现场设置的覆盖物、防围和警示标志的；（4）故意损毁、移动在车辆、行人通行的施工现场设置的覆盖物、防围和警示标志，造成一定危害后果，尚不够刑事处罚的。

十五、偷盗窨井盖按照盗窃路面公共设施行为进行处罚

路面公共设施主要是指使用中的路面井盖、照明等公共设施。这些市政基础设施的建设在改善城市人居环境的同时也容易成为被侵犯的对象。近几年来，全国各地的城市基础设施，如窨井盖、路牌、路灯线，被盗现象时有发生，给居民的生命安全带来严重威胁，也给国家带来重大损失。小小的窨井盖关乎千万人的出行安全。窨井盖“吃人”并非个例。而绝大多数窨井盖“吃人”甚至“吃车”事故都是因井盖缺失、破损而导致的悲剧。

【基本案情】

李某在小区附近广场散步时，路过一条人来人往，有饭店、商铺及菜市场的热闹街道，看见机动车道上有个直径约60厘米的窨井盖有些破损，正中心有一个手腕粗细的洞，可能是为了提醒过往的行人、车辆注意安全，洞中间还插了约一米半长的树枝。李某心想：这窨井盖都破成这样了，迟早会被换掉的，听说窨井盖中间有钢筋可以换钱，我不拿别人也会拿，不如我拿走。于是，李某用脚蹬碎了松动的水泥块取出了其中的钢筋骨架，又把树枝扔回了那个窨井洞口，还自我安慰说：这样就安全了，不会有人掉下去的。第二天，李某就把钢筋拿去废品回收店卖了10元钱。没过几天，警察通过路口的监控找到了李某，持传唤证到李某家中对其进行传唤，到案后及时进行了询问查证，李某对盗窃路面窨井盖的违法事实供认不讳。经鉴定，该窨井盖价格在350元左右，当地公安机关依法对李某进行了治安管理处罚，并建议李某主动对市政公用部门进行赔偿。

【案情分析】

本案中，李某为贪图小利，盗窃铺设在马路上的窨井盖，取出其中的钢筋卖废品赚取非法利益。行为人以非法占有为直接目

的，盗取窨井盖，在侵害市政公用部门的财产性权益的同时更危害了公共安全，将可能导致不特定的大多数人尤其是夜晚光线不好的情况下行经此地时发生人身和财产方面的损害。按照《治安管理处罚法》的有关规定，李某构成盗窃路面公共设施的违法行为。

【法条链接】

《治安管理处罚法》第四十三条第三项　有下列行为之一的，处五日以下拘留或者一千元以下罚款；情节严重的，处十日以上十五日以下拘留，可以并处一千元以下罚款：……（三）盗窃、损毁路面井盖、照明等公共设施的；

【案例提示】

窨井盖"吃人"的新闻屡见报端，守护群众"脚底下的安全"迫在眉睫。

1. 国家司法机关剑指"吃人"窨井盖。2020年3月，最高人民检察院、最高人民法院、公安部联合印发《关于办理涉窨井盖相关刑事案件的指导意见》，积极回应办理涉窨井盖相关案件的难点问题。2020年4月，最高人民检察院专门向有关部门制发"四号检察建议"，推动城市基础设施安全建设。司法机关剑指"吃人"窨井盖，依法惩治涉窨井盖刑事犯罪。一系列举措带来了积极效果，自"四号检察建议"制发以来，全国检察机关督促整改问题管井、消除窨井盖安全隐患93万余处，推动相关部门安装智能井盖10万余个，安装防坠网、防位移等改进装置82万余个，推动或联合制发规范性文件500余份，开展联合调研近3000次。

2. 提高安全意识，远离危险隐患。国家花大力气从源头上治理窨井盖安全问题，广大人民群众在日常生活中也要自觉爱护市政基础设施，提高安全意识。我们要时常警惕路面上缺失、破损、松动的窨井盖，走路时不低头玩手机，养成注意观察路面情况的好习惯；提醒孩子不在窨井盖上乱踩乱跳，时刻加强自我保护，谨防各类事故发生。注意安全隐患，如发现身边窨井盖破损、移位、下沉、缺失等现象，请拨打电话12345、12328及时反映，持续跟踪窨井盖修缮、更换情况。保护窨井设施，汽车停靠时，不要在窨井设施上反复碾压及停放，以免损坏、缩短窨井设施的使用寿命。不要往下水管道中扔垃圾、倒污水，并告诫家中儿童不要向窨井中投掷烟花爆竹，以免发生爆炸。大家要从自己做起提高安全意识，远离危险隐患，共同守护“脚下安全”。

十六、高空抛物行为应予以处罚

近年来，城市高空抛物事件时有发生，严重危害公共安全。高空抛物被喻为“悬在城市上空的痛”，这不仅是一类不文明的现象，更是一种违法犯罪行为。将物品从高空抛下极易造成他人人身伤亡和财产损失，这种行为是对他人生命和财产的漠视。公安、司法机关要积极推动预防和惩治高空抛物、坠物行为的综合治理、协同治理工作，及时排查整治安全隐患，确保人民群众“头顶上的安全”。

【基本案情】

某日下午3时许，吴某与妻子因家庭琐事发生争吵，心情郁闷的他来到所居住的楼房6楼楼顶天台抽烟，由于心情欠佳越想越气，将放置在围墙栏杆上的烟盒连同放在烟盒里的打火机一同抛出楼顶。该烟盒及打火机坠落至与该楼房仅一墙之隔的某幼儿园操场内。所幸当时并无幼儿及教师在操场上活动，平时这片操场是幼儿和教师活动的主要场所。这一幕被幼儿园监控完整记录下来，校园保安发现后及时上报幼儿园负责人并报警。案发后，吴某主动向公安机关投案，并向该幼儿园赔礼道歉。

【案情分析】

本案中，吴某由于家庭矛盾心情郁闷，出于发泄情绪的主观动机从6楼（约18米高）抛掷装有打火机的烟盒，抛掷物坠落的地点是隔壁幼儿园的操场，抛掷时无人在操场活动，虽未造成实际损害后果，但就抛掷的地点和时间来看有危害幼儿及教师人身安全的危险存在。综合上述具体情节，吴某已构成《治安管理处罚法》所规定的高空抛物行为，应给予治安管理处罚。至于吴某主动投案、向幼儿园赔礼道歉的情节是量罚时的裁量情节，并不影响违法行为的成立。

【法条链接】

《治安管理处罚法》第四十三条第五项　有下列行为之一的，

处五日以下拘留或者一千元以下罚款；情节严重的，处十日以上十五日以下拘留，可以并处一千元以下罚款：……（五）从建筑物或者其他高空抛掷物品，有危害他人人身安全、公私财产安全或者公共安全危险的。

【案例提示】

高空抛物是城市治理的一大顽疾，为守护人民群众“头顶的安全”，2019年11月最高人民法院印发《关于依法妥善审理高空抛物、坠物案件的意见》，明确对于故意高空抛物的，根据具体情形按照以危险方法危害公共安全罪、故意伤害罪或故意杀人罪论处，同时明确物业服务企业责任。2021年2月27日发布的最高人民法院、最高人民检察院《关于执行〈中华人民共和国刑法〉确定罪名的补充规定（七）》施行，其中确定了高空抛物罪；2021年3月1日，《刑法修正案（十一）》生效，“高空抛物”正式入刑。2025年修订的《治安管理处罚法》规定了“高空抛物”为违反治安管理行为，情节较重构成犯罪，更好地与《刑法》相衔接。对于广大群众来说要做到以下几个方面：

1. 明确法律责任，杜绝侥幸心理。根据《刑法修正案（十一）》和《治安管理处罚法》的规定，高空抛物行为可能构成刑事犯罪或面临治安管理处罚。即使未造成实际伤害，若情节严重（如抛掷危险物品），仍可能以高空抛物罪追究刑事责任，最高可判处1年有期徒刑；若导致他人伤亡，可能构成更严重的罪名，如故意伤害罪。请勿因“一时疏忽”或“图方便”而触犯法律。

2. 加强安全意识，主动排查风险。住户应定期检查阳台、窗台上的物品，避免花盆、工具等被风吹落或意外坠落；家长需教育儿童勿向窗外抛掷玩具、杂物。物业应完善警示标识、安装监控设备，共同维护社区安全。

3. 积极监督举报，共建安全环境。若发现高空抛物行为或隐患，可向物业、居委会或公安机关反映。及时制止他人危险行为，既是保护邻里安全，也是履行公民责任。

十七、无人机“黑飞”行为应予以处罚

中国民用航空局数据表明，截至2022年年底，获得通用航空经营许可证的无人机通用航空企业有15130家。全行业无人机拥有者注册用户70.0万个，注册无人机共95.8万架。全年无人机累计飞行2067万小时[①]。在产业结构上，据中商产业研究院统计，在目前的低空经济下游产业中，执照培训占比最多，达63%；农林和工业航空占比22%；消费类和公务航空分别占比9%和6%。专家推测，到2027年，我国低空经济对国民经济的综合贡献值将达到3万亿至5万亿元[②]。

为了规范无人驾驶航空器飞行以及有关活动，促进无人驾驶航空器产业健康有序发展，维护航空安全、公共安全、国家安全，2023年5月31日国务院、中央军委颁布了《无人驾驶航空器飞行管理暂行条例》，对空域和飞行活动管理作出了较为明确的规定，未经空中交通管理机构批准，不得在管制空域内实施无人驾驶航空器飞行活动，违者或将面临治安管理处罚。

【基本案情】

某日7时许，某市公安局巡特警大队民警在日常巡查中发现，有人在某短视频平台利用无人机进行航拍直播。通过直播画面，民警认出这是在某市主城区，而直播画面中的操作界面显示，该

---

① 《民航局:〈2022年民航行业发展统计公报〉发布》，https://m.sohkl.com/a/6T4764222_12//27980/?pvid=000115_3w_a。

② 《低空经济发展将更规范有序》，https://wap.eastmoney.com/a/202401022948742688.html。

无人机的飞行真高已经远超120米，属于未经审批在管制空域飞行，涉嫌“黑飞”操作。在周某直播过程中，已经有网友提醒他注意飞行高度，可周某并未放在心上，继续进行航拍直播。当晚7时30分许，通过综合技术研判，公安机关很快锁定了该无人机操作人员的具体位置，随后民警在中山北路附近发现了“黑飞”嫌疑人周某。民警现场检查其飞行器和飞行记录发现，其无人机虽已实名登记，但并未进行飞行申请，且飞行真高最高达276米。民警在现场对周某开展批评教育后，对其依法处以罚款。

【案情分析】

周某作为具备责任能力的成年人，同时也是民用无人机爱好者，明知飞行真高超过120米属于管制空域不得擅自飞行，需要向空中交通管理机构提前申请，得到许可后才可飞行，仍然继续在短视频平台利用无人机进行航拍直播。并且在网友提醒注意飞行高度后，他仍一意孤行进行航拍直播，主观故意明显，构成违反规定在低空飞行无人驾驶航空器的违法行为。按照《治安管理处罚法》相关规定，将面临罚款或行政拘留的处罚。

【法条链接】

1.《治安管理处罚法》第四十六条　违反有关法律法规关于飞行空域管理规定，飞行民用无人驾驶航空器、航空运动器材，或者升放无人驾驶自由气球、系留气球等升空物体，情节较重的，处五日以上十日以下拘留。

飞行、升放前款规定的物体非法穿越国（边）境的，处十日以上十五日以下拘留。

2.《无人驾驶航空器飞行管理暂行条例》第十九条　国家根据需要划设无人驾驶航空器管制空域（以下简称管制空域）。

真高120米以上空域，空中禁区、空中限制区以及周边空域，军用航空超低空飞行空域，以及下列区域上方的空域应当划设为管制空域：（一）机场以及周边一定范围的区域；（二）国界线、实际控制线、边境线向我方一侧一定范围的区域；（三）军事禁区、军事管理区、监管场所等涉密单位以及周边一定范围的区域；（四）重要军工设施保护区域、核设施控制区域、易燃易爆等危险品的生产和仓储区域，以及可燃重要物资的大型仓储区域；（五）发电厂、变电站、加油（气）站、供水厂、公共交通枢纽、航电枢纽、重大水利设施、港口、高速公路、铁路电气化线路等公共基础设施以及周边一定范围的区域和饮用水水源保护区；（六）射电天文台、卫星测控（导航）站、航空无线电导航台、雷达站等需要电磁环境特殊保护的设施以及周边一定范围的区域；（七）重要革命纪念地、重要不可移动文物以及周边一定范围的区域；（八）国家空中交通管理领导机构规定的其他区域。

管制空域的具体范围由各级空中交通管理机构按照国家空中交通管理领导机构的规定确定，由设区的市级以上人民政府公布，民用航空管理部门和承担相应职责的单位发布航行情报。

未经空中交通管理机构批准，不得在管制空域内实施无人驾驶航空器飞行活动。

管制空域范围以外的空域为微型、轻型、小型无人驾驶航空器的适飞空域（以下简称适飞空域）。

第五十一条第二款　违反本条例规定，未经批准操控微型、轻型、小型民用无人驾驶航空器在管制空域内飞行，或者操控模型航空器在空中交通管理机构划定的空域外飞行的，由公安机关责令停止飞行，可以处500元以下的罚款；情节严重的，没收实施违规飞行的无人驾驶航空器，并处1000元以上1万元以下的罚款。

【案例提示】

低空经济迎来发展的同时，个人操纵民用无人机应注意以下几个方面：

1. 无人机要登记。所有类型的民用无人驾驶航空器的所有人都应当按规定在国家无人驾驶航空器一体化综合监管服务平台

（UOM平台）进行实名登记。

2. 在管制空域飞行须经批准。未经空中交通管理机构批准，不得在管制空域实施无人驾驶航空器飞行活动。管制空域范围以外的空域为微型、轻型、小型无人驾驶航空器的适飞空域。

3. 分清管制空域很重要。真高120米以上空域，空中禁区、空中限制区以及周边空域，军用航空超低空飞行空域，以及特殊区域上方的空域为管制空域。

民用无人机“黑飞”行为会对公共秩序、公共安全和人身权益构成严重威胁，如未经许可的飞行活动可能干扰民航航班，引发航空安全隐患，甚至导致重大事故；无人机在人口密集区域飞行，可能因失控或操作失误造成人员伤亡或财产损失；“黑飞”无人机搭载的高清摄像头可能会非法拍摄个人生活场景，侵犯公民隐私权；无人机在敏感区域飞行还可能威胁国家安全，成为不法分子实施犯罪的工具。因此，加强无人机监管，打击“黑飞”行为是维护公共秩序和安全的必要举措。

第三节　侵犯人身权利、财产权利的行为和处罚

一、组织、胁迫、诱骗残疾人进行恐怖、残忍表演行为应予以处罚

近年来，有极少数人打着“艺术”的幌子，在公共场所以自虐或虐待他人、展示人类及动物尸体等形式表演或展示血腥、残暴场面，并通过非法渠道传播。个别农村地区也存在一些类似情况，主要表现为在集市、庙会、操办红白喜事、节日庆典时组织一些表演方式恐怖、残忍的演出，如“吞宝剑”“吞铁球”“人吃

活蛇”“蛇钻七窍”“铁钉刺鼻”等。需要注意的是，有些表演是通过非法手段控制儿童或者残疾人来进行的，拿残疾部位作为节目的噱头，不仅败坏社会风气，损害人民群众的身心健康，更违反了国家法律法规。

【基本案情】

李某以介绍工作为由，从老家诱骗两名残疾人李某甲和李某乙到城市，李某要求李某甲和李某乙进行“铁钉刺鼻”“人吃活蛇”等表演，表演所得钱款均由李某“保管”，李某甲和李某乙仅获得“包食宿”的待遇。李某威胁称，如果不听话就要将二人丢下不管，让他们没办法回乡，二人迫于无奈只能听从。有围观群众报警后，在李某甲的指引下，李某被公安机关抓获，因李某的行为违反治安管理，公安机关对其处以行政处罚，李某甲和李某乙被解救后送回家乡。

【案情分析】

本案中，李某甲和李某乙虽然都是成年人，但身体有明显残疾，属于弱势群体。李某利用李某甲和李某乙的身体缺陷，先后采取诱骗、胁迫的方法，迫使二人进行恐怖、残忍表演以牟利，其行为具有明显的故意。李某的行为是对受害人基本人权的侵犯，摧残其身心健康，因此构成胁迫、诱骗他人进行恐怖、残忍表演行为，应受到行政拘留处罚。

【法条链接】

1.《治安管理处罚法》第四十七条第一项　有下列行为之一的，处十日以上十五日以下拘留，并处一千元以上二千元以下罚款；情节较轻的，处五日以上十日以下拘留，并处一千元以下罚款：（一）组织、胁迫、诱骗不满十六周岁的人或者残疾人进行恐怖、残忍表演的；

2.《营业性演出管理条例》第二十五条第八项　营业性演出不得有下列情形：……（八）表演方式恐怖、残忍，摧残演员身心健康的；

第四十六条　营业性演出有本条例第二十五条禁止情形的，由县级人民政府文化主管部门责令停止演出，没收违法所得，并处违法所得8倍以上10倍以下的罚款；没有违法所得或者违法所得不足1万元的，并处5万元以上10万元以下的罚款；情节严重的，由原发证机关吊销营业性演出许可证；违反治安管理规定的，由公安部门依法予以处罚；构成犯罪的，依法追究刑事责任。

演出场所经营单位、演出举办单位发现营业性演出有本条例第二十五条禁止情形未采取措施予以制止的，由县级人民政府文化主管部门、公安部门依据法定职权给予警告，并处5万元以上10万元以下的罚款；未依照本条例第二十六条规定报告的，由县级人民政府文化主管部门、公安部门依据法定职权给予警告，并处5000元以上1万元以下的罚款。

【案例提示】

恐怖、残忍表演一般表现为利用人体缺陷或者以展示人体变异等方式招徕观众，或以恐怖、残忍、摧残表演者身心健康等方式，以及以虐待动物等方式进行的表演活动。《治安管理处罚法》规定的组织、胁迫、诱骗进行恐怖、残忍表演行为，特指行为人采取组织、胁迫、诱骗的方法，让不满16周岁的人或者残疾人表演恐怖、残忍节目，摧残其身心健康的行为。该行为不仅侵犯受害人人身权利，行为人利用人体缺陷、展示人体变异、制造恐怖气氛的特点更是背离了社会主义核心价值观。同时，因为缺少安全措施，对观看者的安全与健康也构成了威胁。因此，对此类违法行为我们需要注意以下几个方面：

第一，加强正面宣传，引导群众自觉抵制恐怖、残忍表演。党的二十届三中全会提出，完善公共文化服务体系，建立优质文化资源直达基层机制，健全社会力量参与公共文化服务机制。通过法制宣传教育和各种文艺惠民活动，用百花齐放的优秀艺术作品满足群众精神需求，使群众自觉抵制腐朽没落的文艺观念，抵制表演方式恐怖、残忍，摧残演员健康，利用人体缺陷、展示人体变异等方式招徕观众等演出行为。即便是出于缓解焦虑、宣泄情绪、追求刺激的目的，我们也可以根据观影提示或者分级，结合自身情况，选择合法影视作品、书籍或者游戏等进行娱乐，坚决不做恐怖、残忍表演的看客。我们要知道观看行为虽然不违法，却在助推违法行为的产生。

第二，以人民为中心，打造高品质的文艺精品。表演活动的组织者、表演者要深入生活，扎根人民，潜心创作，为群众提供喜闻乐见的表演形式，丰富群众精神文化生活。在开展各类营业性演出时，组织者、演出者应主动申请，接受相关部门的审批监督管理，不能拿“艺术”当外衣，包裹低俗甚至是违法的本质。

第三，职能部门应加强管理、严格审批。文化和旅游部明确要求，禁止在公共场所表演或者展示血腥、残暴、淫秽等场面，各级文化行政管理部门要加强对公共场所各类表演、展览项目的审批管理，严格审查表演、展览的内容和形式。因把关不严和失察造成不良影响的，要追究审批者的责任。有关艺术创作、教育、研究单位要加强马克思主义美学思想和党的文艺方针政策的宣传教育，加强对创作、教学、研究活动的管理，防止极少数人以“艺术”的名义表演或展示血腥、残暴、淫秽场面。

二、强迫劳动行为应予以处罚

“五一”国际劳动节是我国的法定节日，这一节日的意义在于劳动者通过斗争，用顽强、英勇不屈的奋斗精神，争取到了自己的合法权益，是人类文明、民主的历史性进步。我国《宪法》规定，劳动既是公民的权利，也是公民的义务，并规定劳动者有休息的权利。《劳动法》规定，劳动者享有的权利包括平等就业、选择职业、取得劳动报酬、休息休假等。

个别用人单位和雇主违反劳动管理法律法规，以暴力、威胁或者其他手段迫使受害人从事劳动，侵犯了《宪法》《劳动法》赋予劳动者的人身自由权和休息休假权利，因此《治安管理处罚法》将其作为一种违反治安管理行为列入法条，并对该行为进行治安管理处罚。情节较重的强迫劳动行为，如采用殴打、扣发工资、扣留身份证等手段限制人身自由，强迫他人劳动的，甚至触犯《刑法》，应受到法律的严厉制裁。

【基本案情】

某地一家劳动密集型工厂的老板林某被举报存在强迫劳动的违法行为。当地公安机关对此十分重视，派出民警联合劳动监察部门对工厂进行突击检查，通过向工人、财务工作人员等了解情况，查看视频监控和其他方式，掌握了相关证据。经查，林某对门禁要求极为严格，工人即使是在非工作时间想要外出也需要逐级申请，耗时长且经常被拒绝。当工人对此表示质疑时，林某便以“这是厂里的纪律，大家要严格按规矩做事”为由，迫使工人接受，变相限制工人人身自由。另有工人做证，林某要求工人加班却不提加班费，经常说“不要天天想着要从厂里得到什么，要想想你给厂里创造了什么”，同不愿加班的工人私下谈话，声称“认识附近所有工厂的老板，不愿意加班就是没有责任心，只要一打招呼，没人会用你们”。

民警依法对林某作出行政拘留15日并处2000元罚款的处罚。

【案情分析】

林某作为用人单位的管理者，明知《宪法》《劳动法》赋予劳动者人身自由权和休息休假权利，仍为一己私利，采取各种花招，用“纪律”“责任心”等进行包装，通过不批假、加班等方式变相限制工人的人身自由，强迫工人劳动，侵犯工人的人身权利和休息休假权利，构成强迫劳动行为。考虑到受害人较多，且林某采取多种手段对受害人进行胁迫和限制人身自由，主观恶性较大，因此，公安机关对林某作出行政拘留15日并处2000元罚款的处罚。

【法条链接】

《治安管理处罚法》第四十七条第二项　有下列行为之一的，处十日以上十五日以下拘留，并处一千元以上二千元以下罚款；情节较轻的，处五日以上十日以下拘留，并处一千元以下罚款：……（二）以暴力、威胁或者其他手段强迫他人劳动的；

【案例提示】

1. 知法懂法，用法律维护自己的合法权益。作为劳动者，通过学习法律，在遵纪守法的同时更能有效保护自己，使用法律武器维护合法权益不受侵犯。结合《治安管理处罚法》第47条第2项的规定，人们需要正确认识强迫劳动行为中的“强迫”指的是什么。因为“强迫”有时候并不是以打骂等暴力形式出现，而是更加隐蔽，以看似温和的“严格门禁”“统一管理身份证”等方式披上了一层外衣。此外，采用暴力、威胁方式强制安排工作任务，强行阻止员工辞职，或是在工作期间拒不提供基本食宿与合理休息条件等都属于强迫劳动范畴。

如果劳动者被用人单位强迫劳动，首先应当拒绝，并保存好强迫工作的书面通知、沟通录音、聊天记录等关键证据，然后向直接上级领导或人力资源部门如实反映，寻求单位内部的妥善解决途径。若内部沟通未能取得预期效果，应及时向当地劳动争议仲裁委员会提交仲裁申请，诉求停止强迫行为，同时可依法主张恢复原工作岗位、获取相应赔偿等。若用人单位的强迫劳动行为严重侵犯了劳动者的合法权益，劳动者有权依法解除劳动合同，并要求用人单位支付经济补偿。若涉及侵犯人身安全，则应向公安机关报案。

2. 敬法守法，加强自我监管。对于用人单位，更要清醒认识到严格管理与侵犯公民人身自由之间的界限，不能越雷池一步。强迫劳动行为不仅会带来牢狱之灾，更无法实现行为人大幅度提高利润、企业做大做强的目的，对行为人而言得不偿失。

三、为讨债而非法限制人身自由行为应予以处罚

人身自由，是指公民个人的身体不受非法侵害和限制的自由，是公民具体参加各种社会活动和实际享受其他权利的前提。狭义的人身自由主要指公民的身体不受非法侵犯；广义的人身自由还包括与狭义的人身自由相关联的人格尊严、住宅不受侵犯、通信自由和通信秘密等与公民个人私生活有关的权利和自由。

非法限制人身自由，是指没有合法依据而采用禁闭或者其他强制方法，剥夺他人按照自己意志自由行动的权利，是侵犯公民基本权利的行为，轻则违反治安管理，重则构成犯罪。

【基本案情】

罗某欠先某9万元货款，先某多次讨要不成后将罗某诉至法院，谁料罗某在判决下来后依然拒不执行。先某一怒之下伙同堂兄先某甲将罗某带至某小区出租房内，该出租房由先某长期租赁，作为库房使用。先某告诉罗某，不还钱就别想离开。罗某见势不妙，马上诈称愿意转账还钱，在拿到手机后立即用快捷键报警。先某和先某甲因非法限制他人人身自由被公安机关予以行政拘留处罚。

【案情分析】

本案中，先某本是债主，为了讨债，一怒之下行差踏错，违反了《治安管理处罚法》，受到了惩处。先某作为成年人，在明知自己无权限制他人人身自由的情况下，仍然故意伙同他人将罗某关进出租房，非法限制罗某的人身自由，构成了违反治安管理行为，考虑到本案违法状态持续时间较短，情节较轻，因此公安机

关对先某作出行政拘留8日并处800元罚款的处罚决定。

先某甲为帮助亲戚，与先某一起实施了非法限制罗某人身自由的行为，构成共同违反治安管理行为，考虑到先某甲在违法行为中所起作用相对较小，公安机关对其作出行政拘留5日并处600元罚款的处罚决定。

【法条链接】

《治安管理处罚法》第四十七条第三项　有下列行为之一的，处十日以上十五日以下拘留，并处一千元以上二千元以下罚款；情节较轻的，处五日以上十日以下拘留，并处一千元以下罚款：……（三）非法限制他人人身自由、非法侵入他人住宅或者非法搜查他人身体的。

【案例提示】

《宪法》第37条规定："中华人民共和国公民的人身自由不受侵犯。任何公民，非经人民检察院批准或者决定或者人民法院决定，并由公安机关执行，不受逮捕。禁止非法拘禁和以其他方法非法剥夺或者限制公民的人身自由，禁止非法搜查公民的身体。"非法限制人身自由情节严重的，甚至会构成非法拘禁罪。

动机合法不等于行为合法。在实践中，非法限制人身自由行为的动机多种多样，行为方式也不尽相同。有的是对家庭成员限制外出活动，不经自己允许，不准对方出门或者参加一定的社会活动；有的是安保人员怀疑他人有盗窃等行为，不允许对方离开现场；还有的是如本案的情形，为了讨债，将债务人关起来；等等。其共同点在于不论是出于何种动机，都实施了侵犯他人人身自由的行为，都是明知故犯，因此应受到法律处罚。

欠债还钱天经地义，但因为先某采取了限制他人人身自由的违法方法，致使自己被行政拘留。法律保护债权人的债权，同时也保障债务人的人身自由不受侵犯。所以，即便是存在真实的债权债务关系，在追讨合法债务的过程中也必须遵守法律的边界，不能采取非法手段限制他人人身自由。遇到债务纠纷时，应寻求法律援助，通过协商、调解、诉讼等合法途径维护自己的权益。如果遇到老赖，拒绝执行法院判决，也可以申请强制执行，切勿选择非法手段。

四、赖在主人家拒不离开按照非法侵入他人住宅行为予以处罚

自古以来，中国人就有好客的传统，邻里串门聊天是民间常见的情形，但有些人缺乏住宅也是人身权内容的意识，还将非法侵入住宅行为片面地理解为“侵入”，也就是未经许可的进入。其实，侵入既包括积极地侵入，还包括消极地侵入。当住宅主人明确要求客人离开，客人却赖着不走时，同样构成非法侵入。

【基本案情】

小王和小钱是邻居也是好友，小王做生意借钱需要提供担保人，就找了小钱帮自己担保，小钱碍于情面不好推脱，再者也并不清楚担保人意味着什么，就同意了。结果小王的生意赔了，债主见小王还不上钱，便起诉要求担保人小钱承担责任。小钱莫名其妙地多了一大笔债务，不仅与昔日的好友小王翻了脸，还天天催着小王赶紧还钱。一天，小钱又来小王家里催债，拿不到钱就不肯走，小王两口子多次驱赶无果，眼看已经入夜，便报了警。民警赶到后，向双方了解了情况，并告知小钱他的行为涉嫌非法侵入住宅。小钱满腹委屈，又十分不解，辩称自己并没有“闯进”小王家，怎么就“非法侵入”了呢，而且自己是为了要债，并没有恶意。民警耐心解释后，小钱承认了自己的错误。鉴于小钱的行为情节较轻，且违法行为系由民间纠纷引起，双方都愿意调解，便以现场调解的方式结案。

【案情分析】

非法侵入住宅行为的“侵入”既包括积极的侵入，也包括消极的侵入。积极地侵入，是指未经主人允许，非法进入住宅；消极地侵入，是指无正当理由拒不退出住宅。本案中小钱的行为方式就属于消极侵入。小钱在明知住宅主人小王要求其离开的情况下拒不离开，构成非法侵入住宅行为。因违法行为系由民间纠纷引起，情节较轻，小钱和小王都愿意调解，所以民警进行了治安案件调解。

【法条链接】

《治安管理处罚法》第四十七条第三项　有下列行为之一的，处十日以上十五日以下拘留，并处一千元以上二千元以下罚款；情节较轻的，处五日以上十日以下拘留，并处一千元以下罚款：……（三）非法限制他人人身自由、非法侵入他人住宅或者非法搜查他人身体的。

【案例提示】

非法侵入住宅，是指未经住宅主人同意，非法强行闯入他人住宅，或者经住宅主人要求其退出，无正当理由仍拒不退出等行为。非法侵入住宅行为侵犯的客体是人身权利，主要是他人的居住安全与生活安宁。人身权利不仅包含公民的身体不受非法侵犯，还包含人格尊严、住宅不受侵犯、通信自由和通信秘密等与公民个人私生活有关的权利和自由。

准确理解“非法侵入住宅”。“非法”是指违背住宅主人的意愿，或者没有法律根据。民警依法执行抓捕或搜查任务而进入住宅，或者消防队员进入住宅灭火，主人不在家未能及时许可的情况，就不属于“非法”。是否属于他人住宅，看的是侵入时住宅的所有权状态。比如夫妻离婚分割财产后，住宅归一方所有，另一方再进入就需要征得主人的同意了，如果不经允许强行进入，同样会构成非法侵入住宅行为。

五、非法搜查他人身体行为应予以处罚

我国《宪法》第37条明文保障了公民的人身自由，禁止非法搜查公民的身体。之前时常发生超市员工对顾客进行搜身的案件，随着大众法律意识的提高，类似案件已经极少发生。但在管理者和管理对象之间，非法搜身行为仍然时有出现。值得欣慰的是，因为公民法律意识的增强，很多时候受害人面对违法行为能够严词拒绝并主动报警，及时有效维护自身合法权益，这也说明我国普法工作确实取得了显著的成果。

【基本案情】

某日22时许，派出所接到报警称，某超市门口有人非法搜身。民警赶到现场后，发现几名员工正在超市门口围着老板袁某要说法。经了解情况得知，袁某怀疑负责理货的两名员工偷偷夹带进口奶粉，就在下班时拦住两人，要求搜身，两人当即拒绝。其他员工也说袁某的做法太过分，于是拨打了110电话报警。民警对袁某进行了严厉的批评教育，告知其差点就要被行政拘留了。袁某后怕不已，向民警保证绝不再犯，并向员工道歉。

【案情分析】

本案中，如果员工对袁某的搜身要求听之任之，袁某就会构成非法搜查身体行为，面临最少5日的行政拘留处罚。根据法律规定，搜查他人身体只能由人民检察院、公安机关、国家安全机关等机关的工作人员依照法律规定的程序进行，其他任何单位和个人都无权对公民身体进行搜查。即便是有权机关，也必须在法律规定的范围内执法，并遵循严格的程序和要求。非法搜查身体行为侵犯了公民的人身自由，在客观方面表现为行为人实施了非法搜查他人身体，但情节较轻，尚不够刑事处罚的行为；主观上要求行为人出于故意，对动机则不做要求。

【法条链接】

《治安管理处罚法》第四十七条第三项　有下列行为之一的，处十日以上十五日以下拘留，并处一千元以上二千元以下罚款；情节较轻的，处五日以上十日以下拘留，并处一千元以下罚款：……（三）非法限制他人人身自由、非法侵入他人住宅或者非法搜查他人身体的。

【案例提示】

非法搜查身体行为不仅侵犯了公民的人身自由，还有可能侵犯名誉权、隐私权等其他合法权益，对受害人而言甚至可能造成精神损害。行为人也将付出很大的代价，毕竟根据法律规定，即便是情节较轻的非法搜查身体行为也要面临最少5日的行政拘留和一定数额的罚款。

非法搜查他人身体，是指非法对他人身体进行搜查的行为。非法搜查有两层意思：

一是无权进行搜查的单位和个人非法对他人身体进行搜查。比如学校老师怀疑学生违反校规，携带电子产品，对学生本人和书包进行了搜查，就涉嫌非法搜查他人身体。

二是有搜查权的人员滥用职权，违法对他人身体进行搜查或者搜查的程序和手续违反法律规定。法律不仅对非法搜查身体行为作出了严厉的处罚规定，还对公权力机关的执法行为进行了严格的限制以及作出严格的程序要求，对滥用职权、擅自非法搜查他人身体的行为严惩不贷。根据法律规定，搜查他人身体只能由人民检察院、公安机关、国家安全机关等机关的工作人员依照法律规定的程序进行，其他任何单位和个人都无权对公民身体进行搜查。即便是有权机关也必须在法律规定的范围内执法，并遵循严格的程序和要求。

比如派出所接到报警称，有人打架，民警将双方当事人徐某和赵某带回派出所做进一步调查。在查清事实后，徐某和赵某在派出所达成调解协议。谁知徐某一出门就将某市公安局告上法庭，声称自己被派出所工作人员在派出所地下室非法限制人身自由达3个小时，还被非法搜身。此案中，派出所民警依据《人民警察法》等法律法规赋予的职权，对徐某进行询问查证和安全检查，程序规范，不存在侵犯他人人身权利的行为，因此不构成非法搜查人身行为和非法限制人身自由行为。

此外，《民事诉讼法》规定，被执行人不履行法律文书确定的义务，并隐匿财产的，人民法院有权发出搜查令，对被执行人及其住所或者财产隐匿地进行搜查。《刑事诉讼法》规定，为了收集犯罪证据，侦查人员可以对犯罪嫌疑人以及可能隐藏犯罪证据的人的身体等进行搜查。《反间谍法》规定，对非法持有属于国家秘密的文件、资料和其他物品的，以及非法持有、使用专用间谍器材的，国家安全机关可以依法对行为人人身等进行搜查。

如果公民遭遇非法搜查身体行为，在孤立无援时一定要先保护好自己，同时注意保存证据，在脱险后及时报警，通过合法途径维护合法权益。

六、组织未成年人有偿陪侍行为应予以处罚

未成年人代表着未来和希望，他们的健康成长不仅关乎个人发展，而且影响到国家和民族的前途命运。他们在成长过程中如同花朵一样需要呵护和培育。组织、胁迫正处于人生成长阶段的未成年人在KTV等经营场所从事有偿陪侍服务，不仅败坏社会风气，危害社会治安秩序，而且严重侵害未成年人的人格尊严和身心健康。应当从严惩处侵害未成年人违反治安管理行为，加强对未成年人的保护，维护社会治安秩序。

【基本案情】

小华16岁，经常逃课到校外网吧打网络游戏。跟在网吧认识的

朋友赵某聊天时，小华提到自己想要买大牌化妆品，但父母给的生活费不够，因此想要挣点钱，但又嫌弃做兼职钱少事多。赵某便劝小华去KTV打工，只要陪着客人唱几首歌就能挣大钱，而且客人们出手大方，只要小华做好服务，说不定人家还能送她高档礼物。小华没经住诱惑，便跟着赵某来到某KTV，由赵某和KTV领班常某管理和安排，陪客人唱歌、做游戏。除了小华，常某手下还有两名未成年人，和小华年纪相仿，三人很快便熟悉起来。她们觉得虽然赵某、常某抽成很高，但几天时间就可以轻松到手好几百元钱，同龄人辛辛苦苦读书，以后也不一定比自己赚钱多。几个青少年被赵某、常某诱之以利，沉迷于他们营造的纸醉金迷的生活。没过多久，公安机关接到群众举报，将赵某、常某以及小华等三名未成年人从KTV带走。调查核实后，公安机关依法对赵某、常某组织未成年人从事有偿陪侍行为作出治安管理处罚。对于三名未成年人，民警耐心教育、严厉批评，小华等三人终于认识到有偿陪侍并不是自己以为的轻松工作，这不是可口的馅饼，而是可怕的陷阱。

【案情分析】

本案中，行为人赵某和常某作为成年人，为谋取非法利益，用来钱快、工作轻松的说词进行诱惑，组织未成年人小华等三人在KTV从事陪唱等有偿陪侍活动，构成违反治安管理行为，应当受到公安机关治安管理处罚。

三名受害人均未成年，三观尚未成型，缺乏对复杂事物的认知和判断能力，被赵某和常某利用，在营业性娱乐场所从事有偿陪侍活动，自己的身心健康也受到影响，所幸持续时间较短，公安机关介入及时，三名青少年迷途知返。

【法条链接】

《治安管理处罚法》第四十八条　组织、胁迫未成年人在不适宜未成年人活动的经营场所从事陪酒、陪唱等有偿陪侍活动的，处十日以上十五日以下拘留，并处五千元以下罚款；情节较轻的，处五日以下拘留或者五千元以下罚款。

【案例提示】

精准打击伸向未成年人的黑手，筑牢保护未成年人的防线。未成年人身心发展尚不成熟,在认知、情感和自我保护等方面存在明显不足,缺乏对复杂社会环境及不良行为的判断力与抵御力,容易受到不法分子的诱骗和胁迫，被控制成为谋取非法利益的“摇钱树”“提款机”。特别是有偿陪侍活动并非简单的利用，会对未成年人产生深远的影响，从而使他们陷入身心双重伤害,甚至可能引发长期的心理障碍和社会适应问题，造成无法挽回、难以估量的后果。

需要提高警惕的是，如不能有效加以惩处，组织、胁迫未成年人从事有偿陪侍活动很可能会演变为针对未成年人的更加恶劣的违法犯罪行为。因此，一旦发现此类违法行为，公安机关应当及时出手、精准打击，依照《治安管理处罚法》进行相应处罚，对不法分子形成有力威慑，筑牢保护未成年人的防线。

加强家庭、校园、社会联动，共同营造未成年人良好的成长环境。保护未成年人需要的不仅是法律，刚柔并济才能最大限度地发挥作用，让这些稚嫩的花朵在成长的道路上远离黑暗、沐浴阳光。根据《未成年人保护法》等相关法律法规，未成年人的父母或者其他监护人应当学习家庭教育知识，接受家庭教育指导，创造良好、和睦、文明的家庭环境；学校应当全面贯彻国家教育方针，坚持立德树人，实施素质教育，提高教育质量，注重培养未成年人的认知能力、合作能力、创新能力和实践能力，促进未成年人的全面发展；全社会应当树立关心、爱护未成年人的良好风尚，即便是网络虚拟空间，也应当注重保障未成年人在网络空间的合法权益。一旦发现侵害未成年人合法权益的违法犯罪行为，尤其是性侵害、性骚扰未成年人的，应当及时向公安机关等有关部门报告，公安机关、人民检察院、人民法院和司法行政部门应当依法履行职责，切实保障未成年人合法权益。

七、胁迫、诱骗、利用他人乞讨行为应予以处罚

善良是一种美德，面对陷入困境的同胞，人们总是愿意向他们伸出援手。然而，个别违法犯罪分子却利用人们的同情心，用不法手段胁迫、诱骗、利用他人进行乞讨，这不仅是对社会公共道德的践踏，伤害了人们的善良和信任，更违反了法律。对这种行为必须依法追究法律责任，既要保护公民合法权益不受侵犯，也要保护每一份爱心不被辜负。

【基本案情】

某日8时许，派出所接到匿名群众报警称：有一个小男孩在一羊肉馆门前乞讨，请求处理。接到报警后，派出所民警迅速前往调查处理。经查确认：乞讨人名叫张某荣（男，13周岁），受其父亲张某平唆使，故意编造“家庭困难、圆大学梦”的骗局在大街上乞讨。由父亲张某平制作广告板，并专门设置了二维码便于收钱，唆使张某荣装扮后乞讨，企图骗取同情、谋取利益，前后共收到“善款”1300余元。张某平因利用他人乞讨，被公安机关给予行政拘留10日并处罚款1000元的行政处罚。

【案情分析】

本案中，行为人张某平作为成年人，具备完全民事责任能力，却只想着不劳而获，主观上构成直接故意，且有谋取非法利益的动机。在行为方式上，张某平将儿子张某荣当作乞讨的工具，通过儿子的乞讨行为获取利益，构成利用他人乞讨行为，故受到公安机关行政处罚。

张某荣只有13周岁，三观尚未成型，就受到张某平利用，当街乞讨，骗取人们的同情心，自己的身心健康也受到影响。因张某荣不满14周岁，且受其父利用，因此公安机关不对其进行处罚。

【法条链接】

《治安管理处罚法》第四十九条第一款　胁迫、诱骗或者利用他人乞讨的，处十日以上十五日以下拘留，可以并处二千元以下罚款。

【案例提示】

慈善是社会进步和人类文明的重要体现，它本应是一种充满温暖和爱心的行为。然而却有个别人利用人们的善良和同情心，以及他人的悲惨处境，通过胁迫、诱骗等手段为自己赚取钱财。

普通群众面对这一恶劣行为时应怎么处理？首先要有爱心，愿意帮助他人是好事，是值得倡导和赞扬的美德。其次要擦亮眼睛，不随意相信“苦情戏”，不纵容职业乞讨者和利用他人进行乞讨的违法者。若发现对方有问题一定要及时报警，由公安机关调查核实，这样既能惩处违法者，更能有效帮助被胁迫、诱骗的乞讨人员。比如对一些未成年或者残疾乞讨者，可以观察附近是否有人在监视，如果有，不要自己上前交涉或者跟踪尾随，而要及时报警并提供线索。如果遇到确需帮助的乞讨者，不能判断真假时，可以不直接给予金钱帮助，而是通过赠予食物、饮用水、保暖衣物等方式进行帮助。

君子爱财，取之有道，胁迫、诱骗或者利用他人乞讨的行为违反法律，必将受到严惩。

八、抢镜新人“讨喜钱”按照以滋扰他人的方式乞讨行为进行处罚

车站、广场、商业街等人流量大的地段不仅受到商家的青睐，也被一些不法分子盯上，成了他们不劳而获的“宝地”。“回家还差十块钱”“假尼姑消灾保平安”“火车站丢包寻帮助”“捐资助学”等骗局层出不穷。有的人在路口处提水给等红灯的车辆擦车，

用抹布随意擦拭两下就理直气壮地伸手要钱，不给就不放行；还有的人特意堵在人流大的狭窄小道，不给钱就不让路，要不就是尾随诉苦，总之就是不给钱就不走。这些花样百出的行为的共同点就是采取滋扰他人的方式进行乞讨，已经构成了违反治安管理行为。

【基本案情】

一对新人身着礼服，在当地花园广场正对着镜头露出甜蜜的笑容，突然一位老人出现在“相框”里面，对着新人满口恭喜恭喜，强行“讨喜钱”。老人年龄大，新人不停地避让，但老人如影随形，一定要抢镜当“C位”，最后不堪其扰的年轻人只好掏钱了事。辖区派出所在网络巡视过程中发现此事，快速找到当天在花园广场讨要喜钱的涉案老人何某，将其带回公安局执法办案区进行询问。据何某交代，她是看到很多人“讨喜钱”得手才去跟风。何某构成以滋扰他人的方式进行乞讨，被公安机关依法作出行政拘留的处罚决定，因其已是71岁老人，依法不执行行政拘留处罚。

【案情分析】

本案中，“讨喜钱”只是何某的借口，其真实目的是进行乞讨。何某明知自己的行为是在滋扰他人，迫使对方给钱以免被继续纠缠，仍采取不断闯入相机取景镜头的方式对他人进行滋扰式乞讨，构成违反治安管理行为。因何某已满70周岁，且是首次违反治安管理，依法不执行行政拘留处罚。

【法条链接】

《治安管理处罚法》第四十九条第二款　反复纠缠、强行讨要或者以其他滋扰他人的方式乞讨的，处五日以下拘留或者警告。

【案例提示】

人们对乞讨人员进行帮助不管是出于何种原因都应当是自愿的，但违法分子的滋扰式乞讨明显已经违背了人们的主观意愿，人们给钱更多是出于多一事不如少一事、破财免灾的考虑。因此，这种行为侵犯了他人的人身权益，属于违法行为。尤其是有些职业乞讨者还善于发现“机遇”，不断“创新”。比如将要结婚的新人就成了他们眼中容易得手的对象，从拍婚纱照，到路上的婚车，再到婚礼现场，都成了违法分子敛财的时机，更有甚者组织团队进行滋扰式乞讨：有人负责赖着不走，有人负责劝服新人“多一事不如少一事”“闹大了不吉利”，每逢“良辰吉日”，还要“赶场”。这种违法行为使人们不胜其扰，也对乞讨者失去了同情怜悯，导致真正需要帮助的人反而被忽视。

对于此类行为需要注意的是：

不正之风不可助长，报警法办绝不姑息。面对纠缠和强要的乞讨行为，群众应主动报警、留存证据，不能助长这股不正之风，否则乞讨者在一次次得逞后会更加肆无忌惮，会招致一些同样想要不劳而获的人有样学样。相关部门针对此类违反治安管理行为需要研究其特点，有针对性地布置工作，并且严厉打击。如车站、商业街等常有乞讨者出没的区域，加大图巡和街面巡逻力度，在婚庆较多的时间段重点巡查，保障正常的社会和交通秩序。对抓获的滋扰式乞讨人员，当罚则罚，不纵容轻放，坚决不让对方形成“成本低，收益大”的认知。

九、通过电话威胁他人人身安全行为应予以处罚

违反法律规定，侵犯他人人身安全的行为要承担相应的法律责任，即便仅仅是进行威胁，也有可能构成违法行为，应受到治安管理处罚。尤其是行为人付诸实践且动手没有分寸，只想出一时之气，甚至可能构成犯罪，所以做事前一定要三思，平时要加强对法律知识的学习，树立法治观念，遇到纠纷和问题不要蛮干，而是要通过合理合法的途径解决问题。

【基本案情】

张某、何某原本是一对恩爱夫妻，后因何某出轨，两人离婚。离婚原因难堪，分割财产时也是一地鸡毛，张某对何某及第三者田某怀恨在心。于是，何某经常在凌晨接到张某的骚扰电话，电话内容主要是威胁要杀掉何某、田某这对“狗男女”，早晚要“给点颜色看看”。因为何某所从事的工作需要24小时开机，不宜在夜间设置免打扰模式，而且何某认为张某性格偏激，十分担心张某是在进行“犯罪预告”，自己的安全岌岌可危，于是选择报警。公安机关依法办理本案，在查实张某的违法行为后，依法对张某作出行政拘留的处罚。

【案情分析】

本案中，张某作为具备完全民事责任能力的成年人，违反《治安管理处罚法》的规定，通过电话对他人进行人身安全威胁，在明知自己的行为会对受害人何某人身权益造成危害的情况下，希望并追求这种危害结果的发生，主观故意明显，构成威胁人身安全行为，应受治安管理处罚。考虑到张某多次实施该行为，主观恶性较大，并且给受害人带来较大困扰，因此公安机关对张某作出行政拘留6日的处罚决定。

【法条链接】

《治安管理处罚法》第五十条第一款第一项　有下列行为之一的，处五日以下拘留或者一千元以下罚款；情节较重的，处五日以上十日以下拘留，可以并处一千元以下罚款：（一）写恐吓信或者以其他方法威胁他人人身安全的；

【案例提示】

威胁他人人身安全行为侵犯的客体是公民的人身安全，侵犯的对象是自然人个体，客观方面表现为行为人写恐吓信或者以其他方法威胁他人人身安全，对他人进行精神折磨。行为方式比较多，如写匿名信，送小动物尸体、骨灰盒、子弹等恐吓物品，向受害人家中投掷砖头等，导致受害人惊恐不安，不能安宁生活。

有人认为，只是想吓唬一下对方，又没有真正动手去伤害他人，甚至连打人的故意都没有，怎么就违法了，还要行政拘留呢。这是因为对被威胁的受害人来说，他的人身安全确实受到了威胁，并对自己的安全产生担忧和焦虑，更有甚者，心理压力过大，影响到身体健康。对法律而言，法律明确保护公民人身权利，而违法者的行为侵犯了这一客体，自然要受到法律追究。

十、在网络中身披“马甲”公然辱骂他人行为应予以处罚

良言一句三冬暖，恶语伤人六月寒。语言本身就带有力量，既可以安抚人心，给人积极向上的鼓励，使他人感受到战胜困难、不断进取的力量，也可以刺伤他人的心灵，破坏人际关系，甚至构成违法犯罪。有人认为，自己说的是实话，又不是造谣，怎么就违法了呢？要知道，侮辱行为的构成不要求虚构事实，法律惩罚的是对他人名誉进行损害的行为。还有人认为网络是虚拟世界，于是披上“马甲”口无遮拦，污言秽语张口即来。网络空间不是法外之地，套个“马甲”同样逃不过法网恢恢。

【基本案情】

曾某是一名普通白领，上大学时就是网络游戏的深度爱好者，工作之后也没放弃自己“养”了好几年的游戏账号，经常呼朋唤友一起上线玩游戏。曾某在网络空间如鱼得水，但有时也会发生一些不愉快。为争高级装备，曾某与范某发生争执，都是多年的老玩家，曾某知道范某的真实身份，便在公共频道公开辱骂范某。曾某辱骂完后还觉得不解气，又把自己的游戏昵称改为辱骂范某的字眼。没过几天，民警找到了曾某，调查其在网上公然辱骂他

人的行为。曾某爽快承认自己在游戏里点名骂人的事实，但辩称并未当面辱骂，而且网络游戏里的事怎么能当真呢。民警在查实曾某的违法行为后，对其进行了批评教育，依法作出治安管理处罚。

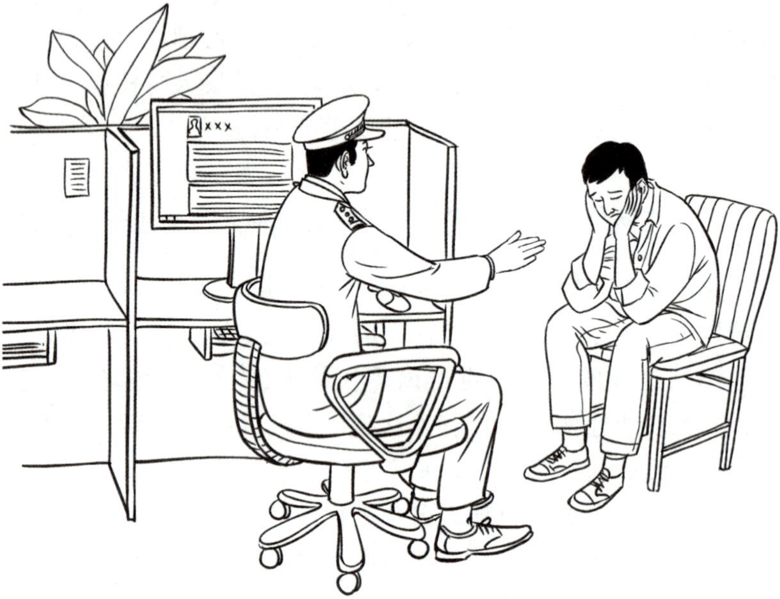

【案情分析】

本案中，曾某作为成年人，明知脏话是在贬低他人人格、损坏他人名誉，仍因一时之气恶语伤人，在网络游戏的公共空间对范某进行辱骂，导致范某名誉受损，构成侮辱行为。至于曾某的辩解，“当面”并不是构成侮辱行为的必要条件，网络游戏更不是免责的理由。因此，公安机关对曾某作出了治安管理处罚。

【法条链接】

《治安管理处罚法》第五十条第一款第二项　有下列行为之一的，处五日以下拘留或者一千元以下罚款；情节较重的，处五日以上十日以下拘留，可以并处一千元以下罚款：……（二）公然侮辱他人或者捏造事实诽谤他人的；

【案例提示】

一句诚恳礼貌的话可止息一场不愉快的争吵；一句难听污秽的话可导致一场轩然大波。很多人觉得平时说话做事不需要太讲究，于是口无遮拦，攻击性、伤害性的话脱口而出，把污言秽语当作习惯用语，拿侮辱人格的爆粗口当笑料乐子，搞一些一语双关的文字游戏戏弄别人满足自己。这些行为不仅违背社会公德，不利于社会主义精神文明建设，还违反了法律，侵犯了他人合法权益。

目前《治安管理处罚法》规定的侮辱行为的客观方面是“公然侮辱他人”。

所谓“公然”，是指当着第三者甚至众人的面，或者利用可以使不特定人或多数人听到、看到的方式。“公然”不要求受害人一定要在现场，重点是有第三人知晓，如果仅有行为人和受害人在场，没有第三者，也不可能被第三者知悉，则不属于“公然”。因为只有第三者在场，才能使受害人的名誉遭受影响与破坏。所以，两个人私下里发生口角，没有第三人知道，不构成公然侮辱。

侮辱行为要求对象必须是特定的人，可以是一人，也可以是数人，但必须是具体的、可以确认的。有些行为人便自认为找到了“漏洞”，采取不明说受害人的姓名，但是旁人能够听懂“言外之意”的方式对受害人进行侮辱，同样达到了侮辱特定对象的标准，构成侮辱行为。

那么，当众撒泼，进行无特定对象的乱骂是否构成侮辱呢，因为对象不特定，所以不构成侮辱，但可能妨碍公共秩序。

网络不是法外之地，“马甲”发言需谨慎。随着信息技术的不断革新，网络平台迅猛发展，全民上网时代已经来临。根据第55次《中国互联网络发展状况统计报告》显示，我国网民规模从

1997年的62万人增长至2024年的11.08亿人，互联网普及率升至78.6%。人们的社交娱乐活动从现实世界延伸到虚拟空间，现实中公民的人格权益也投射和延伸到了虚拟空间。违法分子妄想在网络空间逃避法律责任的追究纯属不可能，"言论自由"更不是免责的万金油。不论是现实世界，还是虚拟空间，人们都应该增强法治意识、自律意识和底线意识，尊重事实、遵守国家法律法规，对自己的言行负责，不能为所欲为、"按键"伤人、脱口成"脏"，要共同营造和谐有序的社会环境。

侮辱他人不仅要受到治安管理处罚，还要承担民事法律责任。受害人可以依照《民法典》的规定，以自己的名誉权、人格权受侵犯为由向人民法院提起诉讼，要求行为人停止侵权、赔偿损失、恢复名誉，并主张精神损害赔偿。

十一、捏造事实诽谤他人行为应予以处罚

老话说：嘴上带尺，脚下有路。意思就是只有说话有分寸，脚下才会有一条开阔的大道可走，这就是语言的力量。有些人嘴上"不把门"，不论有没有依据，什么话都能说、都能传，甚至不惜捏造事实，还美其名曰"言论自由"。这不仅不是自由的体现，还踩在了违法的边缘。

【基本案情】

某市甲广告公司与乙国有企业有较多广告、工程业务往来。后来乙国有企业依据规定，将有关项目交由下属子公司承接，使甲广告公司业务大幅减少。甲广告公司负责人陆某因此怀恨在心，将原因归咎于提出建议的乙国有企业综合办某领导韩某。在得知韩某可能会被提拔的消息后，陆某更是气愤，决定捏造事实写举报信阻止韩某被提拔，遂在公司办公室用电脑上网搜索写举报信的要素和注意事项，照此编造了乙国有企业下属子公司某女职

员一直跟随韩某工作的调动而调动、常年保持不正当男女关系的匿名举报信。写好举报信后的当晚9时多，陆某在网上看到了韩某被提拔的公示信息。次日上班后立刻指使公司员工将举报信寄给当地市委组织部，恶意干扰干部选拔任用工作。

陆某因诽谤他人被公安机关依法予以行政拘留的处罚。

【案情分析】

诽谤是指无中生有，捏造事实并进行散布，贬低他人人格、破坏他人名誉的行为。本案中，陆某作为能够承担违反治安管理责任的成年人，为泄私愤，故意捏造受害人有不正当男女关系的事实，并写举报信寄给市委组织部进行散布，构成诽谤行为。由于陆某主观恶性较大，在受害人单位和上级部门散布虚假事实，损害受害人人格、破坏受害人名誉，对受害人工作造成不良影响，因此受到公安机关行政拘留的处罚。

需要注意的是，陆某所捏造的虚假事实是男女不正当关系，主观上存在损害韩某名誉、破坏韩某被提拔的目的，因此陆某构成诽谤行为，不构成诬告陷害行为。

【法条链接】

《治安管理处罚法》第五十条第一款第二项　有下列行为之一的，处五日以下拘留或者一千元以下罚款；情节较重的，处五日以上十日以下拘留，可以并处一千元以下罚款：……（二）公然侮辱他人或者捏造事实诽谤他人的；

【案例提示】

《宪法》赋予公民言论自由的权利，同时公民也有遵纪守法的义务。《宪法》第38条明确规定："中华人民共和国公民的人格尊严不受侵犯。禁止用任何方法对公民进行侮辱、诽谤和诬告陷害。"诽谤是无中生有，捏造事实并进行散布，贬低他人人格、破坏他人名誉的行为。该行为损害了受害者的社会声誉，影响其正常工作和生活，破坏原有的社会关系，受害者常遭受焦虑、抑郁等心理问题，极端情况下可能导致自杀。频繁的诽谤行为还会削弱社会成员间的信任基础，助长不良风气，如网络暴力。因此，公民应当增强法律意识，提高鉴别能力，清醒认识诽谤等违法行为的危害，遵纪守法，正当行使法律赋予的权利，共同维护社会秩序。

谨慎发表言论，不随意“蛐蛐”他人。“蛐蛐”是网络热词，流行于青年群体中，指在背后议论他人，多有指责之意。“蛐蛐”也经常被人用于玩梗，人们对待“蛐蛐”别人的行为态度比较随意，有时候还会不自觉地夸大其词。但是这种议论和夸大一旦超过了法律规定的界限，转化为捏造事实，贬低他人人格，就可能构成诽谤，既伤人又害己。所以，在发表涉及他人人格、名誉的言论时应当三思而后行，对未经证实的信息保持谨慎态度，也不要将个人主观臆测当作事实。

增强法律意识，拒绝网络暴力。近年来，“网络暴力”“社会性死亡”等新现象、新词汇不断出现，成为人们讨论的热点。网络暴力，是指通过网络平台对个人或群体实施侮辱、诽谤、侵犯隐私等行为，造成心理伤害、破坏社会秩序等严重后果的违法行为。总有人认为互联网上可以匿名，就通过网络随意发泄负面情绪，甚至是无端对他人进行人身攻击，侮辱谩骂、恶意诽谤等行为频繁发生。有时使用粗俗、恶毒的攻击性语言文字；有时通过篡改他人上传到网络的照片，进行侮辱、诽谤、攻击。还有“人肉搜索”“开盒”等违法行为，肆无忌惮地侵犯公民的人身权利。

网暴中的诽谤在很多时候以制造谣言、散布谣言的形式存在。谣言，顾名思义，就是没有事实根据的传闻，是虚假的言论，由违法行为人恶意编造并进行扩散。网友在这一过程中成为被利用者，点赞、转发、评论等，成为伤害受害人的“雪花”。因此，我们需要增强法律意识，提高鉴别能力，理性“围观”，善意“吃瓜”，“评论”时有依据，“转发”前多思考，不人云亦云，让流言止于智者。

十二、捏造事实诬告陷害他人行为应予以处罚

公民合法权益遭到侵害，有拿起法律武器保护自己的权利，但出于个人目的捏造事实，诬告陷害他人，显然是对他人合法权益的侵害。我国《宪法》规定，对于任何国家机关和国家工作人员的违法失职行为，公民有向有关国家机关提出申诉、控告或者检举的权利，但是不得捏造或者歪曲事实进行诬告陷害。

【基本案情】

栗某是个“信访专业户”，为给政府施压满足其不合理的信访诉求，在某网络视频平台发布信访办工作人员何某充当黑恶势力“保护伞”的信息。视频发出后，引起当地纪检部门、检察机关的重视，但是经过一番调查，发现栗某反映问题并不属实。栗某自己也承认，自己发布的信息是编造出来的，一方面是想逼着政府答应自己不合理的信访诉求，另一方面就是想给何某添堵，最好能让何某被开除公职去坐牢。公安机关认定栗某的行为构成诬告陷害，依据《治安管理处罚法》的相关规定，对栗某作出行政拘留10日的处罚。

【案情分析】

本案中，栗某是一名具有完全责任能力的成年人，在明知自己所发布信息为虚假编造，并且可能会使何某面临刑事追责的情况下，仍选择在流量巨大的网络视频平台上发布信息，这不仅侵害了何某的正当权益，还扰乱了公安、司法机关的正常活动，将司法资源浪费在虚假案件上。因此，栗某的行为已经构成违反治安管理行为，应受治安管理处罚。考虑到栗某行为情节较重，乃

是出于逼迫政府、陷害他人的目的，动机卑劣，所发布虚假信息的平台流量巨大，给当地政府和受害人何某均带来不良社会影响，公安机关对栗某作出行政拘留10日的处罚。

【法条链接】

《治安管理处罚法》第五十条第一款第三项　有下列行为之一的，处五日以下拘留或者一千元以下罚款；情节较重的，处五日以上十日以下拘留，可以并处一千元以下罚款：……（三）捏造事实诬告陷害他人，企图使他人受到刑事追究或者受到治安管理处罚的；

【案例提示】

自秦、汉以来，历代法律都规定“诬告反坐”，明律、清律对诬告反坐更是定有加等。此外还有“告不实”，也就是控告别人犯罪不实，不是出于诬告陷害的故意，因此不算诬告，但也要受处罚。随着社会的进步和法治理念的更新，现代法律体系更加注重人权保障和程序正义，传统的诬告反坐制度因其过于严厉和可能导致滥用等弊端而逐渐被废除。但现代法律对诬告行为绝不姑息，因为诬告陷害行为侵害公民人身权利，扰乱公安、司法机关正常工作，纵容诬告者就是对受害人的不公，对司法资源的浪费。

要区分善意的批评与恶意的诬告。对于公民的检举、控告，不管是个人还是国家机关、社会组织，都要正确对待。一方面，公民享有批评建议权；另一方面，有则改之无则加勉，对于公权力，应当习惯被监督和约束。为了更好地开展监督，保障群众合法权益，相关职能部门需要引导党员群众依法依规依纪有序有效举报，自觉抵制歪风邪气，共同维护正常的工作秩序。

坚持“查诬”和“澄清”相结合。正确对待并不意味着对诬告陷害行为的纵容，对恶意举报、诬告陷害行为保持“零容忍”，为受到失实举报的党员、干部、群众积极澄清正名，并加大典型案例通报力度，以坚决有力的措施狠刹诬告陷害的歪风邪气，旗帜鲜明地为敢于担当、踏实做事、不谋私利的党员、干部、群众提供有力支持。

区分诬告陷害行为和错告。错告表现为控告人或者检举人没有陷害他人的主观故意，也不是捏造事实、伪造证据，仅由于控告人或者检举人对违法犯罪事实或者被控告人、被检举人了解不实或者有片面性而造成。对于错告，则不以违法行为论处。

十三、威胁打击报复证人及其近亲属行为应予以处罚

作证是知道案件情况的人应当履行的法定义务，受法律保护。违法犯罪分子在受到法律制裁后，应当深刻认识到自己行为的危害性与违法性，敬畏法律、痛改前非，重新回归社会。但其中极个别人在改造时却不愿意自省，而是把过错推到受害人、证人、民警、法官等身上，心怀怨恨，甚至为此实施打击报复，这种行为无疑是错上加错。

【基本案情】

赵某与胡某打架，刘某在此案中作证，后赵某因犯非法侵入住宅罪被法院判处有期徒刑6个月。赵某出狱后，多次打电话骚扰、威胁证人刘某，并在凌晨时分用砖头砸刘家的玻璃。刘某问赵某是不是他干的。赵某不予否认。刘某问赵某到底想怎么样。赵某说因为刘某作证导致他在监狱待了半年，一共180天，按一天200元计算，得补偿他36000元。之后赵某隔三岔五地给刘某打电话，说要弄死他。刘某和家人吓得不敢睡觉，也不敢出门上学上班，遂向派出所报案。公安机关查实后，对赵某作出行政拘留7日的处罚。

【案情分析】

刘某出于正义的目的，履行作证义务，依法向法庭提供证词，却被赵某记恨。赵某明知刘某是证人，却出于对其进行打击报复

的意图，向其进行多次骚扰、威胁、索要钱财，导致刘某和家属的生活不得安宁。赵某的行为符合《治安管理处罚法》对威胁、侮辱、殴打、打击报复证人及其近亲属行为的规定，因此被公安机关予以治安管理处罚。同时考虑到赵某的行为手段恶劣，给受害人全家正常工作生活带来较大影响，所以按照“情节较重”的规定进行量罚。

【法条链接】

《治安管理处罚法》第五十条第一款第四项　有下列行为之一的，处五日以下拘留或者一千元以下罚款；情节较重的，处五日以上十日以下拘留，可以并处一千元以下罚款：……（四）对证人及其近亲属进行威胁、侮辱、殴打或者打击报复的；

【案例提示】

威胁、侮辱、殴打、打击报复证人及其近亲属行为侵犯的客体是公民的民主权利和国家机关的正常活动。这里的民主权利是指公民的批评权、申诉权、控告权和检举权。这些权利是我国公民享有的重要的民主权利，也是公民行使管理国家权利的一个重要方面，受到《宪法》与其他法律的确认和保护。

事前预防，保护证人及其近亲属。为了切实保障公民的民主权利以及公民行使管理国家权利的实现，《刑法》和《治安管理处罚法》对侵犯公民民主权利的行为都作出了明确的规定。但除了事后依法追究侵害人的法律责任之外，还需要做好事先预防性保护措施，完善证人保护制度，以保障证人及其近亲属的安全，对于举报人、证人、鉴定人因举报、作证、鉴定受到打击报复确需救助的，也需要将其纳入司法救助的范围，真正为证人解除后顾之忧，让他们敢于作证，愿意作证。

辨别打击报复手段，做好自我保护。打击报复证人行为的方式包括但不仅限于威胁、侮辱、殴打。对证人及其近亲属进行骚扰，利用职权对证人及其近亲属进行调岗、解雇或者降薪降职等都属于打击报复，不论行为人采取何种方式，对构成本行为均无影响。公民一旦发现自己及近亲属受到打击报复，遭遇骚扰、解雇等不法侵害，应当及时保存证据并向公安机关报警，有效保护自己的合法权益，让不法者受到法律制裁。

加强法制教育，正确看待证人作证。不论是刑罚还是治安管理处罚，目的都是通过处罚达到教育的目的。因违法犯罪行为受到法律严惩的公民，在接受处罚的同时应当加强法制教育，对自己的不法行为深刻反省，充分认识到之所以被制裁，完全是自己违法在前。证人作证仅是说出自己所知道的与案件有关的事实。

十四、多次向他人发送淫秽信息干扰其正常生活行为应予以处罚

多次发送淫秽、侮辱、恐吓等信息或者采取滋扰、纠缠、跟踪等方法，干扰他人正常生活，会构成违法行为。很多违法行为人并非不知道这一规定，而是陷入了错误的认识，认为这一行为没有什么大不了。事实上，这一行为对人们正常安宁的生活造成的影响和危害并不小，已经构成了对公民的正常生活秩序和人格权的侵犯。违法行为人自认为的开玩笑、恶作剧，或者其他自认为并非出于恶意的动机，都不影响违法行为的成立。

【基本案情】

李某性格有些“人来疯”，爱搞恶作剧，常被朋友们评价说是个“社交悍匪”，他的行为有时比较过分，朋友们希望李某注意分寸。李某不以为然，认为只有自己的这种性格在社会上才吃得开，指责自己的人都是爱较真、开不起玩笑。某日李某被民警传唤，他大吃一惊。在民警告知传唤理由后，李某更想不通了，自己就是通过电脑匿名给朋友发了些淫秽信息，一个恶作剧罢了，怎么就被公安机关传唤了呢。几天前，派出所接到辖区某群众报案称，

有人以报案人女同事的名义，频繁给他的手机发送内容淫秽、暧昧的短信，导致报案人与同事、家人之间关系不和。妻子要离婚，同事排挤他，现在已经完全没办法正常生活，希望公安机关能还他一个清白。办案民警经过走访调查，查询手机短信记录，认定是李某所为，遂依法对李某作出行政拘留并处罚款的处罚。

【案情分析】

本案中，李某假借他人名义，多次向受害人发送淫秽信息，该行为严重干扰了受害人的正常生活，主观故意明显，因此受到公安机关治安管理处罚。值得注意的是，发送信息干扰他人正常生活的行为对行为人主观方面的要求是故意，即明知自己向受害人发送淫秽、侮辱、恐吓等信息的行为会给对方的生活造成影响，仍然实施该行为。至于违法行为人的动机是什么，并不影响违法行为的成立。比如李某在实施上述行为时，动机是恶作剧，但仍然构成侵犯他人人身权利的违法行为。另外，因为李某的行为给受害人的正常工作、生活、身心健康、名誉造成较大影响，情节较重，这也影响了公安机关对他的量罚。

【法条链接】

《治安管理处罚法》第五十条第一款第五项、第二款　有下列行为之一的，处五日以下拘留或者一千元以下罚款；情节较重的，处五日以上十日以下拘留，可以并处一千元以下罚款：……（五）多次发送淫秽、侮辱、恐吓等信息或者采取滋扰、纠缠、跟踪等方法，干扰他人正常生活的……

有前款第五项规定的滋扰、纠缠、跟踪行为的，除依照前款规定给予处罚外，经公安机关负责人批准，可以责令其一定期限内禁止接触被侵害人。对违反禁止接触规定的，处五日以上十日以下拘留，可以并处一千元以下罚款。

【案例提示】

发送信息干扰他人正常生活的行为在客观方面表现为多次通

过信件、电话、计算机信息网络等途径传送淫秽、侮辱、恐吓或者其他骚扰信息，干扰他人正常生活。其途径不仅是手机短信，还包括QQ、微信或者邮箱。淫秽信息，是指具体描绘性行为或者露骨宣扬色情的淫秽性信息；侮辱信息，是指含有恶意攻击、谩骂、羞辱等有损他人人格尊严的信息；恐吓信息是带有恐吓意味，或者是某些足以使受害人产生恐慌情绪的信息；其他骚扰信息，是指过于频繁地或者在休息时间发送提供服务、商品的信息或者其他信息，可能干扰他人正常生活。

人际交往知进退，日常相处懂深浅。亲疏有度，远近相安，有时候适当的距离不是冷漠孤僻，而是对人的尊重。人与人交往时应当注意必要的边界感，不能把自以为的标准横加于他人身上。向他人多次发送内容不当的信息，无视拒绝，对他人纠缠不休，已经达到影响对方正常生活的程度，这种做法不是幽默诙谐，也不是有恒心、有毅力，而是违法行为。请务必注意，不论动机是出于报复泄愤，还是为了寻求刺激，抑或是开玩笑、恶作剧，都不影响行为的认定。违法行为将受到法律的严惩，原本友好的社会关系也会因此破裂。

十五、偷窥、偷拍女性隐私行为应予以处罚

所谓隐私，就是隐秘、不公开的个人私事。隐私源于人的羞耻感，故只有自然人才可以成为享有隐私的主体。企业法人及其他非法人组织等经营单位的秘密属于商业秘密。很多人在年少时写过日记，一笔笔写下的是少男少女不愿为人所知的心事，即便长大后，也有人一直保持着写日记的习惯，记录自己生活的点滴。还有人喜欢在微信朋友圈发布动态，然后会设置“可见范围”，选择公开、私密或者部分可见。这些都属于个人对自己隐私的处置行为，可以分享，也可以保密，但是不能被偷窥、偷拍、窃听、

散布，否则就是对他人隐私权的侵犯。

【基本案情】

某日20时许，在某园区打工的男子梁某正趴在某女员工宿舍楼浴室外的窗户上，用手机偷拍室内女子洗澡。梁某的这一行为被园区派出所夜巡民警发现，民警上前拦住盘查，发现梁某手机此时尚处于视频录制模式。

梁某供述，他居住在该楼附近，偷窥行为已有半年，因知道宿舍楼的浴室窗户靠近外侧，为寻找“刺激”就萌生了偷窥女性洗澡的想法。他每天夜间在各宿舍楼闲逛，一旦听到洗澡流水声且窗户没关紧时，他就伺机进行偷看拍摄。经查，梁某手机相册中存有10余段女子洗澡的视频及照片。公安机关依法给予梁某行政拘留10日的处罚。

【案情分析】

偷窥、偷拍他人洗澡既违反社会公德又违法。梁某作为完全责任能力人，明知故犯，为寻找“刺激”偷窥、偷拍女性洗澡，侵犯他人隐私权，构成侵犯隐私行为。根据警方调查，梁某作案多次，受害人多人，属于情节较重，因此公安机关对梁某的行为处以行政拘留10日的处罚，以达到惩戒、教育、震慑的作用。

【法条链接】

《治安管理处罚法》第五十条第一款第六项　有下列行为之一的，处五日以下拘留或者一千元以下罚款；情节较重的，处五日以上十日以下拘留，可以并处一千元以下罚款：……（六）偷窥、偷拍、窃听、散布他人隐私的。

【案例提示】

隐私是自然人的私人生活安宁和不愿为他人知晓的私密空间、私密活动、私密信息。比如个人的卧室就属于私密空间，个人的体检报告，包括身高、体重等都属于私密信息。随着法治建设的推进，我国对公民隐私权的重视程度越来越高，立法措施也越来越完善。《民法典》《治安管理处罚法》《刑法》等都有相应条款予以保护。以《民法典》为例，其中明文列举了六种禁止行为：（1）以电话、短信、即时通讯工具、电子邮件、传单等方式侵扰他人的私人生活安宁；（2）进入、拍摄、窥视他人的住宅、宾馆房间等私密空间；（3）拍摄、窥视、窃听、公开他人的私密活动；（4）拍摄、窥视他人身体的私密部位；（5）处理他人的私密信息；（6）以其他方式侵害他人的隐私权。这意味着一旦实施了侵犯隐私权的行为，不仅可能要受到行政处罚乃至刑事处罚，还要承担民事侵权责任。

害人之心不可有，防人之心不可无。人们不仅要拒绝违法行为，还要注意保护好自己。一旦遇到侵犯隐私权行为，应第一时间报警，防止损害扩大。面对行为人有可能将偷拍的照片、视频上传网络进一步传播，不要犹豫和退缩，要及时止损，同时扑灭违法犯罪分子的嚣张气焰。

十六、殴打他人行为应予以处罚

网络上有人声称“暴力不能解决问题，但可以解决提出问题的人”，这种说法无疑是充满戾气且非常不负责任的。因为一时之气，践踏法律，肆意使用暴力，不仅解决不了问题，反而会将问题扩大、升级，不仅给他人带来伤害，也给自己惹来麻烦，更是对法律的挑衅，成本过高，损人不利己。公安机关的宣传语“打输住院，打赢拘留”正是对这种情形的生动说明。

【基本案情】

某日17时许，110指挥中心接到群众报警：“喂，110吗？有人要打我，你们赶紧过来。”指挥中心随即指派就近的派出所处警。经民警现场询问得知，报警人钟某与赵某、罗某系网上打麻将认识的“牌友”。钟某与两人因意见不合发生了激烈的言词冲突，相互谩骂攻击后，气头上的赵某、罗某询问钟某所在位置，表示见面说。钟某一口答应，说出了自己的位置，赵某与罗某很快赶到。钟某想不到对方竟然真的“应邀而来”，情绪冷静了下来，担心谈不拢的话自己可打不过对方两个人，于是赶紧报警。处警民警在详细了解情况后，对双方的不理智行为进行了严肃批评。涉事双方已认识到这一举动可能引发的严重后果，在民警的见证下，双方互相道歉，并作出深刻检查。针对双方网上打牌的行为，公安机关则做进一步调查。

【案情分析】

本案中，钟某与赵某、罗某在网上发生纠纷，继而相约线下见面，本来很有可能会一言不合发展成为打架斗殴，幸好一方及时悬崖勒马，没有真正动手，因而未构成治安案件。民警对钟某等三人严肃批评教育后，三人深刻认识到自己行为可能造成的违法后果。钟某的报警行为虽然是出于打不过又溜不走的担心，并非真正地认识到自己的错误，但这不影响打架斗殴行为的不成立。不论主观方面当事人出于何种考量，只要客观上不存在违反治安管理的事实，那么就未违反治安管理。

【法条链接】

《治安管理处罚法》第五十一条　殴打他人的，或者故意伤害他人身体的，处五日以上十日以下拘留，并处五百元以上一千元以下罚款；情节较轻的，处五日以下拘留或者一千元以下罚款。

有下列情形之一的，处十日以上十五日以下拘留，并处一千元以上二千元以下罚款：（一）结伙殴打、伤害他人的；（二）殴打、伤害残疾人、孕妇、不满十四周岁的人或者七十周岁以上的人的；（三）多次殴打、伤害他人或者一次殴打、伤害多人的。

【案例提示】

目前基层公安机关办理的治安案件中，打架和盗窃案件居多。很多人都是脑子一热就动起手来，甚至民警到场制止时还要向对方说狠话，直到被带到公安机关才后悔不已。

一时冲动酿大错，成本高昂不值得。民警为违法行为人算过一笔成本账：

1. 轻微伤的打架成本=5日至15日行政拘留+500元至1000元罚款+医药费、误工费等赔偿；

2. 轻伤的打架成本=3年以下有期徒刑+赔偿金+医药费、误工费等赔偿；

3. 重伤的打架成本=3年以上10年以下有期徒刑、无期徒刑或死刑+各种经济赔偿；

4. 打架附加成本=民事责任费用（诉讼费+律师费+医药费+误工费）+构成犯罪的留下前科劣迹+可能影响上学、参军、就业+名誉形象受损+家人朋友担忧+影响出狱后就业等。

协商、调解和诉讼，哪个都比打架强。生活中难免遇到磕磕碰碰，面对这些不愉快，我们应该采取友好协商的方式加以解决，多换位思考，让理性取代冲动。如果协商不成，可以寻求村（居）委会、物业公司、人民调解委员会的帮助，还可以报警或者提起诉讼。千万不能一时冲动，采取暴力方式去解决问题，这样的方式不仅解决不了已经出现的问题，还会带来更大的麻烦，轻则行拘，重则刑拘，附带民事赔偿和案底。

如果遇到不理智的人，注意躲避和保护自己，及时报警求助，并留存证据，进行伤情鉴定，维护自身合法权益。如果进行了正当防卫，切记防卫行为以制止违法犯罪为目的，在对方停止或者无力实施违法犯罪后，立即停止防卫行为并报警，不要让自己从受害人变成违法犯罪人。

十七、用开水泼人按照故意伤害行为进行处罚

殴打行为是拳脚相加或使用木棍等进行殴打，故意伤害他人身体的行为方式是使用除了殴打以外的其他方式损害他人身体健康，如驱使动物伤人，使用有毒有害的气体、液体伤人，电击伤人，机械撞击伤人，用开水烫人等。与殴打他人的行为一样，故意伤害行为经常是一时冲动犯下的错。

【基本案情】

庄某、林某系楼上楼下邻居，经常因为停车位发生争吵。某日两人又发生了冲突，被人劝开后不久，庄某在2楼阳台看到林某正在下方晒被子，一时间新仇旧恨涌上心头，就装作没拿稳，将手中杯子里的开水朝着林某泼了下去。林某被烫到，大声叫喊并抬头，发现庄某后于是报警。公安机关经过询问查证、调取监控等，确认庄某系故意朝林某泼开水，故意伤害违法事实成立。林某的伤势经鉴定为轻微伤，公安机关决定给予庄某行政拘留8日的处罚。

【案情分析】

本案中，庄某明知朝林某泼开水会烫伤对方，但为了泄愤，仍然将水泼了下去，主观故意明显，侵犯了林某的身体健康权，构成故意伤害行为。因此，公安机关对其作出治安管理处罚决定。庄某可以说是因一时冲动，后悔莫及。

【法条链接】

《治安管理处罚法》第五十一条　殴打他人的，或者故意伤害他人身体的，处五日以上十日以下拘留，并处五百元以上一千元以下罚款；情节较轻的，处五日以下拘留或者一千元以下罚款。

有下列情形之一的，处十日以上十五日以下拘留，并处一千元以上二千元以下罚款：（一）结伙殴打、伤害他人的；（二）殴

打、伤害残疾人、孕妇、不满十四周岁的人或者七十周岁以上的人的；（三）多次殴打、伤害他人或者一次殴打、伤害多人的。

【案例提示】

与殴打他人行为相比，故意伤害他人身体的行为方式就多了不少。但是究其本质，二者都是对他人身体健康权的侵犯，都是“行为犯”，不论是否造成受害人受伤，只要实施了殴打或者故意伤害他人身体的行为就构成违法。因此，二者的违法成本是一样的。

伤人有成本，动手须三思。冲动是魔鬼，在动手伤人之前要三思：能不能报警解决问题？能不能承担违法后果？能不能为对方的医疗费、误工费、交通费、营养费等买单？待头脑不再发热后，选择合法的方式去解决争端，不论是对自己还是对他人都是有益的。

十八、猥亵他人行为应予以处罚

猥亵行为具体是指以刺激或满足性欲为目的，用性交以外的方法实施的淫秽行为，包括违背他人意愿，在对方性感区进行抠摸、搂抱、吸吮、舌舐等行为以及公开暴露生殖器官。猥亵行为既可以发生在男女之间，也可以发生于同性之间。《刑法修正案（九）》将猥亵罪的定义由“妇女”扩大为“他人”，彰显了立法者的务实精神，体现了我国法律的不断完善和进步。

【基本案情】

某日21时许，某派出所接110指令后赶到某网吧。经查，肖某在网吧包间内对网吧女服务员钱某实施了猥亵行为。肖某在受害人钱某明确反对的情况下，先后用手隔着被害人衣物摸其臀部，搂抱腰部，抠摸其隐私部位。民警当场口头传唤肖某到派出所接受调查，查明事实后依法对其予以行政拘留12日的处罚。

【案情分析】

肖某为寻求性刺激，违背受害人意愿，对其实施猥亵行为，侵犯了受害人钱某的人身权利，构成违反治安管理行为，因此被公安机关处罚。同时考虑到肖某实施猥亵行为的地点在公共场所，属于法律规定的“有其他严重情节”，故在量罚时进行了升格处罚。

本案案发地是网吧包间，从功能属性上看，包间空间相对封闭，人员相对特定，但是向社会公众开放，提供公共服务，具有公共属性；从包间的具体布设看，包间没有门，顾客和服务人员可以随便进出，包间内外的人可以相互观望，并不限制不特定人或者多数人自由出入；从本案实际情况看，肖某实施猥亵行为前后都不断有人经过包间，也有人看到了肖某的行为，这一点已有监控视频和证人证言予以证实。因此，公安机关认定肖某的行为符合在公共场所猥亵他人的条件。

【法条链接】

《治安管理处罚法》第五十二条第一款　猥亵他人的，处五日以上十日以下拘留；猥亵精神病人、智力残疾人、不满十四周岁的人或者有其他严重情节的，处十日以上十五日以下拘留。

【案例提示】

猥亵行为的发生源于行为人的性心理偏差、法律意识淡薄、道德水准低下。这一行为往往伴随有肢体接触，随着信息化水平的提高，还出现了“隔空猥亵”，侵害受害人身心健康，败坏社会风气，受害群体尤其以女性、未成年人居多，由于生理上的弱势，导致他们在遭受侵害时没有足够的自保能力。特别是个别人鼓吹的“受害者有罪论”，更是对受害人已经受伤的身心的再度伤害。有的受害人因为担心他人的指指点点而不敢报警，以至违法犯罪嫌疑人逍遥法外，继续侵害其他无辜者。因此，在面对此类行为时要注意以下几个方面：

第一，做好安全教育，加大保护力度。通过学校、社区以及媒体平台等多种途径开展宣传和教育活动，提升公众对猥亵行为危害性的认识，了解法律规定，消除认知误区。尤其是未成年人的监护人、学校老师，一定要把安全教育普及到位，不能出于羞耻感而对身体、对性保持回避的态度，导致未成年人在不知情的情况下疏于保护自己，也不知道怎么保护自己，最终酿成苦果，影响一生。

第二，坚决对违法行为说“不”。如果遭遇不法侵害，先保护好自己，事后勇敢报警，留存证据，积极配合公安机关调查取证，严惩违法者，这才是对不法者的最好回击。随着社会开放度的提高，不少人已经能够勇敢面对原本羞于提及的事物，能够拿起法律武器捍卫尊严。应当受到法律惩罚和公众指责的是违法者，“受害人有罪论”这种荒谬的归因偏见终将被时代抛弃。

十九、在火车上“裸睡”按照在公共场所故意裸露身体行为进行处罚

中华礼乐文明中，衣冠服饰是其重要组成部分。唐朝经学家孔颖达在其《春秋左传正义》中曰：“中国有礼仪之大，故称夏；有服章之美，谓之华”。意即因中国是礼仪之邦，故称“夏”，“夏”有高雅的意思；中国人的服饰很美，故作“华”。由此可知，我们对衣冠服饰的重视。人们将服饰视为文明的一部分，在外不穿衣服、乱穿衣服的行为是几千年来形成的文化所不能接受的，为文明社会所鄙夷和排斥。尤其是公共场所，应当考虑到他人的感受，绝不能因为自己的“我行我素”去侵犯他人的合法权益，甚至是践踏法律的底线。

【基本案情】

某日22时许，在一列列车软卧车厢中，旅客江某坐在自己的铺位上。对面铺位是40多岁的男子高某，对方在吃晚饭时喝了点

酒，这会已经休息了。江某玩了一会手机后，也准备休息，她侧过身子，面朝外躺下，还没来得及合眼，就听见对面铺位的高某发出奇奇怪怪的声音，循声看过去，结果发现对方没穿衣服，全身赤裸。江某被吓坏了，睡意全无，脑子一片空白，她怀疑自己是不是看错了，最后鼓起勇气瞄了一眼，确认对方确实是一丝不挂，江某马上报警。乘警及时赶到后，一边安抚既尴尬又崩溃的江某，给其另找位置休息，一边喊醒裸睡的高某，让他先穿上衣服，再依法进行调查。经查，高某在公共场所故意裸露身体隐私部位，情节恶劣，公安机关依法对其予以行政处罚。

【案情分析】

高某虽然喝了酒，但根据法律规定，喝酒不影响责任能力，因此高某是具备完全责任能力的。高某明知自己身处公共场所，尤其是同一空间内有异性旅客存在，仍然赤裸身体，主观故意明显，构成违反治安管理行为，侵犯了他人人身权利，损害了他人身心健康，自然应当受到公安机关的处罚。

【法条链接】

《治安管理处罚法》第五十二条第二款　在公共场所故意裸露身体隐私部位的，处警告或者五百元以下罚款；情节恶劣的，处五日以上十日以下拘留。

【案例提示】

与古代中国对衣冠等级具有严格标准和限制不同，现代人对衣着打扮更加自由和随意。但是在公共场所还是要注意衣着得体。本案中，高某在公共场所裸露身体的行为实属对他人的冒犯。

公共场所应守规则，不自律者将会受到法律的惩戒。所谓公共场所，是指供社会上大多数人从事工作、学习、文化、娱乐、体育、社交、参观、旅游和满足部分生活需求的一切公用建筑物、场所及其设施的总称，具有公共性、开放性、共享性、规范性等特点。人们在公共场所进行社交、商业、娱乐、出行等各种活动，可以自由地表达自己的意愿和需求，同时也需要尊重他人的权利和利益，遵守法律法规和社会公德。只有大家都自尊自律，才能共同营造规范有序、文明和谐的公共场所。因此，为了保障所有人都能合法地行使权益，放松享受公共场所的各种功能，对不自律者的行为应当谴责，对已经构成违法的行为依法进行惩处，维护社会公共秩序。

二十、虐待家庭成员行为应予以处罚

“不打不成材”“棍棒底下出孝子”的说法由来已久，很多家长对老祖宗传下来的经验之谈深信不疑，奉若圭臬，自诩为“狼爸虎妈”。即便打骂式教育已经被证明不可取，甚至有研究表明，经常被打骂的孩子长大后容易产生抑郁焦虑等心理问题，但还是有父母不以为然，认为自己是为了孩子好，对孩子动辄棍棒相加，冻饿责骂。

【基本案情】

某居民区发生一起家庭虐待事件，受害者为12岁的小明，施虐者为其亲生父亲张某。小明父母离婚，他的监护权归父亲，但却长期遭受父亲的言语侮辱、体罚，甚至在未能完成作业或家务时被拒绝提供食物，张某对此辩称是为了教育小孩，毕竟“不打不成材”。邻居因多次听到小明家中的争吵声以及孩子的哭喊声，怀疑存在家庭暴力，遂向社区居委会反映了情况，社区随即报警。公安机关立即介入，对小明及其家庭进行了走访调查，收集了小明身上的伤痕照片、邻居的证人证言以及小明的心理评估报告作为证据。鉴于张某的行为已构成虐待，且小明是未成年人，公安机关依法对张某作出了行政拘留的处罚决定。同时公安机关联系到小明的母亲暂时照管孩子，小明母亲了解情况后果断申请变更了监护权。

【案情分析】

本案中，张某以“不打不成材”的借口长期对受害人实施侮辱、殴打、不让吃饭等行为，在主观上存在对受害人进行肉体上和精神上的摧残和折磨的故意，侵犯受害人人身权利，损害其身心健康，构成虐待行为。

本案中，受害人小明只有12岁，由张某监护，缺乏独立生活的能力，也无法提出处理该违法行为的要求，符合法条中“不告不理”的例外情形，因此公安机关不需要经过被虐待人小明的要求也能对张某的违法行为进行查处。

【法条链接】

《治安管理处罚法》第五十三条第二项　有下列行为之一的，处五日以下拘留或者警告；情节较重的，处五日以上十日以下拘留，可以并处一千元以下罚款：……（二）对未成年人、老年人、患病的人、残疾人等负有监护、看护职责的人虐待被监护、看护的人的；

【案例提示】

虐待，是指经常以打骂、禁闭、捆绑、冻饿、有病不给治疗、强迫过度体力劳动等方式，对共同生活的家庭成员进行肉体上、精神上的摧残、折磨。虐待行为侵犯的客体是家庭成员依法享有的权利、权益以及被害人的人身权利。家庭成员是指配偶、父母、子女和其他共同生活的近亲属。根据《民法典》的规定，近亲属是指配偶、父母、子女、兄弟姐妹、祖父母、外祖父母、孙子女、外孙子女。

教育要把握“度”，好孩子不是打出来的。家长对子女负有监护的义务，孩子在年纪小不懂事的时候难免行差踏错，家长要及时干预，进行管教，这是对子女负责任的体现。好孩子不是打出来的，是教出来的，要知道打骂是不恰当的手段，教育才是目的，孩子只有“知错”才能改。父母言传身教，做好榜样，帮助孩子树立正确的价值观，这是打骂所不能达到的效果。此外，家长还应当注意，即便一时情急动了手，也要记住孩子有几个部位是不能打的，这些部位包括后脑勺、太阳穴、耳朵、后背、尾椎等，未成年人身体尚未发育完全，对成年人来说不值一提的力道给他们带来的可能会是严重的伤害。

家是最小国，国是千万家，小家和谐，国家安宁。古今中外，家庭对于个人乃至社会都具有极为重要的意义。家庭成员之间应是互相帮助、彼此尊重爱护的关系，不存在谁高人一等，大家都享有家庭权利，也要履行家庭义务。家庭作为社会最小单元，对社会秩序具有不可替代的影响力。家庭成员是公民社会身份之一，我们的户口登记簿中就有专门一栏用于填写家庭关系，在工作就业、服兵役、入党、提干等重要事项上也都需要填写或登记家庭成员。作为家庭成员，其合法权益受到法律保护，并应当履行法定义务，如家庭成员中的抚养、扶养、赡养，禁止歧视、虐待、遗弃等行为。

二十一、遗弃女婴行为应予以处罚

《诗经》有言："父兮生我，母兮鞠我。抚我畜我，长我育我，顾我复我，出入腹我。"父母对子女的舐犊情深不需要附加条件，子女孝敬父母，为老人养老都是传承千百年、为整个社会所认同的人伦道义。可以说，亲子关系是世间最天然的联系，也是社会关系的基础，关系着个体成长、家庭和谐、社会稳定。但是少数人无视需要扶养照料的家庭成员，视其为累赘，将其遗弃。

【基本案情】

某日16时许，一群众报警称，其在某商场楼下等朋友的时候，看到一女子将一名身穿蓝衣服的婴儿放在旁边花坛处便离开了，过了好几分钟也不见女子回来。民警迅速赶到现场，发现这是一名七八个月的女婴，在对女婴随身物品进行查看后，没有发现有用的信息。于是民警兵分两路，一组在附近进行走访，另一组将女婴带至执勤点照顾。正当民警向附近商家询问情况时，一名年轻女子神色慌张地找到民警求助，说自己在附近把七八个月大的女儿弄丢了，所描述的特征与民警正在为其寻找家人的女婴十分相似，于是立即将年轻女子带至执勤点。女子梁某一见到女婴，就激动地冲过去将其搂在怀中，边哭边说这就是自己的孩子。民警一面对其进行安抚，一面向其核实相关情况。

原来，梁某与丈夫吵架，独自带着孩子走到附近，因为越想越生气，就萌生了将孩子扔下自己离开的念头。但真的扔下孩子后又很后悔，害怕孩子出现意外，赶回来却发现孩子不见了，当时就慌了。核实清楚梁某与婴儿的身份关系后，民警郑重地将孩子交至梁某手中，并对梁某进行了严肃的法制教育，梁某也表示再也不敢了，一次教训就足够铭记。

【案情分析】

梁某明知女儿幼小，没有独立生活能力，仍然将其丢弃在外，这是对受害人人身权利的明显侵犯。考虑到梁某幡然悔悟，及时找寻婴儿，违法情节轻微，并且婴儿需要照料等多方面因素，公安机关在对梁某进行严厉批评教育后，未对其进行治安管理处罚，这也体现了错罚相当原则和教育与处罚相结合原则。

【法条链接】

《治安管理处罚法》第五十三条第三项　有下列行为之一的，处五日以下拘留或者警告；情节较重的，处五日以上十日以下拘留，可以并处一千元以下罚款：……（三）遗弃没有独立生活能力的被扶养人的。

【案例提示】

遗弃行为，是指对于年老、年幼患病或者其他没有独立生活能力的人，负有扶养义务但拒绝扶养，情节较轻，尚不够刑事处罚的行为。因为虐待行为、遗弃行为大都发生在家庭成员之间，所以在预防和处理上具有特殊性。

1. 从受害人的利益出发，教育重于处罚。一般而言，由于家庭的特殊性，对于虐待行为和遗弃行为最好的处理方式是使违法行为人意识到错误，认识到负有法定义务而不履行将承担法律责任，从而能够悔改，担负起家庭责任，正确对待家庭成员。对于遗弃行为，教育比处罚更加重要，也更有实际意义。但是，对于悔改态度不好，后果比较严重，或者多次实施违法行为，不处罚不足以起到作用的行为人则会严厉处罚，甚至追究刑事责任。视具体情况对由其监护的被监护人变更监护，使没有独立生活能力的老年人、未成年人等得到更妥善的照顾。

2. 抚养义务和赡养义务都是独立的、强制的，并非互为前提条件。李某与妻子离婚，常年酗酒且没有正经工作，又因犯罪入狱，从未实际抚养过儿子小李，却在小李长大工作后找上门，称自己年过70，体弱多病，没有收入来源，要求小李赡养，小李可以拒绝吗？答案是否定的。很多人会有疑惑，生而不养，等孩子好不容易长大了却来“摘果子”，这合理吗？法律规定，父母对未成年子女具有抚养义务，成年子女对父母具有赡养义务。不管是抚养义务还是赡养义务，都是独立的、强制的，并非互为前提条件。换言之，父母不能以放弃让孩子养老、离婚时孩子归另一方等为由不抚养孩子，孩子也不能以父母未尽抚养义务，放弃继承权，在分家协议、赡养协议中曾约定免除赡养义务等为由拒绝赡养老人。

二十二、强行索要“天价”维修费按照强迫交易行为进行处罚

自从“雪糕刺客”一词爆火后，各类“价格刺客”逐渐出现在消费者的视野中。中消协联合人民网舆情数据中心公布了“2022年十大消费维权舆情热点”，“价格刺客”一词居于首位。那么，这些“刺客”是不是强迫交易行为呢？不明码标价的行为侵犯的是消费者的知情权，并不直接构成违法行为。强迫交易行为的认定重点在于“强迫”，是违背他人真实意愿，如果是自愿达成的买卖，即便确实是物非所值，也不会构成该违反治安管理行为。

【基本案情】

居民黄某遭遇的是“胶水刺客”。因家中卫生间漏水，黄某在网上搜索维修信息时在某直播平台刷到了一则注胶补漏的广告，便进行了预约，结果对方在施工时注胶越来越多，黄某发觉不对，赶紧叫对方停下来结账，对方报价1万元，黄某吃了一惊，几桶“三无”胶水哪里需要这么多钱，但是看对方人多，都是青壮年男性，便说自己没那么多钱，希望便宜点，结果对方一把就将手机抢了过去查看微信余额，发现账上有钱，便要求黄某赶紧付钱。黄某见对方态度粗暴，家里又有老人孩子，心里害怕，只好付钱了事。黄某报警后，公安机关经过调查取证，依法对构成强迫交

易的行为人韩某等4人进行了行政处罚。

【案情分析】

本案中，是否构成强迫交易行为的重点在于“强迫”。违法行为人韩某等4人在交易过程中并未直接向黄某及其家人实施暴力，即对受害人的身体进行强制或者殴打，但是在主观上存在故意通过人多势众、动作粗暴等行为，对受害人进行威胁，在精神上对受害人实施强制，最终使受害人被迫购买商品、接受服务。受害人的人身安全、自由交易权被侵害。因此，韩某等人构成强迫交易行为，并被公安机关处罚。

【法条链接】

《治安管理处罚法》第五十四条　强买强卖商品，强迫他人提供服务或者强迫他人接受服务的，处五日以上十日以下拘留，并处三千元以上五千元以下罚款；情节较轻的，处五日以下拘留或者一千元以下罚款。

【案例提示】

交易应该建立在自愿、平等、公平和诚信的基础上，强迫交易行为既违背了民事活动的基本原则，又侵犯了经营者、消费者的合法权益，同时扰乱了市场交易秩序，应当受到治安管理处罚。不管是买方还是卖方，都应当遵纪守法，平等自愿。

1. 和气生财，戾气生灾。“喜迎笑送使顾客满意，左挑右选让买主称心”。自古以来，和气生财都是商人做买卖的信条，到了竞争日益激烈的现代市场经济时代，以人为本、质量第一、服务至上、合作双赢等更成为成功企业的核心竞争力，没有哪个商家是依靠强迫交易行为做大做强的，如果强迫交易，甚至还没来得及发这一笔横财，就先有民警上门了，轻则违反治安管理，重则刑事犯罪，又何谈财源广进呢？随着生活水平的提高，人们在购买商品或者服务的时候不再单纯关心价格和质量，还对服务态度提出更高的要求，手有余财的顾客有了“千金难买我乐意”的购物需求，大家越来越注重消费时的情感体验，更加愿意为一次高质量的购物之旅买单。商家与其采取各种手段冒着行政处罚的风险进行强迫交易，不如保证商品质量、提高服务意识，留住客人。

2. 上门服务需慎重，安全为重要牢记。很多人在遇到问题时习惯在网上进行信息搜索，包括家装维修等，但网上的广告信息驳杂，商家资质良莠不齐，在涉及上门服务时，为安全和质量考虑，建议大家一定要慎重。第一，不要轻信广告宣传的效果，吹嘘越厉害，套路可能就越深；第二，注意查看商品或者服务提供者的资质，最好是线下有实体店铺，有地址、有经营证照比“打一枪换一个地方”的团队更加可靠，出了问题也更方便解决；第三，遇到纠纷，先保证安全，再留存证据，及时拨打110或者12315求助维权。

二十三、出售他人个人信息行为应予以处罚

随着经济的快速发展和信息网络的广泛普及，我们在享受便利服务的同时，对互联网的依赖性越来越强，个人信息在互联网上的留存量也越来越多，其经济价值日益显著。但随之而来的是莫名其妙的推销电话、无处不在的面部识别、恶意索取权限的“高仿”App……随意收集、违法获取、过度使用、非法买卖个人信息的现象十分突出，侵犯公民个人信息的违反犯罪行为屡禁不绝，且成为滋生网络攻击、电信网络诈骗、敲诈勒索等下游违法犯罪的源头，给人们的正常工作生活造成恶劣影响。

【基本案情】

李某经营一家保健按摩中心，主要向产妇提供服务。为发展客户，李某向某医院产科护士姚某提出，由姚某提供产妇信息，并承诺发展一名客户就向姚某支付30元报酬，如果客户办卡消费，

李某就向姚某支付10%的提成。姚某同意，并在科室电脑上使用自己的权限登入系统，再用手机拍照，发送给李某。李某便利用上述信息电话联系产妇发展客户。经查，姚某向李某出售包括姓名、家庭住址、电话号码、分娩日期、分娩方式等产妇健康生理信息60余条。公安机关依法对姚某、李某侵犯公民个人信息行为进行治安管理处罚。

【案情分析】

本案中，姚某将在履行职责或者提供服务过程中获得的公民个人信息出售获利，侵害孕产妇的个人权益，主观故意明显，构成违反治安管理行为，因严重程度尚不够刑事处罚，故受到公安机关治安管理处罚。姚某所在医院应迅速倒查信息安全管理状况，完善患者信息安全管理措施与制度，从源头防范公民个人信息泄露。

李某出资购买信息，用于经营活动，属于以其他方法非法获取公民个人信息，构成违反治安管理行为，因此也应当受到公安机关治安管理处罚。

【法条链接】

《治安管理处罚法》第五十六条　违反国家有关规定，向他人出售或者提供个人信息的，处十日以上十五日以下拘留；情节较轻的，处五日以下拘留。

窃取或者以其他方法非法获取个人信息的，依照前款的规定处罚。

【案例提示】

大数据时代已经来临，个人信息的“含金量”日益彰显，作为能够带来实际经济价值的资源，吸引着违法犯罪分子一次次铤而走险。一个个推销产品的电话和短信、对我们的个人信息了如指掌的陌生人，都意味着公民个人信息被不正当利用的风险越来越高。如何保障个人信息安全，是政府、企业、个人都要面临及解决的问题。执法机关需要加大对侵犯公民个人信息行为的打击治理力度；企业需要增强社会责任感，重视个人信息保护，建立必要的个人信息存储、使用以及发生信息泄露事件后的个人信息安全保护机制；个人需增强自身信息防护意识，提高警惕，积极学习并实践各类信息保护手段。

第一，加强密码保护。设置强密码，密码包括大小写字母、数字和特殊字符，并注意更改，不要长时间使用单一密码。

第二，不要随意蹭“Wi-Fi”。公共Wi-Fi网络看似便捷，但安全风险不小，黑客可以通过这些网络获取用户信息，如果确实需要使用公共Wi-Fi，应避免访问银行账户或进行网上购物等操作。

第三，谨慎授权。一方面，不要轻易授权免密支付；另一方面，通过正规渠道下载安装各类应用。在注册、使用App时，不要草草略过相关用户协议、隐私声明，应当结合App中的个人信息收集清单、第三方信息共享清单功能，了解该App收集的信息内容、对应的业务场景，防止超权收集行为。对于来源渠道不明的应用安装包、网站、二维码等，要谨慎点击或扫描，此类非正规渠道的应用多存在隐私窃取功能，非法窃取个人信息。

二十四、出于集邮目的冒领他人信件行为应予以处罚

仅仅是拿了别人的信，又不值什么钱，这也违法了吗？我国《宪法》第40条明文规定，中华人民共和国公民的通信自由和通信秘密受法律的保护。除因国家安全或者追查刑事犯罪的需要，由公安机关或者检察机关依照法律规定的程序对通信进行检查外，任何组织或者个人不得以任何理由侵犯公民的通信自由和通信秘密。有些人喜欢集邮，又不想花钱，于是就盯上了别人的信件，殊不知冒领、隐匿、毁弃、倒卖、私自开拆他人邮件的行为会受到治安管理处罚。

【基本案情】

某日16时许，某小区一住户梁某来到小区内的传达室取信件时发现信件找不到了。梁某很着急，因为该信件是她大学辅导员寄来的，里面是梁某的党组织关系介绍信。通过查监控，梁某发现信件被小区住户王某家的孩子小王拿走了。梁某赶紧联系王某，王某却不承认，称孩子很乖，不会乱拿东西。无奈的梁某只好报警。民警来到小区，向双方了解情况，又调取了监控视频，最后证实确实是小王因为要完成家庭作业，进行集邮，所以取走了信件。经过一番教育，小王将信件物归原主，因为小王只有10岁，所以民警责令王某要管教好孩子，并向梁某赔礼道歉。

【案情分析】

本案中，小王以他人名义故意取走信件并藏在家中，导致受害人梁某无法收到信件，该行为构成冒领、隐匿他人信件行为。因为小王不满14周岁，所以公安机关对其不予处罚，但是责令监护人对其严加管教。所谓冒领，是指没有授权，擅自冒用他人名义领取信件；隐匿，是指将他人信件隐藏起来，使收件人无法查收。如果是误拿误取，主观上没有侵犯他人通信自由的故意，则不构成违反治安管理行为。

【法条链接】

1.《治安管理处罚法》第五十七条　冒领、隐匿、毁弃、倒卖、私自开拆或者非法检查他人邮件、快件的，处警告或者一千元以下罚款；情节较重的，处五日以上十日以下拘留。

2.《邮政法》第三十五条　任何单位和个人不得私自开拆、隐匿、毁弃他人邮件。

除法律另有规定外，邮政企业及其从业人员不得向任何单位或者个人泄露用户使用邮政服务的信息。

第三十六条　因国家安全或者追查刑事犯罪的需要，公安机关、国家安全机关或者检察机关可以依法检查、扣留有关邮件，并可以要求邮政企业提供相关用户使用邮政服务的信息。邮政企业和有关单位应当配合，并对有关情况予以保密。

【案例提示】

通信自由指的是与他人进行正当通信的自由，通信秘密指的是为自己信件保守秘密，不受非法干涉和侵犯的权利。因此，冒领、隐匿、毁弃、倒卖、私自开拆或者非法检查他人邮件、快件的行为侵犯了公民的人身权利。侵犯他人通信自由，情节严重的甚至会构成犯罪，如隐匿、毁弃、非法开拆他人信件次数较多，数量较大；致使他人工作、生活受到严重妨害，或者身体、精神受到严重损害以及家庭不睦、夫妻离异等严重后果的；非法开拆他人信件，涂改信中的内容，侮辱他人人格的；等等。

第一，过失不构成违反治安管理行为。疏忽大意拿错邮件、快件，错拆信件或者弄丢了别人的快件是不构成违反治安管理的，但需要承担相应的民事责任，即赔礼道歉、消除影响、赔偿损失等。

第二，勿将他人邮件、快件占为己有。冒领邮件、快件，非法开拆后发现财物想要占为己有，面临的可就不是警告或者1000元以下罚款了。冒领邮件、快件又非法占有其中的财物，根据行为方式不同，可能构成诈骗行为或者盗窃行为，数额较大的则构成犯罪。

第三，保留证据，挽回损失。在每年的“6·18”购物节、“双十一”购物节等消费购物节期间，综合电商平台、直播平台累计销售额逐年提升，在这个巨大的销售额背后是同样巨量的包裹，是激增的快递业务，是无数等待领取包裹的群众。网络购物已经走进千家万户，在带来方便的同时也会存在冒领、隐匿、毁弃快递等违法行为。如果发现自己的快递被他人取走，首先需要保留购买证据，如购物平台的订单信息、快递单号以及取件码，证明该物品是归自己所有。同时告知快递驿站及快递公司自己没有收到快递。如果遇到物品被盗的情况，一方面要保留证据；另一方面要及时报警，追回损失。

二十五、取走他人车内现金是否属于违反治安管理行为

财产权是指公民对其合法财产享有的不受非法侵犯的所有权。《宪法》第13条规定，公民的合法的私有财产不受侵犯。国家依照法律规定保护公民的私有财产权和继承权。所谓盗窃，就是以非法占有为目的，采取秘密手段窃取他人财物的行为，侵犯他人财产权利。这种不劳而获、没钱就想着朝他人口袋伸手的行为不仅违法，也为人所不齿，公安机关也必将对此类违法行为进行严惩。

【基本案情】

某日中午，某派出所接到群众报警称其私家车中的800多元现金被盗。民警赶到现场，经过调查，发现一名嫌疑男子。受害人何某将汽车停放在某饭店门口，因疏忽大意没有检查是否锁上车门就离开了。嫌疑男子田某来到该饭店门口，经过一番观望后，依次尝试拉开停放在此处的汽车车门，当发现何某车门未上锁时，就将其放在副驾驶座上的皮包取走，翻找并取走现金后又将包放回，然后离开。何某在饭店里发现皮包没带，回车上取包时察觉到不对劲，打开包发现钱没了，于是报警。田某被抓获后对违法事实供认不讳，公安机关依法对田某作出行政拘留的处罚决定。

【案情分析】

田某以非法占有为目的，秘密窃取何某现金800多元，侵犯了其财产权利，主观故意明显，构成《治安管理处罚法》所规定的盗窃行为。本案中，田某盗窃数额不大，且仅实施了一次，不存在入户、扒窃等特殊情况，所以构成违反治安管理行为，而不是盗窃罪。

【法条链接】

《治安管理处罚法》第五十八条　盗窃、诈骗、哄抢、抢夺

或者敲诈勒索的，处五日以上十日以下拘留或者二千元以下罚款；情节较重的，处十日以上十五日以下拘留，可以并处三千元以下罚款。

【案例提示】

从古至今，法律明文规定盗窃行为属于违法犯罪行为，对其严惩不贷。目前，不管是城市还是农村，盗窃案件的案发量都相对较多，群众对此可谓深恶痛绝。盗窃行为由于其行为方式的特殊性，行为人多选择在无人或人多的时间、地点作案，而且一旦得手，很多人还会产生侥幸心理，享受不劳而获的快感，于是再次作案，给群众带来财产损失，破坏社会治安秩序。

因此，一方面要严惩违法犯罪分子，对其形成有效震慑；另一方面要大力教育违法犯罪分子，促使其改过自新，自食其力。此外，加强群众的日常防盗意识工作要到位。具体来讲主要包括以下两个方面：

1. 重要财物妥善保管，防盗意识要牢记。钥匙不乱丢，现金存银行，手机密码科学设置并定期更改，链接不要随意点开，银行卡丢失及时挂失。不管是家门还是车门，关上后再确认一遍，防止被拉车门盗窃。此外，还可以安装报警系统和监控系统，从技防上做好防范工作，不给违法犯罪分子可乘之机。

2. 避免正面对抗，事后报警挽回损失。钱财都是身外物，生命健康才是最重要的。如果遭遇盗窃，要注意保护自己，避免与违法犯罪分子正面对抗，尤其是扒窃或者入室盗窃，防止其犯罪手段升级。事后及时报警，不要破坏现场，积极配合民警办案，挽回经济损失。

二十六、以虚假提供性服务的方式骗取钱财是否属于违反治安管理行为

生活中经常会发生贪图便宜结果吃亏的情形。骗子时常会设

计一个诱饵，使人丧失理智，误以为自己可以占便宜、得好处，殊不知自己已经踏入了骗子设计的陷阱。其实很多时候骗子的骗术拙劣，方式陈旧又漏洞百出，可是为什么受害人还是不能识别呢，问题多为当局者迷，要么觉得“这天大的好处终于落在我身上了”，要么误以为自己“摊上大事”了。

【基本案情】

某日凌晨1时许，110指挥中心接到报警电话，报警人王某称自己在某酒店1302房间遭遇了“仙人跳”诈骗。原来，王某于前一日入住该酒店1302房间，深夜11时许通过社交软件联系“特殊服务”，并要求提供上门服务。对方要价1000元，答应王某很快就到。1个多小时后，浓妆艳抹的杨某来到1302房间，但要求王某先付款，再发生性关系。王某色迷心窍就同意了，谁知杨某一收到转账就变了脸，通知其同伙郑某前来房间接她离开。王某发现自己被骗立即报警。民警到达现场，将杨某、郑某抓获。公安机关查明杨某、郑某以上门虚假提供性服务的方式骗取受害人钱财的违法事实后，依法对杨某、郑某分别作出行政拘留处罚，并且严肃批评教育了王某。

【案情分析】

本案中，杨某、郑某以非法占有为目的，通过虚假提供性服务的方式骗取受害人钱财，构成诈骗行为。杨某、郑某之所以采取这样的诈骗方式，是因为嫖娼既违反《治安管理处罚法》，又违背社会伦理道德，对个人的道德品质造成严重负面影响，受害人往往不敢报警、羞于报警。杨某、郑某不仅在主观上具有诈骗的故意，而且恶性较大，同时诈骗数额达到1000元，因此公安机关对二人进行处罚时量罚较重，处以行政拘留，而不是罚款。

【法条链接】

《治安管理处罚法》第五十八条　盗窃、诈骗、哄抢、抢夺或者敲诈勒索的，处五日以上十日以下拘留或者二千元以下罚款；

情节较重的，处十日以上十五日以下拘留，可以并处三千元以下罚款。

【案例提示】

这个案例提醒我们，在欲望的诱惑面前务必保持清醒。行事莫要心存侥幸，从天而降的只有陷阱没有馅饼。时刻坚守道德底线，提高警惕，别让贪婪和冲动成为被诈骗的导火索，保护好自己的财产与尊严。

1. 遭遇诈骗，依法“制敌”。一是及时报警。向警方详细陈述事情的经过，提供时间、地点、参与人员、具体行为、转账账号、快递单号等关键信息，以便警方快速了解情况并展开调查；如涉及转账，当即联系银行止付、挂失。二是收集证据。尽量收集和保留能证明事件经过的证据，如与对方的聊天记录，内容涉及转账、交易等相关信息；通话录音，记录与对方的通话内容，尤其是涉及转账等关键话语；转账记录，证明自己向对方支付了款项及支付的金额、时间等。三是配合调查。配合公安机关调查，严格按照公安机关的指导和要求，如实提供信息，不要隐瞒或夸大事实。积极配合公安机关进行辨认、询问等工作，锁定违法犯罪嫌疑人，查明案件真相，挽回经济损失。

2. 任你千般套路，我自严阵以待。对于广大群众而言，首先要提高警惕，遇事先问，如遇熟人网上借钱，一定要先通过电话或者见面核实后再转账，多花几分钟，多问几句话，保住血汗钱。其次是学习和了解反诈知识，如视频中的“人”不眨眼或者眨眼动作僵硬，十有八九是AI合成。最后一定要信任他人的劝导，不要把民警、银行工作人员、社区干部的劝导警示当作耳旁风，切记不要当面保证绝对不转账，扭头就给骗子打钱。同时要记住公检法机关办案不会要验证码，如果需要扣押或者冻结资金，会当面出示法律手续。

3. 多方共同努力，筑牢反诈屏障。防范诈骗是一项需要多方共同努力的工作。公安机关、街道社区、银行等多部门需要加强反诈宣传，通过宣传活动、媒体等渠道普及反诈知识，对易受骗群体加大宣传力度和教育力度，及时发布和更新典型案例进行警示，有效提高公众防范意识。一方面需要利用高科技手段，如反诈App、预警系统等及时发现、提醒和防范诈骗行为；另一方面也要防范违法犯罪分子利用高科技手段实施诈骗，如用AI合成人脸和声音，冒充熟人骗取受害人的信任。

二十七、哄抢行为应予以处罚

有不少人将法不责众理解为只要人多，法律也无可奈何，有的还深信不疑甚至以身试法。法律面前人人平等，没有人有超越法律的特权。只要实施了违法行为，无论多少人参与，都不能改变其性质。

目前，哄抢行为多发生在交通运输过程中车辆意外倾倒、货物散落的时候。一般来说，货品单件价值不大，行为人多存在从众、趁乱占便宜、人多不会被发现、即便追责也就是赔几十块钱的心理。尤其是事发地地处偏僻，缺少监控，货车司机和货主寡不敌众，在行为人彼此熟识、互相掩护的情况下，案件处理难度较大。但是，法网恢恢、疏而不漏，哄抢行为是《治安管理处罚法》明文规定的违反治安管理行为，违法者必然承担相应的法律责任。

【基本案情】

公路上，一辆满载橘子的大货车不幸发生事故，一车橘子几乎全部受到损坏。车主王某为了减少损失，只能当场贱卖，一筐50斤的橘子只卖30元。王某本以为如此低价肯定会有人路过购买，然而，令其没想到的是自己遭遇了“零元购”。起初，很多路过群众未经允许从车内掏橘子，之后近百名村民提着各种袋子在路边进行哄抢，哄抢者中甚至还有小孩，场面一度失控，直到民警赶到，人群才散去。

当天车主王某共“卖”了20吨橘子，但他只收到了9000元，而这些橘子价值8万多元。通过现场监控录像、目击者证言以及社交媒体上的相关视频等，公安机关迅速锁定了大部分参与者，在完成调查取证工作后，对涉嫌构成聚众哄抢罪的依法移交检察机关起诉，追究刑事责任；构成抢夺行为的，根据《治安管理处罚法》进行处罚，并要求其退还哄抢所得；对其中违反治安管理的未成年人，根据不同年龄段，依法不予处罚或者从轻、减轻处罚。

【案情分析】

本案是典型的哄抢行为，具有聚众、公然的特点，违法行为人人数较多，他们以非法占有为目的，聚集多人起哄生事，蜂拥而上，乘混乱之际夺取他人财物，数额巨大，其中首要分子和积极参与者构成聚众哄抢罪，尚不够刑事处罚的，根据《治安管理处罚法》进行处罚。对不满14周岁的未成年人不予处罚，但责令其监护人严加管教。

【法条链接】

《治安管理处罚法》第五十八条　盗窃、诈骗、哄抢、抢夺或者敲诈勒索的，处五日以上十日以下拘留或者二千元以下罚款；情节较重的，处十日以上十五日以下拘留，可以并处三千元以下罚款。

【案例提示】

很多哄抢者的心态是占便宜，生怕自己拿的少。哄抢行为不仅违反了法律，破坏了社会秩序，还对受害人造成了经济损失和心理创伤，同时也是对社会公共道德的践踏，负面影响难以消除。

1. 从众心理不可取，法律底线记心头！公安机关依法对哄抢者进行处理，既是对法律的维护，也是为受害人讨回公道，更是对公众的一次生动法制教育，让大家认识到从众心理不可取，法不责众的心理要不得，法律底线不可逾越。

2. 道德教育筑根本，人人为我，我为人人！除了法制宣传，加强道德教育也是必不可少的。有哄抢者，也有面对散落一地的百元大钞，热心捡拾交还失主的普通群众。这样的事例不胜枚举，使人们真切感受到助人的快乐，体现了人与人之间的温情和善意，更是法治德治并举的成果。

二十八、假借他人手机伺机逃跑按照抢夺行为进行处罚

抢夺行为是指以非法占有为目的，公然夺取公私财物的行为，具有突发性、公然性的特点。最常见的行为方式就是隐蔽靠近后趁受害人不备突然夺取财物，通常是针对路人实施。但这并不意味着抢夺行为只有这一种行为方式。比如，以借用财物为名，行抢夺之实，导致受害人来不及抗拒的，同样属于抢夺行为。

【基本案情】

某日20时45分许，何女士在自家小超市玩手机时，一名年龄约十三四岁的男孩向其借手机，称要给家长打电话，让家长来接自己。何女士将手机递给男孩，没想到男孩拿了手机就跑，何女士赶紧去追。但门口有一人骑摩托车过来，接应到抢手机的男孩后就跑了，何女士赶紧报警。民警根据案发时间、地点、手段、监控录像、两名嫌疑人逃逸方式及逃逸方向等特征进行了分析追查，确定嫌疑人为两名未成年男性，骑乘同一辆红色嘉陵125型号摩托车。之后通过踩点，在某中学将嫌疑人廖某抓获，又在某小区抓获嫌疑人徐某。因两人尚未成年，所抢夺的手机价值600元，因此公安机关对徐某（17周岁）予以行政拘留处罚，对廖某（13周岁）进行了严厉批评教育，并责令其监护人对其严加管教。

【案情分析】

本案中，廖某、徐某以非法占有为目的，由年纪小的廖某出面向受害人何女士借用手机，到手后趁何女士来不及反应和夺回之际，驾驶摩托车逃走，符合抢夺行为的构成要件，又因两名违法行为人使用摩托车作为逃逸工具，而非驾驶摩托车实施抢夺，也未对受害人人身施加暴力，因此，公安机关将其认定为抢夺行为，予以治安管理处罚。

【法条链接】

《治安管理处罚法》第五十八条　盗窃、诈骗、哄抢、抢夺或者敲诈勒索的，处五日以上十日以下拘留或者二千元以下罚款；情节较重的，处十日以上十五日以下拘留，可以并处三千元以下罚款。

【案例提示】

抢夺行为的行为方式中，以飞车抢夺最为恶劣。在抢夺过程中极有可能导致受害人跌倒、摔伤等。违法行为人的主观恶性也正体现在这里，他们对受害人受到伤害的结果是能够预见的，并且放任伤害发生。因此，《最高人民法院、最高人民检察院关于办理抢夺刑事案件适用法律若干问题的解释》规定，驾驶机动车、非机动车夺取他人财物，具有下列情形之一的，应当以抢劫罪定罪处罚：（1）夺取他人财物时因受害人不放手而强行夺取的；（2）驾驶车辆逼挤、撞击或者强行逼倒他人夺取财物的；（3）明知会致人伤亡仍然强行夺取并放任造成财物持有人轻伤以上后果的。即便不构成抢劫罪，驾驶机动车、非机动车或者其他交通工具实施抢夺，也属于《治安管理处罚法》中“情节较重”的情形，在量罚时升格处罚。

抢夺行为的危害除了对受害人人身权利、财产权利的侵犯，还因其多发于公共场所，具有公然夺取的行为特点，影响公众对社会治安环境的信任，从而降低安全感和幸福感。因此，必须对抢夺行为依法予以处罚，以儆效尤。

公共场所携带贵重物品需注意防范。违法行为人实施抢夺的随意性很强，因此，在公共场所尤其是人流量大、人员复杂的地方，一定要注意防范，保管好贵重物品。同时，要注意：少走夜路，少走僻静、人少、地形复杂、照明条件不好的路段，非走不可时需提高警惕，快速通过；夜间行路尽量避免独行，如果是独行，宁可绕道也要选择有路灯、监控或人流量大的路段，不给不法分子以可乘之机；人多拥挤时，将包和物品放在身前，尽量不要单肩背包，可以左肩右挎或右肩左挎，防止盗抢；骑行时，注意将包带在车把上多绕两圈，避免被人拿走。

遭遇抢夺不要慌，人身安全第一位。在任何情况下，人身安全都是最重要的，因此要避免跟不法分子发生冲突，同时可以大声呼救。此外，还要注意对方体貌特征，作案车辆的颜色、车牌号码，逃逸方向。在报警时，要将这些信息告知民警，以便警方抓捕。如果遇到他人遭遇抢夺，在确保自身安全的情况下要尽可能提供帮助，记住违法行为人的特征，或者用手机将违法行为拍摄下来，同时帮助受害人报警，为警方提供线索。

二十九、讹诈酒驾者按照敲诈勒索行为进行处罚

与盗窃、诈骗不同，敲诈勒索行为除了侵害他人财产权利，还危及人身权利，表现为行为人采用威胁、要挟、恫吓等手段向受害人索取财物。威胁或者要挟的内容没有限制，可以是身体健康，也可以是名誉，只要足以使他人产生恐惧心理即可。例如，对酒驾者的敲诈勒索，就是以找交警为威胁内容，使受害人畏于酒驾处罚而不得不交付财物。

【基本案情】

某日21时许，李某与妻子在外就餐时喝了两瓶啤酒，因为就

餐餐馆离家不算远，李某还是决定冒险开车回家。为了不被交警查到，李某还特意叮嘱妻子注意观察。李某没想到，早有两个人在他决定酒驾的时候就盯上了他。车辆开出后不久，一辆轿车在超车时与李某车辆发生剐蹭。两车靠边停下后，对方车上下来两名男子，张嘴就质问李某是不是喝酒了，酒气这么大。李某本来就心虚，面对质问不知所措，只好答应对方“私了”，赔付修车费用。李某妻子察觉到不对劲，于是悄悄报了警。

经过查证，两男子张某、魏某敲诈勒索行为属实，公安机关依法对两人进行了行政处罚。同时，李某因酒驾被公安机关处以相应处罚。

【案情分析】

张某、魏某以酒后开车的司机为作案对象，故意与其发生剐蹭，再先声夺人，以举报酒驾为威胁，使受害人产生恐惧，从而达到非法占有他人财产的目的，构成敲诈勒索行为。因数额不大，尚不够刑事处罚，所以，公安机关在查清违法事实后，根据张某、魏某在共同违法行为中发挥的作用对两人分别作出处罚决定。

【法条链接】

《治安管理处罚法》第五十八条　盗窃、诈骗、哄抢、抢夺或者敲诈勒索的，处五日以上十日以下拘留或者二千元以下罚款；情节较重的，处十日以上十五日以下拘留，可以并处三千元以下罚款。

【案例提示】

敲诈勒索不同于盗窃，违法行为人采取威胁、要挟等手段，对受害人的隐私、名誉等进行侵犯，受害人遭受的不仅是财产上的损失，还有很大的心理压力和困扰。或者说，正是出于恐惧、焦虑的心理，受害人才不得不“破财免灾”。面对此类违法行为，我们需要注意：

破财不等于免灾，及时报警是挽损之策。酒精会严重影响驾驶者的反应速度、判断力和操作能力，极易引发交通事故，因此，酒后驾驶是严重触犯《道路交通安全法》的违法行为。本案例中的李某，酒后贸然驾车，其行为不仅将自己置于法律风险之下，还给不法分子创造了可乘之机。李某以为自己是“破财免灾”，但满足敲诈者的不法要求不仅是对违法行为的纵容和鼓励，更消除不了酒驾本身带来的危害。因此，拒绝酒驾，拒绝被敲诈，不仅能保护自己的钱包，更能保护好自己和家人的安全。当遭遇敲诈勒索，应当第一时间报警，配合警方收集证据，通过法律途径维护自身合法权益，让敲诈者受到应有的制裁，共同营造安全、有序、法治的社会环境。

三十、故意损毁公私财物行为应予以处罚

生活中难免磕磕碰碰，发生纠纷之后，有些人冲动之下采取了暴力方式解决问题。打人违法，那么，砸物呢？故意损毁他人财物，也会构成违反治安管理行为。所以，暴力不能解决问题，只会把问题扩大，不管针对的是人身还是财物，打人侵犯人身权利，砸物侵犯财产权利。

【基本案情】

某日8时许，某派出所接到报警，报警人黄某称自己的店被砸，民警立即赶往现场。经查，报警人黄某和前男友朱某因装修付款问题发生不愉快，朱某来到黄某正在装修的牡丹亭美容美甲店，先是用店内的一把锤子砸坏立面展示墙，然后又用店内装修吊顶用的龙骨将天花板的吊灯砸坏、将吊顶捅坏。黄某原本定于两天后开业，只能延期。公安机关经过调查取证后，依法对朱某作出行政拘留7日的处罚决定。

【案情分析】

朱某作为成年人，具有完全民事行为能力，出于泄愤报复的

动机，在明知牡丹亭美容美甲店是受害人黄某合法财物的情况下，仍然将店面砸坏，主观故意明显，侵犯了黄某的财产权利，因此构成故意损毁财物行为。公安机关在查实朱某违法行为后，因其损毁财物价值未达到刑事立案标准，故对朱某予以行政拘留处罚。

【法条链接】

《治安管理处罚法》第五十九条　故意损毁公私财物的，处五日以下拘留或者一千元以下罚款；情节较重的，处五日以上十日以下拘留，可以并处三千元以下罚款。

【案例提示】

不同于盗窃、诈骗等其他侵财行为，故意损毁财物行为属于可以适用治安调解的范围，因此，情节较轻、危害不大，当事人愿意调解的，公安机关可以进行调解，化解双方的矛盾。这是因为违法行为人多是出于报复、不满、嫉妒等心理，与受害人存在纠纷旧怨。此外，违法行为人故意损毁花坛、大门、树木等公共财产，则多是出于对现实不满、发泄等动机，根据被损毁财物的性质和种类，可能构成故意损毁财物行为，也有可能构成损毁公共设施行为等其他违反治安管理行为。不管何种动机、何种行为，我们都要牢记一点，即：

损毁他人财物，最终自己买单。因为故意损毁财物给他人造成了财产损失，所以，违法行为人要承担的后果不仅是行政拘留或者刑事处罚，还有相应的民事赔偿责任。

三十一、以殴打、侮辱、恐吓的方式欺凌同学行为应予以处罚

校园本是最阳光、最安全的地方，近年来频繁发生的学生欺凌事件给美丽的校园带来阴影，该行为不仅损害了未成年人的身

心健康，也冲击了社会道德底线。当前未成年人犯罪尤其是低龄未成年人严重暴力犯罪案件的数量、影响都呈上升趋势，学生欺凌行为已经引发全社会关注。

【基本案情】

小甲是某中学初一学生，某日早上告诉家长自己身体不舒服，不能去学校上课。小甲的父母很担心，但小甲在描述症状时前言不搭后语，于是发现他并没有生病。经过父母再三询问，小甲终于说出实情。原来小甲在学校被高年级学生索要钱财，不给就会遭到殴打，而这个星期的零花钱已经用完，小甲担心挨打，不敢上学。愤怒的父母一边报警，一边带孩子去医院检查。经公安机关依法调查，确认该校初三学生小乙等4人自称学校“老大”，多次向低年级学生勒索财物，并要对方称呼自己“大哥”，若有不从就动手打人，且以此为荣。被勒索、殴打的学生被恐吓，“敢告状就等着搞你全家”“没成年就不用坐牢，你告也没用”，所以不敢告诉家长和老师。公安机关认定小乙等人已构成学生欺凌行为，遂依法对其殴打他人行为予以治安管理处罚，并协同学校开展矫治教育，同时对遭受欺凌的学生进行心理干预，帮助未成年人健康成长。

【案情分析】

本案中的违法行为人和受害人都是未成年人，这是学生欺凌行为最特殊的地方。小乙等人恃强凌弱，故意以殴打、恐吓等方式实施欺凌，对小甲等学生的身心健康造成损害，构成违反治安管理行为。考虑到小乙等人未满18周岁，公安机关对其作出治安管理处罚时应当从轻或者减轻处罚。小乙等人所在学校也应当依照《预防未成年人犯罪法》的相关规定，采取矫治教育措施。

【法条链接】

《治安管理处罚法》第六十条　以殴打、侮辱、恐吓等方式实施学生欺凌，违反治安管理的，公安机关应当依照本法、《中华人民共和国预防未成年人犯罪法》的规定，给予治安管理处罚、采取相应矫治教育等措施。

学校违反有关法律法规规定，明知发生严重的学生欺凌或者明知发生其他侵害未成年学生的犯罪，不按规定报告或者处置的，责令改正，对其直接负责的主管人员和其他直接责任人员，建议有关部门依法予以处分。

【案例提示】

1. 对欺凌者的干预。对欺凌者采取惩罚和教育相结合的手段，“孩子还小”不是理由。未成年人尚处于成长阶段，他们对是非对错的认知和判断能力有限，也缺乏正确面对、处理问题的能力和自我保护的能力。面对此类情况不能“一刀切”，只进行严厉处罚，却不开展矫治教育，更不能“一放了之”。如果“惩”“教”不及时，原本轻微的违法行为很容易走向严重刑事犯罪。因此，对欺凌者应当坚持治安管理处罚与矫治教育措施相结合，帮助他们认识错误，改变不良的行为方式，消除欺凌行为。比如，了解欺凌行为的动机和原因，从而进行针对性教育，避免“一罚了之”，也避免“孩子还小，长大了自然会懂事”的侥幸心理。这需要执法部门、学校、家庭的共同努力。

2. 对被欺凌者的干预。当欺凌行为发生之后，被欺凌者往往不敢告诉家长或老师，旁观的知情学生也同样如此。因此，对被欺凌者的帮助要从及早发现做起。结合相关部门指导意见，家长和教师需要对学生学习成绩突然下滑、精神恍惚、情绪反常、经常受伤、孤僻少言、花销过大、抗拒上学等异常表现引起重视，了解原因，以便对可能的欺凌和暴力行为做到早发现、早预防、早控制。

3. 明确学校法律责任。要充分发挥学校在防治校园欺凌中的核心作用，《治安管理处罚法》《未成年人保护法》《预防未成年人犯罪法》等法律法规均对学校在防止学生欺凌中的职责做出了明确规定，并突出了失责的法律后果。学校应当建立学生欺凌防控工作制度，对教职员工、学生等开展防治学生欺凌的教育和培训。发现学生欺凌行为应当立即制止，并通知实施欺凌和被欺凌未成年学生的父母或者其他监护人参与欺凌行为的认定和处理。对殴打、辱骂、恐吓、强行索要财物等学生欺凌行为，情节轻微的，依法加强管教；情节严重的，学校要及时向公安机关、教育行政部门报告，并配合相关部门依法处理。如果学校履职尽责不到位，违反有关规定不报告、不处置，由公安机关责令改正，并建议有关部门依法处分直接责任人员。

第四节　妨害社会管理的行为和处罚

一、无视危险拒不配合防汛工作的按照拒不执行紧急状态下的决定行为予以处罚

紧急状态，是指发生或者即将发生特别重大突发事件，需要国家机关行使紧急权力予以控制、消除其社会危害和威胁时，按照《宪法》及相关法律规定的权限决定并宣布局部地区或者全国实行的一种临时性的严重危急状态。

近年来，拒不执行紧急状态下的决定、命令的行为呈现出一定的发展态势。从行为类型来看，此类行为涵盖多个领域，包括自然灾害、公共卫生、社会安全等，不仅威胁公共安全，还对社会秩序造成严重影响。法律的威严不容挑战，紧急状态下的每一道命令都是公共安全的坚实防线；切勿心存侥幸，违法必究。

【基本案情】

某日，某地遭遇强降雨侵袭，水位不断攀升，防汛形势极其严峻。该地某泄洪区作为关键防汛区域，被防汛抗旱指挥部实施严格管控，相关规定明确禁止无关人员靠近。

然而，程某却无视这些规定，擅自来到泄洪区大堤上。他站在大堤边缘，好奇地驻足观望，丝毫没有意识到自己的行为正给防汛工作带来潜在风险。防汛抢险工作人员发现程某后，立即上前耐心劝导，告知他此处危险，必须尽快撤离。但程某不仅没有听从劝离，反而态度恶劣，大声呵斥工作人员多管闲事。工作人员好言相劝，试图让他明白事态的严重性，可程某却愈发蛮横，甚至做出推搡工作人员的举动。

这种公然抗法的行为严重影响了防汛工作的正常开展。该地公安局执勤民警迅速赶到现场，面对情绪激动的程某，民警保持冷静，果断采取措施，当场将其控制。经调查核实，程某的行为已构成“拒不执行人民政府在紧急状态情况下依法发布的决定、命令”，最终，依据《治安管理处罚法》第61条的规定，对程某处以行政拘留5日的处罚。

【案情分析】

本案中，程某作为普通公民，是违法行为的实施主体。其明知该区域已实施严格管控，仍擅自进入并拒绝劝离，甚至推搡工作人员，表明其主观上具有故意性，且对政府决定和工作人员的劝导持抵触态度。

防汛期间，政府发布的禁止无关人员靠近泄洪区的决定属于紧急状态下的命令，程某擅自进入泄洪区，拒绝劝离并推搡工作人员，其行为符合《治安管理处罚法》规定的“拒不执行人民政府在紧急状态情况下依法发布的决定、命令”。

当地公安局依法认定其行为构成违法，对其作出行政拘留的处罚，体现了对紧急状态下公共秩序的维护。

【法条链接】

1.《治安管理处罚法》第六十一条第一款第一项　有下列行为之一的，处警告或者五百元以下罚款；情节严重的，处五日以上十日以下拘留，可以并处一千元以下罚款：（一）拒不执行人民政府在紧急状态情况下依法发布的决定、命令的；

2.《突发事件应对法》第七十九条　突发事件发生地的个人应当服从人民政府、居民委员会、村民委员会或者所属单位的指挥和安排，配合人民政府采取的应急处置措施，积极参加应急救援工作，协助维护社会秩序。

第九十八条　单位或者个人违反本法规定，不服从所在地人民政府及其有关部门依法发布的决定、命令或者不配合其依法采取的措施的，责令改正；造成严重后果的，依法给予行政处罚；负有直接责任的人员是公职人员的，还应当依法给予处分。

【案例提示】

在紧急状态下，政府发布的决定和命令是为了保障公共安全和社会秩序的稳定。然而，部分群众因缺乏法律意识或对紧急状态的重要性认识不足，可能会无视相关规定，甚至与执法人员发生冲突。这种行为不仅威胁自身安全，还可能对社会秩序和公共利益造成严重危害。故而，面对各类事件引发的紧急状态，我们需要注意以下几点：

1. 增强法律意识。我们应主动学习和了解相关法律法规，特别是紧急状态下的法律规定。程某的行为为我们敲响了关乎法律与社会责任的警钟。在自然灾害引发紧急状态时，政府依据相关法律法规所颁布的命令与规定，下达相关紧急状态措施，目的在于维护社会秩序、保障人民群众生命财产安全。依据《突发事件应对法》等相关法律，公民在紧急状态下负有遵守政府命令的法定义务，这是维护社会稳定和保障人民生命财产安全的基本要求。

2. 理性对待执法行为。执法人员在紧急状态下执行公务是为了保障公共安全。积极配合政府发布的决定和命令，听从执法人员的指挥，避免因个人行为影响整体秩序，从而更好地实现公共利益和整体安全也是公民应尽的义务。群众应理性对待执法行为，避免因情绪激动而与执法人员发生冲突。如有疑问或不满，可通过合法途径反映，而不是采取对抗行为阻碍执法。

3. 加强安全意识。紧急状态下，危险无处不在。群众应提高安全意识，避免进入危险区域或作出危险行为，主动学习紧急状态下的安全知识，了解如何在不同情况下保护自己和家人的安全。群众应通过政府官方网站、社交媒体平台等渠道获取最新的通知和指令，避免因信息不准确而作出错误判断。

二、拒不配合酒精测试按照阻碍人民警察依法执行职务行为从重处罚

阻碍国家机关工作人员依法执行职务的行为不仅威胁执法人员的人身安全，还破坏社会秩序，影响执法效率。近年来，此类违法行为频发，尤其是在城市管理等执法领域。少数人法律意识淡薄，对执法人员无理取闹、阻碍执法，甚至对执法人员恶言相向、拳打脚踢。这些行为不仅侵害了执法人员的生命安全，更是对国家正常管理秩序的破坏，从根本上损害的是国家法律权威。

【基本案情】

某日，某交管大队民警在集中夜查酒驾检测执法活动中，要求驾驶人陈某进行呼气式酒精检测仪检测时，陈某哥哥陈某斌为帮助陈某逃避酒驾的法律责任，采取谩骂、阻拦、推搡、打坏酒精测试仪的方式阻碍民警对陈某进行吹气检测，经教育劝导仍不改正，严重阻碍了民警依法执行职务。

公安机关根据《治安管理处罚法》第61条的规定，对陈某斌处以行政拘留7日的处罚。

【案情分析】

本案中，陈某及其哥哥陈某斌是违法行为的实施主体。陈某为酒驾嫌疑人，其哥哥陈某斌为帮助其逃避法律责任，实施了阻碍执法的行为。根据《治安管理处罚法》的规定，行为人需达到法定责任年龄（14周岁以上）且具备辨认和控制能力，陈某斌符合这一条件。陈某斌明知陈某酒驾，且民警正在进行合法的执法活动，仍采取谩骂、阻拦、推搡等手段，主观上具有故意性，意图帮助陈某逃避法律责任。

陈某斌的行为侵害了国家机关的正常执法秩序。民警依法执

行职务是为了维护社会公共安全和交通秩序，陈某斌的行为严重干扰了执法工作的正常进行。陈某斌通过谩骂、阻拦、推搡以及打坏酒精测试仪等手段，阻碍民警对陈某进行吹气检测，其行为符合《治安管理处罚法》第61条第1款第2项规定的“阻碍国家机关工作人员依法执行职务”及第61条第2款规定的“阻碍人民警察依法执行职务的，从重处罚”的客观要件。

当地公安机关依法对陈某斌的行为进行调查，认定其行为构成阻碍国家机关工作人员依法执行职务，对其作出行政拘留7日的处罚。该处理符合法律规定，体现了对阻碍执法行为的严厉打击，维护了法律的权威和社会秩序。

【法条链接】

1.《治安管理处罚法》第六十一条第一款第二项、第二款　有下列行为之一的，处警告或者五百元以下罚款；情节严重的，处五日以上十日以下拘留，可以并处一千元以下罚款：……（二）阻碍国家机关工作人员依法执行职务的……

阻碍人民警察依法执行职务的，从重处罚。

2.《人民警察法》第三十五条　拒绝或者阻碍人民警察依法执行职务，有下列行为之一的，给予治安管理处罚：（一）公然侮辱正在执行职务的人民警察的；（二）阻碍人民警察调查取证的；（三）拒绝或者阻碍人民警察执行追捕、搜查、救险等任务进入有关住所、场所的；（四）对执行救人、救险、追捕、警卫等紧急任务的警车故意设置障碍的；（五）有拒绝或者阻碍人民警察执行职务的其他行为的。

以暴力、威胁方法实施前款规定的行为，构成犯罪的，依法追究刑事责任。

3.《刑法》第二百七十七条　以暴力、威胁方法阻碍国家机关工作人员依法执行职务的，处三年以下有期徒刑、拘役、管制或者罚金。

以暴力、威胁方法阻碍全国人民代表大会和地方各级人民代表大会代表依法执行代表职务的，依照前款的规定处罚。

在自然灾害和突发事件中，以暴力、威胁方法阻碍红十字会工作人员依法履行职责的，依照第一款的规定处罚。

故意阻碍国家安全机关、公安机关依法执行国家安全工作任务，未使用暴力、威胁方法，造成严重后果的，依照第一款的规定处罚。

暴力袭击正在依法执行职务的人民警察的，处三年以下有期徒刑、拘役或者管制；使用枪支、管制刀具，或者以驾驶机动车撞击等手段，严重危及其人身安全的，处三年以上七年以下有期徒刑。

【案例提示】

实践中仍存在个别人员在面对执法人员依法履职时抗拒与不配合的情形，相关部门对阻碍执法行为的查处力度应不断加大。公众应增强法律意识，积极配合执法人员依法执行职务，共同维护社会秩序和公共安全。

1. 强化法律认识。根据《治安管理处罚法》第61条的规定，阻碍国家机关工作人员依法执行职务，情节严重的，处5日以上10日以下拘留，可以并处1000元以下罚款。若情节极其恶劣，符合《刑法》第277条之规定，就会构成妨害公务罪，面临的将是3年以下有期徒刑、拘役、管制或者罚金的刑事处罚。

执法实践中，根据具体情况，以下情形可以认定为“情节严重”：煽动、纠集他人的；聚众阻碍国家机关工作人员依法执行职务的首要人员、骨干人员；泼洒污物等情节恶劣的；造成国家、集体、个人财产损失的或造成恶劣影响的；抢夺、扣留、污损国家机关工作人员执行职务使用的交通工具、公务标志、器械等物品的情形等。

2. 理性面对执法。积极配合公安机关执法，是每一位公民不可推卸的法律义务，更是维护社会公平正义、保障自身合法权益的必然选择。当遇到人民警察执法时，请务必时刻提醒自己保持冷静与理性，全力配合各项检查工作。若对执法过程存在疑问或者异议，在执法结束后，可以依据《行政复议法》《行政诉讼法》等相关法律规定，通过合法、合规的途径合理表达自己的诉求。

三、拒不避让救护车行为应予以处罚

2024年，宁波市120急救平均反应时间为13分28秒，较2022年缩短了69秒；长沙市救护车平均到达时间为11分5秒，领先全国平均水平。各地市急救反应时间不断缩短，然而仍然与“急救黄金十分钟”存在距离。经调查发现，交通拥堵是制约救护车这类特种车辆按时抵达目的地的重要因素。

现实中，私家车与特种车辆“抢道”的事件仍时有发生。特种车辆在执行任务时，其他车辆依法应主动避让，确保特种车辆能够迅速、安全地到达目的地。这既是法律的要求，也是一种社会责任。

【基本案情】

某日清晨7时左右，某小区内一片宁静，然而一辆救护车的到来打破了这份宁静。一位老人突患急病，家人心急如焚拨打120，救护车迅速赶到现场。司机拉响警报，急切地呼喊着：“快让一下，患者情况危急！”争分夺秒地想要将老人尽快送往医院救治。

可当救护车行驶到该小区内部道路时，却与一辆私家车对向相遇。救护车司机多次鸣笛示意私家车司机让路，并大声呼喊：“我们有紧急病人，需要立刻出去！”但私家车司机却无动于衷，丝毫没有避让的意思。由于道路宽度有限，无法完成错车，在僵持之下，救护车司机无奈选择后退，试图寻找其他可行路线。整个过程耽误7～8分钟。

事件发生后，相关视频在网络传播，引发了广大网友的关注和热议。居民安女士在小区微信群看到有人发视频称，“救护车司机都喊他让一下，白车司机就是不让”。随后，有居民在小区微信群发消息称，救护车拉的是自家老人，因私家车司机未让路，导致老人错过了最佳救治时间，抢救无效离世。

该县卫健局迅速展开调查核实，急救指挥中心也将相关视频提供给公安机关。经调查，公安机关根据《治安管理处罚法》之规定，对违法车主给予行政拘留10日并处1000元罚款的处罚。

【案情分析】

本案中，私家车司机在救护车鸣笛并明确告知有紧急病人的情况下，未履行避让义务，违反了《治安管理处罚法》第61条的规定。

私家车司机明知救护车执行紧急任务而故意不避让，存在主观故意，其行为侵害了社会公共安全秩序和他人的生命健康权。客观方面，私家车司机未避让救护车，导致延误救治时间，最终患者因错过最佳救治时机死亡，其行为与患者死亡之间存在因果关系。公安机关根据《治安管理处罚法》第61条的规定，对私家车司机给予行政拘留10日并处1000元罚款的处罚。该处理符合法律规定，既维护了社会公共秩序，也体现了法律对生命权的保护。

【法条链接】

1.《治安管理处罚法》第六十一条第一款第三项　有下列行为之一的，处警告或者五百元以下罚款；情节严重的，处五日以上十日以下拘留，可以并处一千元以下罚款：……（三）阻碍执行紧急任务的消防车、救护车、工程抢险车、警车或者执行上述紧急任务的专用船舶通行的；

2.《道路交通安全法》第五十三条　警车、消防车、救护车、工程救险车执行紧急任务时，可以使用警报器、标志灯具；在确保安全的前提下，不受行驶路线、行驶方向、行驶速度和信号灯的限制，其他车辆和行人应当让行。

警车、消防车、救护车、工程救险车非执行紧急任务时，不得使用警报器、标志灯具，不享有前款规定的道路优先通行权。

【案例提示】

特种车辆，是指执行紧急任务的消防车、救护车、工程抢险车、警车等车辆。为确保消防车、救护车、工程抢险车、警车等特种车辆有效执行紧急任务，国家法律对其在执行紧急任务时的优先通行权给予了必要的法律保障。广大交通参与者应礼让执行任务的特种车辆，不得故意穿插、超越、压慢行驶速度防碍特种车辆正常行驶。

1. 及时避让特种车辆。面对特种车辆要遵守交通规则，确保特种车辆的优先通行权，当听到特种车辆的警报声或看到其灯光时，要迅速作出反应及时避让。应急车道是为特种车辆和紧急情况预留的通道，禁止在应急车道上行驶或停车，以免阻碍特种车辆的通行。特种车辆的优先通行权是为了保障公众的生命安全和社会的正常运转。

2. 造成违规可申诉。如果因为避让执行紧急任务的车辆而造成交通违法行为的，可以向交警部门进行申诉，核实后可依法撤销。但如果因为没有避让执行紧急任务的车辆而造成后果的，将受到处罚。广大驾驶人员应当严格遵守交通法规，尊重特种车辆的优先通行权，确保道路交通的安全与畅通。同时，公安机关应当加强对道路交通秩序的监管，对违反规定的车辆及时进行处理，以维护道路交通秩序和安全。

四、强行冲闯公安机关设置的警戒带、警戒区行为应予以处罚

为了维护特定区域的治安秩序，执法人员在工作中经常要设

置警戒带、警戒区。根据《公安机关警戒带使用管理办法》的规定，公安机关及其人民警察在使用警戒带设置警戒区时，在场人员应当服从人民警察的指令，无关人员应当及时退出警戒区，未经允许任何人不得跨越警戒带、进入警戒区。强行冲闯公安机关设置的警戒带、警戒区的行为，不仅影响执法人员正常履行职责，破坏现场秩序，亦会造成严重安全隐患。

【基本案情】

高考期间，各个考点附近拉起警戒线，并明确标识：高考期间，禁止通行。高考第一天上午8时左右，距离考试开始还有不到一个小时，龙某骑着一辆黑色摩托车向警戒区驶来。负责现场秩序维护的民警注意到朝着警戒区冲来的龙某，一边用力挥动手中的指挥棒，一边大声呼喊："同志，请停车！前面是高考警戒区域，请绕道行驶！"周围的家长和市民纷纷侧目，一时间，现场的嘈杂声戛然而止，所有人的目光都聚焦在龙某身上。

然而，龙某对民警的喊话充耳不闻，不仅没有减速，反而朝着警戒线冲去。强大的冲击力将警戒线扯得剧烈晃动，一旁的警示标识险些被带倒。现场民警对龙某进行了控制。公安机关认定龙某的行为严重扰乱了高考考点周边的正常秩序，违反了《治安管理处罚法》第61条的规定，给予龙某行政拘留10日处罚，并处罚款500元。

【案情分析】

龙某明知高考考点周边已设置警戒线并明确标识禁止通行，仍驾驶摩托车强行冲入警戒区，其行为违反了《治安管理处罚法》第61条的规定。龙某无视民警的多次劝阻，故意冲闯警戒线，存在明显的主观故意，其行为侵害了高考考点周边的公共秩序和社会管理秩序，直接导致考点周边秩序受到严重干扰，影响了高考的正常进行。

公安机关根据《治安管理处罚法》对龙某作出行政拘留10日

并处罚款500元的处罚。该处理符合法律规定，既维护了高考秩序，也体现了法律对扰乱公共秩序行为的严厉打击。

【法条链接】

1.《治安管理处罚法》第六十一条第一款第四项　有下列行为之一的，处警告或者五百元以下罚款；情节严重的，处五日以上十日以下拘留，可以并处一千元以下罚款：……（四）强行冲闯公安机关设置的警戒带、警戒区或者检查点的。

2.《公安机关警戒带使用管理办法》第六条　公安机关及其人民警察依法使用警戒带的行为，受法律保护。任何单位和个人不得阻碍、干扰公安机关及其人民警察依法使用警戒带。

第七条　公安机关及其人民警察在使用警戒带设置警戒区时，在场人员应当服从人民警察的指令，无关人员应当及时退出警戒区；未经允许任何人不得跨越警戒带、进入警戒区。

【案例提示】

在社会生活中，遵守法律法规不仅是每个公民的基本义务，更是维护社会和谐稳定的重要保障。案例中的龙某强行冲闯高考警戒线事件再次提醒我们，任何无视法律、破坏公共秩序的行为，都必将受到法律的制裁。警戒线看似只是一条简单的标识，实则是守护公平与秩序的坚固防线，它划分出了特殊时期的特殊区域。在日常生活中看到警戒带、警戒区，需要我们注意以下几点。

1. 增强法律意识。根据国家有关法律法规规定，为保障公共安全，处理突发事件，维护社会秩序，公安机关可以在一些特定的场所、地区设置警戒带，划设警戒区。警戒带，是公安机关按照规定装备，用于依法履行职责时在特定场所设置禁止进入范围的专用标志物。警戒区，是公安机关按照规定，在一些特定地方，划设一定的区域限定部分人员出入的地区。强行冲闯公安机关设置的警戒带、警戒区的行为，影响了民警正常履行职责，破坏了现场秩序，将会触犯法律，必将受到惩罚。

2. 遵守公共秩序。规则绝非可有可无的摆设，它是社会和谐稳定的关键保障。规则约束行为、规范举止，赋予规则框架内自由行动的权利，保障着公民合法权益。面对规则的约束，千万不能抱有侥幸心理，更不能试图挑战它的权威。我们要以理性的态度去接纳，以自觉的行动去遵守。公安机关迅速且公正的处理，无疑是对法律尊严的有力捍卫。它让我们清晰地认识到，任何妄图践踏规则的行为，都必将受到法律的制裁。在日常生活中，我们每个人都要不断强化自身的规则意识与法律意识。遇到问题时，要保持冷静，克制冲动，以合法合规的方式去寻求解决之道。

3. 注意使用警戒带的一般场所。经公安机关批准，可以在警卫工作需要的场所，集会、游行、示威活动的场所，治安事件的现场，刑事案件的现场，交通事故或交通管制的现场，灾害事故的现场，爆破或危险品实（试）验的现场，重大的文体、商贸等活动的现场设置警戒带。我们每个人都要遵守规则，不得擅自冲闯公安机关设置的警戒带。

五、冒充军警招摇撞骗行为应从重处罚

近年来，一些不法分子冒充国家机关工作人员、军人，以及冒充党和国家领导人或者其他领导干部的亲友、身边工作人员，实施招摇撞骗等违法犯罪，严重损害国家机关、军队的权威和形象，扰乱公共秩序，侵犯公民合法权益，造成恶劣社会影响。

【基本案情】

某日，吴某报警称：有人在开元蔬菜水果批发店冒充人民警察实施诈骗。派出所民警接到报警后立即赶到现场，通过开元蔬菜店内的监控视频锁定违法嫌疑人代某。当日，在电竞酒店抓获违法嫌疑人代某并传唤至县公安局执法办案区接受询问。经过询

问，违法嫌疑人代某如实陈述了自己的违法事实，代某无业，为了满足虚荣心冒充警察到水果店进行招摇撞骗。

公安机关根据《治安管理处罚法》第62条的规定，对代某依法作出行政拘留12日，并处罚款500元的处罚。

【案情分析】

本案中，违法嫌疑人代某为完全民事行为能力人，明知冒充人民警察是违法行为，仍故意实施该行为。代某主观上存在故意，其为满足虚荣心，明知行为会扰乱社会秩序、损害国家机关威信，仍积极追求该结果发生。该行为侵犯的客体是国家机关的威信及其正常活动，冒充人民警察的行为降低了群众对国家机关工作人员的信任度，干扰了国家机关正常工作秩序。代某实施冒充人民警察招摇撞骗的行为，以虚假身份活动，构成违法行为。

公安机关对代某作出行政拘留12日，并处罚款500元的处罚。该处理维护了国家机关的正常秩序和威信，体现了法律的严肃性和对违法行为的零容忍态度，同时警示公众应尊重法律，杜绝冒充国家机关工作人员的行为。

【法条链接】

《治安管理处罚法》第六十二条　冒充国家机关工作人员招摇撞骗的，处十日以上十五日以下拘留，可以并处一千元以下罚款；情节较轻的，处五日以上十日以下拘留。

冒充军警人员招摇撞骗的，从重处罚。

盗用、冒用个人、组织的身份、名义或者以其他虚假身份招摇撞骗的，处五日以下拘留或者一千元以下罚款；情节较重的，处五日以上十日以下拘留，可以并处一千元以下罚款。

【案例提示】

近年来，各类诈骗频发，冒充国家机关工作人员实施诈骗的行为不仅严重危害公民权益，更对法律秩序造成极大冲击。目前，此类诈骗案件呈高发态势，手段愈发隐蔽、多样。不法分子凭借公众对国家机关的信赖，伪装成公检法、税务、社保等部门人员，以账户涉嫌违法、需补缴税费、领取补贴需转账验证等为由，诱使受害者转账汇款，导致群众遭受严重的财产损失与精神创伤，因此需要我们提高反诈意识。

1. 可疑情况及时核实。为防范此类诈骗，大家务必牢记，国家机关履行职责时有着严格的法定程序，对执法人员的身份要进行确认。国家机关工作人员均按照严格规范公正文明的要求，依法执法、按章办事。若遭遇可疑情形，应立即与相关部门进行核实，切勿盲目轻信。

2. 提高个人信息和财物的保护意识。国家机关工作人员不会随意向个人索要个人信息、银行卡号等敏感信息，如遇办案需要，则会出具书面的通知或告知情况说明书。如果对其产生质疑，则可通过官方电话进行核实，切不可随意透露个人信息、银行卡号等关键信息。如遇到以电话、邮件等方式索要敏感信息，一定要提高自我防范意识，国家机关工作人员行使执法权时，一般不会采取电话、邮件等方式。一定要提高自我防范意识，安装“国家反诈”App，任凭诈骗千万变，不贪便宜不吃亏。

3. 公安机关不在网上办案。在此提醒广大群众，凡是通过电话、网络等形式需要协助调查的都是诈骗，公安机关不会在网上办案。遇到类似情况，及时核实对方身份，遇到不能轻易判断的，可以拨打全国反诈专线“96110”或者到附近派出所咨询，如经核实后不属实，应当立即报警。不听信花言巧语，不谋求走关系、搞特殊，勤劳致富，脚踏实地不幻想。

六、网上购买假证件按照买卖、使用伪造证件行为进行处罚

国家机关公文、证件、印章是国家机关管理社会与公务活

动的重要载体与认证依据，其制作与使用的合法性直接关系到国家机关的公信力。随着科技的进步，伪造印章、证件的手段从传统手工方式向运用先进印刷技术、数字图像处理技术转变，愈发多样化和隐蔽。部分犯罪分子构建起完整产业链，借助网络平台开展交易，扩大违法活动的传播范围，给群众财产安全带来隐患。

【基本案情】

某市公安局网安大队接到上级业务部门线索交办称：该市辖区内居民扎某网上购买假证并以此换取用人单位的信任，涉嫌买卖、使用假证违法行为。网安大队办案民警及时传唤违法嫌疑人扎某，经了解扎某于某月在其手机微信群中看到学历提升岗位的相关信息，后通过该群信息添加办理假证的人员，商量好价格后以6000元购买了伪造的学历证书。综上，违法行为人扎某的行为已构成买卖或者使用伪造、变造的公文、证件、证明文件的违法行为，公安机关给予扎某行政拘留5日处罚；同时对伪造证件案件立案侦查。

【案情分析】

扎某作为完全民事行为能力人，明知购买和使用假证是违法行为，仍故意实施该行为，因此扎某主观上存在故意。扎某的行为侵犯了国家机关、企业、事业单位的正常管理秩序和社会公共信用体系。扎某购买并使用假证的行为，破坏了用人单位对学历证书的信任，干扰了正常的社会管理秩序。扎某购买和使用伪造学历证书，并以此换取用人单位信任，其行为已构成《治安管理处罚法》第63条规定的买卖或者使用伪造、变造的公文、证件、证明文件的违法行为。

【法条链接】

《治安管理处罚法》第六十三条第三项　有下列行为之一的，处十日以上十五日以下拘留，可以并处五千元以下罚款；情节较轻的，处五日以上十日以下拘留，可以并处三千元以下罚款：……（三）买卖或者使用伪造、变造的国家机关、人民团体、企业、事业单位或者其他组织的公文、证件、证明文件、印章的；

【案例提示】

买卖或者使用伪造、变造的公文、证件、证明文件属于违法行为，该行为严重践踏法律尊严，破坏了社会诚信机制，扰乱正常的社会管理秩序；致使企业商业秘密泄露，引发不正当竞争，进而造成严重的经济损失。另外，一旦信息被冒用，将面临信用受损、财产安全受威胁等风险。基于此，必须对该行为高度警惕，同时对生活中有关的假证件诈骗予以高度关注。

1. 辨别公文、证件的真伪。伪造、变造、买卖的必须是国家机关的公文、证件、证明文件、印章，这里的国家机关包括立法机关、行政机关与司法机关，以及中国共产党的各级机关和中国人民政治协商会议的各级机关。伪造公文、证件，是指伪造应当由国家机关制作的公文、证件，包括有形伪造与无形伪造。有形伪造公文、证件，是指没有制作权限的人，冒用国家机关名义制作公文、证件。无形伪造公文、证件，是指有制作权限的人，制作与事实不符（包括部分不符）的虚假公文、证件。要对公文和证件的真伪进行辨别，一般公文和证件均有相应的编号，并有相关的数字化平台，可以登录权威网站进行查询、认证，进一步对公文和证件进行辨别。

2. 严重时构成犯罪行为。伪造证件的行为依据情节的严重程度，被清晰界定为违反治安管理行为与刑事犯罪，两者有着本质区别和严格的法律后果。《治安管理处罚法》明确规定，一旦有人实施伪造、变造或者买卖国家机关、人民团体、企业、事业单位及其他组织的公文、证件、证明文件、印章，或者买卖、使用伪造、变造的上述公文、证件、证明文件，将面临治安管理处罚。然而，当伪造证件的行为性质恶劣、后果严重时，就会跨越违反治安管理的界限，直接触犯《刑法》。根据《刑法》第二百八十条规定，伪造、变造、买卖居民身份证、护照、社会保障卡、驾驶证等能够证明身份的法定证件，即构成伪造、变造、买卖身份证件罪。对于情节较轻的犯罪行为，法院将判处3年以下有期徒刑、拘役、管制或者剥夺政治权利，同时还会并处罚金；而情节严重的，将面临更为严厉的刑罚，即3年以上7年以下有期徒刑，并处罚金。

3. 坚守法律底线。无论是违反治安管理行为还是刑事犯罪，买卖或者使用伪造、变造的公文、证件、证明文件的行为都对社会秩序的极大破坏，它严重破坏了社会公序良俗，侵犯了其他公民的合法权益，扰乱了正常的社会管理秩序。在此，郑重提醒广大群众，法律的监管严密且无死角，任何企图通过伪造证件谋取不当利益的行为，都必将受到法律的严惩。应时刻保持警惕，严格遵守法律，切不可因一时的错误选择而让自己陷入无法挽回的法律困境。

七、倒卖政府消费券按照倒卖有价票证、凭证行为进行处罚

票证倒卖类案件涉及多种票证类型，包括车票、船票、邮票、文艺演出票、体育比赛入场券等，而随着互联网的发展，一些“黄牛”利用抢票软件等技术手段囤积票证，再以高价出售，扰乱了正常的市场供需关系，降低了正规票务渠道的信誉，阻碍了文化市场的健康发展。

全国公安机关高度重视“黄牛”倒票违法犯罪，积极开展专项打击整治工作，坚决杜绝“黄牛”倒票乱象。“打团伙、打链条、打生态”，公安机关积极回应人民群众呼声关切，防止“黄牛”倒票乱象蔓延。

【基本案情】

违法嫌疑人赵某（男，35岁，无业，平时以帮人充话费获取报酬为生）通过组建微信群，以1.5折至4.5折的价格收购政府消费券，之后通过微信出售，从中牟利3000余元（已全部挥霍）。根据《治安管理处罚法》第63条的规定，赵某的行为严重扰乱市场经济秩序，构成倒卖有价票证的违法行为，公安机关对赵某作出行政拘留10日并处罚款1000元的处罚。

【案情分析】

本案中的主体是违法行为人赵某。赵某作为具有完全行为能力的成年人，明知倒卖政府消费券是违法行为，仍故意实施该行为，是违法主体。赵某主观上存在故意，其为了牟取私利，明知倒卖政府消费券会扰乱市场经济秩序，仍然积极追求该结果的发生。该行为侵犯的客体是市场经济秩序。赵某倒卖政府消费券的行为，破坏了政府消费券的正常流通和使用，扰乱了市场经济秩序，损害了政府的公信力。

赵某通过组建微信群，以1.5折至4.5折的价格收购政府消费券，再以高价出售，从中牟利3000余元。其行为已构成《治安管理处罚法》第63规定的倒卖有价票证的违法行为。

【法条链接】

1.《治安管理处罚法》第六十三条第四项　有下列行为之一的，处十日以上十五日以下拘留，可以并处五千元以下罚款；情节较轻的，处五日以上十日以下拘留，可以并处三千元以下罚款：……（四）伪造、变造或者倒卖车票、船票、航空客票、文艺演出票、体育比赛入场券或者其他有价票证、凭证的；

2.《刑法》第二百六十六条　诈骗公私财物，数额较大的，处三年以下有期徒刑、拘役或者管制，并处或者单处罚金；数额巨大或者有其他严重情节的，处三年以上十年以下有期徒刑，并处罚金；数额特别巨大或者有其他特别严重情节的，处十年以上有期徒刑或者无期徒刑，并处罚金或者没收财产。本法另有规定的，依照规定。

【案例提示】

倒买、倒卖各类有价票证，虚假交易实施有价票证套现，利用社交软件、网络平台等发布、传播倒卖有价票证等违法行为，不仅损害其他消费者的公平购买权，且扰乱市场秩序，属于违法行为，情节严重的可依法追究刑事责任。

1. 选择正规渠道购票。尽量选择官方渠道购票，远离“黄牛”交易链，从根源上避免遭遇诈骗、买到假票。在购票过程中保护好自己的个人信息。例如，部分演唱会购票实行实名制，需要填写自己的身份证号等信息，切记勿向其他人泄露任何信息，否则相关票据极易被不法分子冒领。若不幸遭遇“黄牛”出售假票、错票、不出票、收取“代抢费”后不抢票或是未抢到票却不退款等情形，应当保留证据，冷静维权。及时报警，向公安机关寻求帮助；同时，可向人民法院提起诉讼，请求对方承担相应责任。

2. 杜绝随意倒卖“代抢”各类有价票证。当消费者与接单人员达成不干扰售票秩序、市场秩序，且不违反其他法律法规禁止性规定的“代抢”协议，一般会被认为是合法的委托关系，但是一旦接单人员利用非法技术手段“代抢”，或是以赚取“门票差价”为主要盈利来源，将“代抢”之门票以高于票面数倍甚至数十倍的价格出售给委托人，就涉嫌违法犯罪。

3. 倒卖政府消费券行为情节严重的构成诈骗罪。政府发放消费券的目的在于刺激消费，增强市场活力，而非作为商品进行买卖。消费者领取消费券后，若以不真实的意思表示，通过隐瞒事实真相的方式，将消费券进行倒卖，属于违法行为。如果情节严重，则构成《刑法》第266条规定的诈骗罪。

八、非法以社团名义开展活动行为应予以处罚

2018年以来，民政部联合公安部等部门在全国范围内先后开展了三次专项行动，持续加大打击整治非法社会组织力度。2024年，各级民政部门依法处置非法社会组织1066个。持续开展打击整治非法社会组织工作，有效遏制了非法社会组织活动。但是，非法社会组织的滋生土壤依然存在，非法社会组织活动还时有“冒头”，一些非法社会组织受利益驱动，不断变换手法，以假乱真、招摇撞骗的现象还屡有发生。这不仅扰乱了社会组织登记管理秩序，还侵害了人民群众的合法权益，危害社会稳定和经济发展，损害党和政府形象。

【基本案情】

“世界文化合作发展协会”在未依法登记的情况下，擅自以社会团体名义开展活动。其主要打着国际文化交流合作的幌子，通过设立并举办“‘一带一路’亚欧文化艺术和平奖”评选活动来达到敛财目的。在操作手段上，该组织搭建了“世界文化合作发展协会”网站，将虚假奖项与“一带一路”“亚欧文化”等热点概念紧密关联，在网站上虚构官方背景，营造出其活动具有权威性和官方支持的假象，以此骗取公众信任。同时，他们还通过非法途径获取公民个人信息，针对特定人群精准推送加盖“世界文化合作发展协会”印章的获奖信息传单。传单中告知这些人获得了奖项，但要求获奖人承担前期策划、评选以及奖章证书制作等费用，金额达数千元。不少人因被虚假宣传迷惑，信以为真而支付了费用。

该组织非法活动的影响逐渐扩大，引起了相关部门的关注。某市民政局依法对“世界文化合作发展协会”予以取缔，坚决制止其非法行为。公安机关也积极配合开展相关工作，对涉及的违法人员展开全面调查处理，通过调查取证、追踪资金流向等方式，

全力打击该非法组织的违法犯罪行为，有效维护了社会秩序和公众利益，避免更多人遭受财产损失和权益侵害。

【案情分析】

“世界文化合作发展协会”主观上存在故意，其明知未经登记不得以社会团体名义开展活动，仍故意违反相关规定，通过虚构官方背景、虚假宣传等手段，骗取公众信任，以达到敛财目的。

该协会侵犯的客体是社会管理秩序和公众的财产权益。其非法行为扰乱了正常的社会组织管理秩序，破坏了合法社会组织的公信力，同时使公众遭受财产损失。该协会通过搭建网站、虚构官方背景，擅自设立并开展“‘一带一路’亚欧文化艺术和平奖”评选活动，以虚假奖项为幌子，利用非法获取的公民个人信息，向特定人群推送获奖信息传单，要求获奖人承担数千元的费用，已构成非法社会组织活动。

民政局依法对“世界文化合作发展协会”予以取缔，公安机关积极配合，对涉及的违法人员展开全面调查处理，通过调查取证、追踪资金流向等方式，全力打击该非法组织的违法犯罪行为，有效维护了社会秩序和公众利益。

【法条链接】

1.《治安管理处罚法》第六十五条第一款第一项　有下列行为之一的，处十日以上十五日以下拘留，可以并处五千元以下罚款；情节较轻的，处五日以上十日以下拘留或者一千元以上三千元以下罚款：（一）违反国家规定，未经注册登记，以社会团体、基金会、社会服务机构等社会组织名义进行活动，被取缔后，仍进行活动的；

2.《社会团体登记管理条例》第三十二条　筹备期间开展筹备以外的活动，或者未经登记，擅自以社会团体名义进行活动，以及被撤销登记的社会团体继续以社会团体名义进行活动的，由登记管理机关予以取缔，没收非法财产；构成犯罪的，依法追究刑事责任；尚不构成犯罪的，依法给予治安管理处罚。

3.《取缔非法社会组织办法》第三条　具有下列情形之一的，属于非法社会组织：（一）未经登记，擅自以社会团体、基金会、民办非企业单位名义进行活动；（二）社会团体筹备期间开展筹备以外活动；（三）被撤销登记、吊销登记证书后继续以社会团体、基金会、民办非企业单位名义进行活动。

前款所称非法社会组织，不包括由街道办事处（乡镇人民政府）实施管理、尚达不到登记条件的社区社会组织，以及其他依法无需进行登记的组织。

第二十一条　对参与非法社会组织活动或者为其活动提供便利的单位和个人，登记管理机关可以通报有关部门依法依规处理。构成犯罪的，依法追究刑事责任。

【案例提示】

警惕非法组织社团活动，严守法律底线。社团组织丰富了人民群众的精神文化生活。但需要注意的是，并非所有社团活动都合法合规。根据国家相关规定，成立社团组织必须依照法定程序进行登记。未经登记，擅自以社会团体名义进行活动，或者被撤销登记的社会团体继续以社会团体名义进行活动的，均属于非法行为。

1. 提高辨别能力。面对各类社会组织及其活动，公众应提高辨别能力，避免被虚假宣传所迷惑。在参与任何评选、表彰等活动时，务必核实活动主办方的合法性和权威性。可通过中国社会组织政务服务平台查询社会组织信息，确保其合法登记。

2. 谨慎对待相关信息。公众在收到涉及奖项、荣誉等信息时，应谨慎对待，不轻易相信未经证实的消息。例如，收到类似“世界文化合作发展协会”发送的获奖信息传单，应通过官方渠道核实信息的真实性，切勿轻易支付任何费用。对于要求支付前期策划、评选及奖章证书制作等费用的活动，更要提高警惕，避免财产损失。

3. 积极举报违法行为。公众如发现非法社会组织活动，应及时向民政部门或公安机关举报，并尽可能提供详细信息，如活动名称、组织者、活动时间、活动地点等，以便执法部门及时查处。通过全社会的共同努力，形成对非法社会组织的高压态势，维护社会秩序和公众利益。

九、擅自经营旅馆行为应予以处罚

特种行业，是指在服务业中，因经营业务的内容和性质容易被违法犯罪人员利用，需要采取特定治安管理措施的行业。这些行业包括但不限于旅馆业、典当业、公章刻制业等。

特种行业的管理旨在维护社会治安秩序，保障公民、法人和其他组织的合法权益。根据相关法律法规，为了保障公共安全和人民群众生命财产安全，维护社会治安秩序，特种行业的经营活动必须符合治安管理要求，经营者需取得相应的许可证或进行备案，并接受公安机关的监管。

【基本案情】

某县公安局组织警力对宾馆、旅店等行业场所开展日常检查时，发现某镇城区某宾馆业主何某（男，现年47岁，某县街子镇人）在未取得《特种行业许可证》的情况下，擅自经营宾馆。经询问，何某对其未经许可，擅自经营需要由公安机关许可的行业的违法行为供认不讳。根据《治安管理处罚法》第65条的规定，县公安局依法对违法人员何某给予行政拘留12日并处罚款2000元的处罚，同时依法取缔该宾馆。

【案情分析】

何某作为宾馆业主，明知经营宾馆需取得《特种行业许可证》，但为了追求经济利益，仍故意违反相关规定，擅自经营宾馆，主观上存在故意。该行为侵犯的客体是特种行业的治安管理秩序。旅馆业作为特种行业需要经过公安机关的许可方能开展经营活动。何某未经许可擅自经营宾馆，破坏了特种行业的正常治安管理秩序，增加了社会治安风险。该行为侵犯的客体是特种行业的治安管理秩序。

【法条链接】

《治安管理处罚法》第六十五条第一款第三项、第二款、第三款　有下列行为之一的，处十日以上十五日以下拘留，可以并处五千元以下罚款；情节较轻的，处五日以上十日以下拘留或者一千元以上三千元以下罚款：……（三）未经许可，擅自经营按照国家规定需要由公安机关许可的行业的。

有前款第三项行为的，予以取缔。被取缔一年以内又实施的，处十日以上十五日以下拘留，并处三千元以上五千元以下罚款。

取得公安机关许可的经营者，违反国家有关管理规定，情节严重的，公安机关可以吊销许可证件。

【案例提示】

擅自经营需公安机关许可的行业，是指未经许可，擅自经营按照国家规定需要由公安机关许可的行业，尚不够刑事处罚的行为。特种行业经营者，务必增强法律意识，切勿因一时贪念触碰法律红线，否则必将付出沉重代价。同时，对于新业态，要主动向公安机关对其是否纳入特种行业管理进行咨询，征询专业意见，切勿让新业态成为违法犯罪活动滋生的隐蔽场所。

1. 合法经营，遵守许可规定。特种行业（如旅馆业）因涉及公共安全和治安管理，需取得《特种行业许可证》方可经营。根据《治安管理处罚法》第65条的规定，未经许可擅自经营特种行业的，将面临行政拘留和罚款的处罚。经营者应主动办理相关许可证，确保合法合规经营。

申领《特种行业许可证》，应当向所在地县级人民政府公安机关提出书面申请，并提交已安装符合要求的安全监控设施设备、旅馆业治安管理信息系统的相关材料，提供互联网上网服务的还要提供安全管理系统的相关材料；经营场所的权属证明或租赁使用证明；旅馆治安管理制度和突发事件应急方案；旅馆治安保卫负责人、治安保卫人员、登记验证人员的基本情况；法定代表人、经营负责人的身份证明；营业执照；旅馆方位图及平面图等资料。

2. 主动配合检查，维护治安秩序。特种行业经营者应积极配合公安机关的日常检查，如实提供相关信息，不得隐瞒或阻碍执法，严格遵守行业管理规定，切实履行登记、备案等法定义务，定期自查自纠，确保经营活动合法合规。公安机关的检查旨在维护社会治安秩序，保障公众安全。经营者应增强法律意识，主动配合，共同营造良好的经营环境。

3. 举报违法行为，维护社会安全。公众在选择特种行业服务时，应提高警惕，注意核实经营场所的合法性。可通过查看场所是否悬挂《特种行业许可证》或向当地公安机关咨询，确保选择合法合规的经营场所。在消费过程中，如发现无证经营或可疑行为，应及时向公安机关举报，避免因选择无证场所而遭受财产损失或安全隐患。同时，公众应积极参与监督，共同维护社会治安秩序，保障自身和他人的合法权益。

十、煽动、策划非法集会行为应予以处罚

当公民遇到经济纠纷、个人诉求等问题时，应当通过法定途径和合法程序反映诉求，运用法律手段依法维权。集会、游行和示威为群众提供了发声渠道，促使政府和社会重视一些长期被忽

视的问题，推动社会变革与进步，但若缺乏有效管理，可能引发社会秩序混乱，影响正常的生产生活秩序。

【基本案情】

某日，某派出所民警在工作中发现，大批群众在该地县政府楼前聚集。民警立即到达现场并了解到，某镇村民有在自家草场上开垦土地等诉求，而在某镇政府明确告知政策规定不允许的情况下，刘某、赵某组织村民80余人到县政府企图通过集会、示威的方式向政府施压以达到不合理的诉求。民警与该镇工作人员依据法律、政策对村民劝说无果后，便引导村民到信访局反映具体诉求。政府相关部门接访领导按照接访程序进行了接访，并给出了明确答复。刘某、赵某仍以同一理由无视劝诫，煽动村民再次到政府门前集会缠访、闹访，并扬言要组织村民去市政府上访，意图给县政府施加压力。刘某、赵某的行为已构成煽动、策划非法集会、示威，当地公安局依法对刘某、赵某分别作出行政拘留12日、10日的行政处罚。

【案情分析】

本案中的主体是违法行为人刘某、赵某。刘某、赵某作为村民，在镇政府明确告知政策不允许的情况下，仍组织村民非法集会、示威，是违法主体。刘某、赵某明知政策规定不允许在草场上开垦土地，仍煽动村民通过非法集会、示威的方式向政府施压，意图达到不合理诉求，主观上存在故意。

该行为侵犯的客体是国家机关的正常管理秩序和社会公共秩序。刘某、赵某组织非法集会、示威，扰乱了政府的正常工作秩序，破坏了社会公共秩序。刘某、赵某在镇政府明确告知政策不允许的情况下，仍组织80余名村民到县政府集会、示威，并在政府接访且给出明确答复后，再次煽动村民集会、闹访，其行为已构成煽动、策划非法集会、示威的违法行为。

当地公安局依据《治安管理处罚法》第66条的规定，对刘某、赵某分别作出行政拘留12日、10日的行政处罚。该处理维护了国家机关的正常管理秩序和社会公共秩序，体现了法律的严肃性和对违法行为的零容忍态度，同时警示公众应依法表达诉求，杜绝非法集会、示威行为。

【法条链接】

1.《治安管理处罚法》第六十六条 煽动、策划非法集会、游行、示威，不听劝阻的，处十日以上十五日以下拘留。

2.《集会游行示威法》第八条 举行集会、游行、示威，必须有负责人。

依照本法规定需要申请的集会、游行、示威，其负责人必须在举行日期的五日前向主管机关递交书面申请。申请书中应当载明集会、游行、示威的目的、方式、标语、口号、人数、车辆数、使用音响设备的种类与数量、起止时间、地点（包括集合地和解散地）、路线和负责人的姓名、职业、住址。

【案例提示】

1. 权利行使应合法。根据《集会游行示威法》等法律法规规定，集会、游行、示威应该严格依法开展：公民行使集会、游行、示威权利，必须依照法律的规定向公安机关提出申请并获许可。未经批准，不得举行任何形式的集会、游行、示威活动。

2. 表达诉求要文明、理性。市民群众在维护自己的权益时，一定要通过理性、合法的手段和正当的法律途径依法依规表达，要切实规范自身网上网下的言行，切忌出现过激言行，严禁煽动组织非法聚集。煽动、诋毁、谩骂、造谣和围攻等行为属于违法行为，将受到法律制裁。非法集会、游行、示威不仅威胁个人人身、财产安全，更对社会秩序、公共安全造成严重冲击。守法公民要时刻保持理性，依法表达诉求，共同维护社会的和谐稳定。

3. 维护公共秩序。公众应自觉维护社会公共秩序，不参与、不支持非法集会、游行、示威活动。在遇到非法集会游行、示威活动时，应保持冷静，不围观、不起哄，避免给违法犯罪行为提供便利。同时，积极向公安机关举报非法集会、游行、示威活动的线索。

十一、不按规定登记未成年人住宿信息行为应予以处罚

旅馆接待旅客住宿必须登记。登记时，应当查验旅客的身份证件，按规定的项目如实登记。接待境外旅客住宿，还应当在24小时内向当地公安机关报送住宿登记表。旅馆业经营业主及从业人员必须严格按照规定查验旅客身份信息，坚持一人一证件原则，做到“实名、实情、实数、实时”登记。实名登记入住对预防、发现、打击违法犯罪活动起很大作用，能有效保障广大人民群众的合法权益。

【基本案情】

某日，某地派出所接到群众报警称：在辖区某烧烤摊有人打架，请求民警处理。后经研判调查，最终在某宾馆房间内查获参与打架人员4名。民警在后续调查中发现，4人均属于未成年人。某宾馆工作人员在登记4人入住信息时，未登记监护人信息并未及时向公安机关报告且联系告知监护人。民警当场给予了警示教育，要求宾馆负责人按照要求整改。数日后，派出所民警对辖区宾馆进行日常工作检查时，再次发现该宾馆工作人员在接待4名未成年人入住房间时，只登记了其中1人信息，且未登记监护人信息及联系方式，未向公安机关报告并联系告知家属。该旅馆不整改存在问题又违反相关法律规定，根据《未成年人保护法》和《治安管理处罚法》第67条的规定，该宾馆负责人和工作人员分别被公安机关依法作出1000元和700元的处罚。对宾馆下达停业整顿的决定。

【案情分析】

宾馆工作人员作为旅馆业的从业者，明知接待未成年人入住需按规定登记监护人信息并报告公安机关，却为了图省事或追求经济利益，故意违反相关规定，未履行应尽义务，主观上存在故意。宾馆负责人未重视并落实旅馆业登记制度，数次发生不按规定进行登记的情况，更涉及未成年人，要负主要责任。

该行为侵犯的客体是旅馆业的正常管理秩序和未成年人的合法权益。宾馆未按规定登记未成年人入住信息，不仅扰乱了旅馆业的正常管理秩序，也使未成年人脱离监护，面临安全隐患。宾馆工作人员在接待未成年人入住时，未按规定登记监护人信息，也未及时向公安机关报告并联系告知监护人，其行为违反了《未成年人保护法》和《治安管理处罚法》的相关规定。

派出所民警依据《治安管理处罚法》的相关规定，对宾馆作出罚款的处罚。该处理维护了旅馆业的正常管理秩序，体现了法律的严肃性和对未成年人权益的保护，同时警示旅馆业从业者应严格遵守法律法规，切实履行保护未成年人的责任。

【法条链接】

1.《治安管理处罚法》第六十七条　从事旅馆业经营活动不按规定登记住宿人员姓名、有效身份证件种类和号码等信息的，或者为身份不明、拒绝登记身份信息的人提供住宿服务的，对其直接负责的主管人员和其他直接责任人员处五百元以上一千元以下罚款；情节较轻的，处警告或者五百元以下罚款。

实施前款行为，妨害反恐怖主义工作进行，违反《中华人民共和国反恐怖主义法》规定的，依照其规定处罚。

从事旅馆业经营活动有下列行为之一的，对其直接负责的主管人员和其他直接责任人员处一千元以上三千元以下罚款；情节严重的，处五日以下拘留，可以并处三千元以上五千元以下罚款：（一）明知住宿人员违反规定将危险物质带入住宿区域，不予制止的；（二）明知住宿人员是犯罪嫌疑人员或者被公安机关通缉的人员，不向公安机关报告的；（三）明知住宿人员利用旅馆实施犯罪活动，不向公安机关报告的。

2.《旅馆业治安管理办法》第六条　旅馆接待旅客住宿必须登记。登记时，应当查验旅客的身份证件，按规定的项目如实登记。

接待境外旅客住宿，还应当在24小时内向当地公安机关报送住宿登记表。

3.《未成年人保护法》第五十七条　旅馆、宾馆、酒店等住宿经营者接待未成年人入住，或者接待未成年人和成年人共同入住时，应当询问父母或者其他监护人的联系方式、入住人员的身份关系等有关情况；发现有违法犯罪嫌疑的，应当立即向公安机关报告，并及时联系未成年人的父母或者其他监护人。

第一百二十二条　场所运营单位违反本法第五十六条第二款规定、住宿经营者违反本法第五十七条规定的，由市场监督管理、应急管理、公安等部门按照职责分工责令限期改正，给予警告；拒不改正或者造成严重后果的，责令停业整顿或者吊销营业执照、吊销相关许可证，并处一万元以上十万元以下罚款。

4.《反恐怖主义法》第二十一条　电信、互联网、金融、住宿、长途客运、机动车租赁等业务经营者、服务提供者，应当对客户身份进行查验。对身份不明或者拒绝身份查验的，不得提供服务。

第八十六条　电信、互联网、金融业务经营者、服务提供者未按规定对客户身份进行查验，或者对身份不明、拒绝身份查验的客户提供服务的，主管部门应当责令改正；拒不改正的，处二十万元以上五十万元以下罚款，并对其直接负责的主管人员和其他直接责任人员处十万元以下罚款；情节严重的，处五十万元以上罚款，并对其直接负责的主管人员和其他直接责任人员，处十万元以上五十万元以下罚款。

住宿、长途客运、机动车租赁等业务经营者、服务提供者有前款规定情形的，由主管部门处十万元以上五十万元以下罚款，并对其直接负责的主管人员和其他直接责任人员处十万元以下罚款。

【案例提示】

部分旅馆业违反《旅馆业治安管理办法》，未履行如实登记旅客信息的法定义务，严重扰乱社会治安管理秩序。公安机关依据《治安管理处罚法》，加大对旅馆业的执法检查力度，对违法行为采取零容忍态度。一旦查实，将依法对涉事旅馆处以罚款、责令停业整顿等行政处罚；情节严重构成犯罪的，依法追究刑事责任。这不仅要求经营者遵规守法如实登记，也需要群众的积极配合。

1. 经营者积极落实登记义务。广大旅馆业经营业主及从业人员日常经营务必要遵规守法，严格按照规定查验登记旅客身份，坚持一人一证件原则，如实登记并上传信息，同时提醒广大市民外出住宿时务必带好身份证件配合旅馆做好登记工作。做好实名登记全覆盖，即对入住的每一个人，按要求在旅店业住宿系统内将姓名、身份证号、地址、电话等信息规范完整登记。实名登记制度要求住宿人与登记人要相符，不允许自报身份证号码登记入住。

2. 主动出示证件配合登记。旅客在入住旅馆时，同样负有法定的如实登记义务。根据相关法律法规，旅客应当主动出示有效身份证件，配合旅馆完成信息登记，不得使用虚假身份或冒用他人身份证件。若因提供不实信息或拒绝配合登记，导致无法正常入住，责任自负；情节严重的，将依据《居民身份证法》等相关法律法规予以处罚。

十二、房屋出租人不按规定登记承租人身份信息行为应予以处罚

近年来，随着城市化进程的加速和流动人口的显著增加，出租房市场呈现出快速增长的态势。然而，这一市场的繁荣背后也暴露出了一系列问题。一方面，非法群租房现象屡见不鲜，尤其在就业集中区，部分房主为获取高额收益，将房屋进行隔断，增加房间数量用于出租。另一方面，在互联网分享经济的影响下，网约房在全国大小城市悄然兴起，但这种短期租赁房屋的形式“野蛮生长”背后也暴露了诸多法律隐患。

为促进住宿新业态高质量发展，维护社会治安秩序，保障公共安全和公民合法权益，要进一步加强住宿新业态的治安管理。

【基本案情】

某地分局派出所接到群众举报，称辖区某出租房内存在租住人员未按规定登记的情况。派出所高度重视这一线索，迅速安排民警前往现场进行核查。到达现场后，民警通过仔细询问、调查，确认该房屋的房主蔺某，在将房屋出租后，未按照相关规定将租户信息向公安机关报备登记。这种行为严重违反了出租房屋管理的相关规定，给社会治安带来了潜在风险。鉴于蔺某的违法行为，公安机关依法对其处以300元的罚款。

【案情分析】

蔺某主观上存在故意。其明知出租房屋需按规定登记租户信息并向公安机关报备，却为了图省事或追求经济利益，故意违反相关规定，未履行应尽义务。该行为侵犯的客体是出租房屋的治安管理秩序。蔺某未按规定登记租户信息，扰乱了正常的出租房屋管理秩序，增加了社会治安风险。

蔺某在将房屋出租后，未按照规定将租户信息向公安机关报备登记，其行为违反了《治安管理处罚法》第68条的规定。派出

所依据《治安管理处罚法》第68条的规定，对蔺某作出行政罚款300元的处罚。该处理维护了出租房屋的治安管理秩序，体现了法律的严肃性和对违法行为的零容忍态度，同时警示房屋出租人应严格遵守法律法规，切实履行治安责任。

【法条链接】

1.《治安管理处罚法》第六十八条　房屋出租人将房屋出租给身份不明、拒绝登记身份信息的人的，或者不按规定登记承租人姓名、有效身份证件种类和号码等信息的，处五百元以上一千元以下罚款；情节较轻的，处警告或者五百元以下罚款。

房屋出租人明知承租人利用出租房屋实施犯罪活动，不向公安机关报告的，处一千元以上三千元以下罚款；情节严重的，处五日以下拘留，可以并处三千元以上五千元以下罚款。

2.《租赁房屋治安管理规定》第七条　房屋出租人的治安责任：（一）不准将房屋出租给无合法有效证件的承租人；（二）与承租人签订租赁合同，承租人是外来暂住人员的，应当带领其到公安派出所申报暂住户口登记，并办理暂住证；（三）对承租人的姓名、性别、年龄、常住户口所在地、职业或者主要经济来源、服务处所等基本情况进行登记并向公安派出所备案；（四）发现承租人有违法犯罪活动或者有违法犯罪嫌疑的，应当及时报告公安机关；（五）对出租的房屋经常进行安全检查，及时发现和排除不安全隐患，保障承租人的居住安全；（六）房屋停止租赁的，应当到公安派出所办理注销手续；（七）房屋出租单位或者个人委托代理人管理出租房屋的，代理人必须遵守有关规定，承担相应责任。

3.《住房租赁条例》第三十七条　出租人应当按规定如实登记并报送承租人及实际居住人信息，发现违法犯罪活动应当及时向公安机关报告。具体办法由国务院公安部门制定。

承租人不得利用租赁住房实施违法犯罪活动。

【案例提示】

规范房屋租赁行为，既是维护社会稳定的现实需要，更是保障公民合法权益、实现法治社会建设目标的必然要求。社会各界应当增强法律意识，自觉履行法律义务，共同营造安全、和谐、有序的法治社会环境。

1. 如实登记备案。房屋出租人应当对承租人的姓名、性别、年龄、常住户口所在地、职业或者主要经济来源、服务处所等基本情况进行登记并向公安派出所备案。房屋出租人发现承租人有违法犯罪活动或者有违法犯罪嫌疑的，应当及时报告公安机关；否则将受到相应的治安管理处罚。房屋出租人及时到公安机关进行房屋租赁登记备案，不仅是为了公安机关掌握流动人口的具体情况，更有利于保护公民人身、财产安全和维护社会治安稳定。不法分子四处流窜，利用出租屋藏身进行违法犯罪活动，严重影响社会治安秩序，因此，出租房登记备案工作非常有必要。

2. 合法履约护安全。房屋承租方要遵守合同约定，按照合同约定的用途使用房屋，按时支付租金及相关费用，未经出租方同意，不得擅自转租、转借房屋。要爱护房屋设施，合理使用房屋及附属设施，若因自身原因造成损坏，应照价赔偿。要配合安全管理，严禁利用房屋从事违法犯罪活动，积极配合公安机关、出租方进行安全检查。若与出租方产生纠纷，应及时调处避免矛盾升级。

3. 安全设施应完备。确保房屋出租期间安全，务必确保房屋内消防设施完好无损，切勿私拉乱接电线，严禁在房屋内堆放易燃易爆物品。承租方要加强自我防范意识，妥善保管好个人财物，一旦发现可疑人员，应及时向相关方报告。公安机关拥有监督检查职责，有权对出租房屋进行安全检查，对于违规行为会依法处理。对于违反规定的出租方和承租方，公安机关将依法给予治安管理处罚；若情节严重构成犯罪的，还将依法追究其刑事责任。

十三、利用“震楼器”恶意制造噪声持续干扰他人行为应予以处罚

随着蓝天、碧水、净土保卫战取得显著成效，人民群众对生态环境质量的期望越来越高，噪声污染问题逐渐成为影响城乡人居环境质量的重要因素。2024年8月，生态环境部发布的《中国噪声污染防治报告（2024）》指出：在各类投诉中，社会生活噪声投诉举报占68.4%，居各类环境污染要素的第1位。

《噪声污染防治法》自2022年6月5日起正式施行，其中第59条规定，本法所称社会生活噪声，是指人为活动产生的除工业噪声、建筑施工噪声和交通运输噪声之外的干扰周围生活环境的声音。根据《社会生活环境噪声排放标准》（GB 22337–2008）的有关规定，社会生活噪声排放源边界噪声排放限值分为五档，且根据不同的区域设定了不同的标准，超过排放标准的为环境噪声污染。如果行为人违反《噪声污染防治法》的相关规定，产生社会生活噪声，经劝阻、调解和处理未能制止，持续干扰他人正常生活、工作和学习，将由公安机关依法给予治安管理处罚。

【基本案情】

陈某居住在某小区一栋楼的8层，与7层的黄某为上下层邻居。自陈某搬入后，黄某时常反映楼上存在拖拽家具、走动等噪声，尤其在夜间较为明显。黄某多次登门交涉，陈某则认为自己只是正常生活行为，并未恶意制造噪声，双方因此产生矛盾。为“反击”楼上的噪声，黄某购买并安装了两台“震楼器”长期运行，造成陈某家中震感明显、声音刺耳。双方因此发生争吵，邻里关系进一步恶化。物业、社区多次介入协调未果，陈某随后报警处理。

经公安机关调查核实，陈某一家的活动确属正常生活行为，其产生的声音并未超过噪声标准。反之，黄某使用的“震楼器”连续多次制造高强度震动噪声，已严重干扰陈某正常生活，且噪声强度超过相关标准。在有关部门调解不成的情况下，黄某继续多次使用“震楼器”对陈某房屋产生噪声影响，公安机关根据《治安管理处罚法》的规定，对黄某依法予以500元的行政处罚。

【案情分析】

黄某系具有完全民事行为能力的自然人，其在主观上具有明确、故意干扰他人生活的动机。在客观方面，其行为表现为通过外设装置制造噪声，扰乱楼上住户的正常生活秩序，既侵犯了他人的合法权益，也违反了国家关于噪声污染防治的管理制度。尽管起因源于邻里间的噪声误会，但黄某未通过合理途径解决分歧，而是使用“震楼器”产生噪声，经多次劝阻无效仍持续其行为，已构成违反治安管理。公安机关依照《治安管理处罚法》的相关规定，对行为人处以罚款的处罚。

【法条链接】

1.《治安管理处罚法》第八十八条　违反关于社会生活噪声污染防治的法律法规规定，产生社会生活噪声，经基层群众性自治组织、业主委员会、物业服务人、有关部门依法劝阻、调解和处理未能制止，继续干扰他人正常生活、工作和学习的，处五日以下拘留或者一千元以下罚款；情节严重的，处五日以上十日以下拘留，可以并处一千元以下罚款。

2.《噪声污染防治法》第六十四条　禁止在噪声敏感建筑物集中区域使用高音广播喇叭，但紧急情况以及地方人民政府规定的特殊情形除外。

在街道、广场、公园等公共场所组织或者开展娱乐、健身等活动，应当遵守公共场所管理者有关活动区域、时段、音量等规定，采取有效措施，防止噪声污染；不得违反规定使用音响器材产生过大音量。

公共场所管理者应当合理规定娱乐、健身等活动的区域、时段、音量，可以采取设置噪声自动监测和显示设施等措施加强管理。

第六十六条　对已竣工交付使用的住宅楼、商铺、办公楼等建筑物进行室内装修活动，应当按照规定限定作业时间，采取有效措施，防止、减轻噪声污染。

第七十条　对噪声敏感建筑物集中区域的社会生活噪声扰民行为，基层群众性自治组织、业主委员会、物业服务人应当及时劝阻、调解；劝阻、调解无效的，可以向负有社会生活噪声污染防治监督管理职责的部门或者地方人民政府指定的部门报告或者投诉，接到报告或者投诉的部门应当依法处理。

第八十七条　违反本法规定，产生社会生活噪声，经劝阻、调解和处理未能制止，持续干扰他人正常生活、工作和学习，或者有其他扰乱公共秩序、妨害社会管理等违反治安管理行为的，由公安机关依法给予治安管理处罚。

违反本法规定，构成犯罪的，依法追究刑事责任。

【案例提示】

《治安管理处罚法》《噪声污染防治法》等法律法规对社会生活噪声作出了明确规范，旨在保障人民群众安定有序的生活环境。然而，现实中仍存在部分居民缺乏法律意识，造成纠纷矛盾升级情况时有发生。为避免类似行为发生，特提供如下提示：

1. 日常活动请降噪。在日常生活中，依据《噪声污染防治法》中对于社会生活噪声防治的要求，居民应自觉采取有效降噪举措。牢记以下生活噪声标准：（1）疗养区。高级别墅区、高级宾馆区，昼间50分贝，夜间40分贝。（2）以居住、文教机关为主的区域，昼间55分贝，夜间45分贝。（3）居住、商业、工业混杂区，昼间60分贝，夜间50分贝。（4）工业区，昼间65分贝，夜间55分贝。（5）城市中的道路交通干线道路、内河航道、铁路主次干线两侧区域，昼间70分贝，夜间55分贝（夜间指22时至次晨6时）。在进行家具挪动等活动时，应轻抬轻放，避免因拖行产生噪声。家中有未成年人者，应引导其遵守文明礼节，避免追逐打闹、抛掷物品等行为。

2. 公共场所控音量。不少居民喜欢在街道、公园等公共场所进行娱乐、健身等活动，虽属正当权利，但也要依法控音。在公共场所组织或者开展娱乐、健身等活动时，要遵守公共场所管理者有关活动区域、时段、音量等规定，通过合理设置音响设备音量或选用无线耳机等方式控制音量传播，避免对周边居民生活造成影响。如果遇到相关部门劝导要积极配合，切勿拒不整改，防止触碰法律红线。

3. 噪声纠纷稳处理。遇到邻里噪声干扰，最忌模仿本案中黄某“以噪还噪”的错误做法。当发现相邻方制造的噪声干扰自身正常生活时，首先通过友好协商的方式，以平和的态度向对方阐明噪声对自身生活造成的不良影响，寻求双方均能接受的妥善解决方案。若协商无果，可依据相关法律法规，向物业、社区、居委会等单位组织反映情况，申请出面协调，必要时可向环保、公安等主管部门举报或求助。公安机关将在确认相关行为后，依法对当事人予以劝告，对于未能制止，持续干扰他人正常生活、工作和学习的，将依法处罚。

十四、违法收购赃物行为应予以处罚

废旧市场不等于法外之地，低价交易背后可能藏着法律风险。近年来，不法分子盗窃后，为高效变现，往往将赃物低价卖到废品回收站、二手市场、网络交易平台等。一些商户明知物品来路不明，却因利益驱动选择睁一只眼闭一只眼，甚至主动收购、转卖，参与销赃链条，妄图“捞一笔快钱”。

在法律视角下，收购赃物不仅不是什么“灰色地带”，更有可能因情节严重而触犯《刑法》，构成犯罪。全国公安机关持续开展打击“盗抢骗”犯罪专项整治，深挖赃物流转渠道，依法严惩收赃、销赃行为，强化源头治理。

【基本案情】

某日，某市公安机关在办理一起“拉车门”盗窃案的过程中，发现某商铺老板陈某有收赃嫌疑。经查，陈某在明知所收购商品来路不正的情况下，仍然以低于市场行情的价格先后两次收购盗窃违法行为人提供的香烟，而后以正常市场价售卖。公安机关根据《治安管理处罚法》第71条的规定，对陈某收购有赃物嫌疑的物品的行为依法给予罚款1500元的行政处罚。

【案情分析】

陈某为具有完全责任能力的自然人，其行为在主观上存在明显的牟利意图，在客观上表现为明知来路不明仍低价收购并转售，违反了社会管理秩序。应特别说明的是，本行为中“收购有赃物嫌疑的物品”不以“公安机关通报寻查”为前提条件，具有下列情形之一的，就可以认定为“收购有赃物嫌疑的物品”：一是在非法交易场所收购的；二是以明显低于市场价格收购的；三是没有依法应当具有的合法票据、证件、牌照等证明材料的。

【法条链接】

1.《治安管理处罚法》第七十一条第三项　有下列行为之一的，处一千元以上三千元以下罚款；情节严重的，处五日以上十日以下拘留，并处一千元以上三千元以下罚款：……（三）收购公安机关通报寻查的赃物或者有赃物嫌疑的物品的；

2.《刑法》第三百一十二条　明知是犯罪所得及其产生的收益而予以窝藏、转移、收购、代为销售或者以其他方法掩饰、隐瞒的，处三年以下有期徒刑、拘役或者管制，并处或者单处罚金；情节严重的，处三年以上七年以下有期徒刑，并处罚金。

单位犯前款罪的，对单位判处罚金，并对其直接负责的主管人员和其他直接责任人员，依照前款的规定处罚。

【案例提示】

在现实中，有人认为“我只是买了便宜点的东西”“我不知道是偷来的”“我又不是小偷”，就可以逃避责任。但法律不会因为你的“不清楚”而宽容——明知是赃物仍收购，哪怕只是一次，轻则治安管理处罚，重则刑事追责。

收赃行为本质上是犯罪链条的下游口，是盗窃、抢劫等违法行为变现的关键环节。它不仅滋生非法交易，也妨害社会治安秩序，破坏市场交易秩序。因此，广大群众尤其是个体经营者、二手交易平台参与者、回收行业从业人员，应当时刻保持警惕，谨记以下提示：

1. 审慎甄别价格异常物品。很多人以价格诱人作为唯一判断标准，看到一辆市场价4000元的电动车只卖600元、成色很新的电脑只要几百块，就盲目入手。但这种明显低于市场价格的物品，极有可能是来路不明的赃物。不法分子利用部分人群贪图便宜的心理，以低价销售赃物，诱导不明真相者参与非法交易。若因一时贪念收购此类物品，极有可能涉嫌违法。

2. 查验交易凭证完整齐全。在实施物品收购行为前，务必要求出售方提供全面且完备的交易凭证。正规商品交易都有合法凭证支持，包括发票、收据、购买记录、保修卡、产权证明、平台订单截图等。若卖家仅以“朋友送的”“急用钱”搪塞解释来源，或推脱不愿提供凭证，极有可能是故意掩盖真实来历。例如，在偏僻、隐蔽或不符合正常交易习惯的地点交易，物品上出现明显涂抹痕迹、刮码、涂改车架号、剪标等，这些都属高危交易情形，务必规避。

3. 及时报告可疑交易情形。一旦遇到来历不明、价格异常、手续不全、行为异常的商品或交易人，应果断中止交易，及时报警并告知平台处理。不要怕“多事”“得罪人”，更不要因怕麻烦而蒙混过关。在公安机关调查时，应积极配合，如实、详尽地提供交易时间、地点，卖家体貌特征，物品详细情况等关键信息，以便快速锁定违法嫌疑人。

十五、非法收购煤气瓶按照收购国家禁止收购的其他物品行为进行处罚

随着资源再利用理念深入人心，废品回收行业日益繁荣。

然而，在这一关系绿色发展与经济循环的重要环节中，却也潜藏着诸多安全隐患与治安风险。近年来，部分废品回收企业和个体经营者为追求利益最大化，无视法律红线，违规收购国家明令禁止回收的物品，在无相关资质的条件下收购液化石油气钢瓶（俗称“煤气罐”）的行为屡有发生，埋下了巨大的安全隐患。

2023年7月，公安部修订并施行的《废旧金属收购业治安管理办法》明确规定，任何企业或个人未经许可不得擅自收购枪支弹药、爆炸物品、剧毒物品及其容器、国家禁止流通的特种设备等高危金属物品。违规收购此类物品，将依法受到严肃处理，构成犯罪的，将依法追究刑事责任。

【基本案情】

某日，某县公安局治安大队发现一起非法收购煤气罐线索。发现线索后，治安大队及时进行了核实，该废品收购站员工吴某前往该县某加气站非法收购26个煤气罐。因废旧的煤气罐中存有残余的气体，如有泄漏遇到明火，很有可能引发爆炸，严重威胁周边群众的生命财产安全。经公安机关调查，吴某的行为构成收购国家禁止收购的其他物品的违法行为，该县公安局对吴某作出罚款2000元的行政处罚。

【案情分析】

吴某为具备完全民事责任能力的个人，其行为具有主观故意，明知煤气罐属于国家禁止的收购物品，仍以非法手段收购，侵犯的客体是社会管理秩序和国家对禁止收购物品的管理制度，尚不够刑事处罚。吴某的行为主要违反了《治安管理处罚法》《废旧金属收购业治安管理办法》的规定，尚未造成事故，其行为本身已构成违法。公安机关依法对其作出行政处罚，具有充分依据。

【法条链接】

1.《治安管理处罚法》第七十一条第四项　有下列行为之一的，处一千元以上三千元以下罚款；情节严重的，处五日以上十日以下拘留，并处一千元以上三千元以下罚款：……（四）收购国家禁止收购的其他物品的。

2.《废旧金属收购业治安管理办法》第十一条第一款第五项、第二款　有下列情形之一的，由公安机关给予相应处罚：……（五）违反本办法第八条规定，收购禁止收购的金属物品的，视情节轻重，处以2000元以上10000元以下的罚款或者责令停业整顿。

有前款所列第（一）、（三）、（四）、（五）项情形之一，构成犯罪的，依法追究刑事责任。

【案例提示】

“发家致富”永远不能凌驾于社会公共安全之上。私自收购煤气罐存在重大安全隐患。作为高压容器，若内部尚存残余气体，一旦操作不当或在运输、存放过程中遇明火、碰撞，极易引发爆炸、火灾，甚至造成群死群伤的恶性事件。社会公众与废品回收行业从业者，必须牢记以下几点：

1. 坚决不碰法律红线。生产经营重要，知法守法更重要。收购危险物资必须依法持证、具备专业资质、按规范流程进行。任何单位或个人不得私自收购、倒卖、运输、拆解或储存煤气罐。此类行为一经查实，将依法处罚，情节严重者甚至构成刑事犯罪。个人带头守法的同时，积极举报涉行业违法犯罪线索，对发现有收购、出售相关物品的，立即向公安机关举报。

2. 牢记禁收物品清单。根据《治安管理处罚法》的规定，“收购国家禁止收购的其他物品”这一表述属于对收购行为的一种总括性禁止，由公安机关结合实际情况确定并不定期发布禁收清单或风险提示。因此，对于公众来说，最关键的是在物品交易前，务必核实物品的合法性和真实来源。如遇疑问，及时向当地公安机关和监管部门咨询。

3. 遵守合法经营要点。规范行业经营秩序，落实行业自律，按照公安机关下发的检查登记表进行逐项排查整改，规范登记好工作台账，落实安全防护，及时消除隐患，保障合法经营。废品收购企业和个体商户要严格遵守行业规范，健全制度建设。定期接受公安机关行业监管，主动配合执法检查，开展从业人员培训，强化法律意识，扎实掌握安全知识。

十六、谎报案情影响依法办案行为应予以处罚

谎报案情，是指行政执法机关在执法活动中，当事人陈述或报告事实上不存在的案情，从而影响行政执法机关依法办案的行为。其造成了行政资源的浪费，影响了正常的办案秩序。据统计，某市公安局110指挥中心一年共接各类报警电话127万余起，110报警服务台受理的报警求助中，无效报警和虚假案情占多数。

“110”“119”等报警电话是保障人民群众生命财产安全的重要通道。谎报案情、警情均属于违法行为。近年来，因谎报案情被予以治安管理处罚的案例屡见不鲜，谎报案情行为不仅严重浪费了宝贵的社会资源，也影响了警力资源部署，干扰了公安机关正常的工作秩序，对社会治理体系运转造成负面影响。

【基本案情】

某日，某派出所接到报警称被敲诈勒索数万元。接警后，该所民警立即赶赴位于辖区街道某KTV现场，依法传唤嫌疑人李某到派出所接受调查。经查，当日凌晨，报警人柯某（男，35岁）与朋友李某在该KTV包房内发生口角，柯某为让李某离开现场不再争吵，便拨打报警电话称被李某敲诈勒索，但事实上并未发生柯某所称的案件。次日下午，民警依法传唤柯某到派出所接受调查。经询问，柯某对其实施谎报案情的违法事实供认不讳。柯某因实施谎报案情的违法行为，被公安机关给予罚款500元的行政处罚。

【案情分析】

本案中，柯某作为完全行为能力人，主观上为逃避矛盾、快速解决纠纷，蓄意拨打报警电话，虚构敲诈案情，具有明显的主观故意。其行为直接造成执法资源浪费，扰乱公安机关正常工作秩序。谎报案情不仅是对社会公共资源的无端占用，按照《治安管理处罚法》相关规定将面临罚款、行政拘留的处罚。若造成干扰办案进度、导致误抓错捕、引发群体性事件等后果，可能承担更严重的法律责任。

谎报警情侵犯的是社会公共秩序，直接危害公共安全稳定性；谎报案情侵犯的是社会管理秩序，导致执法资源的浪费。两者均为主观故意，但危害的后果不一样，谎报警情的处罚力度相对比谎报案情的处罚力度大。

【法条链接】

《治安管理处罚法》第二十九条　有下列行为之一的，处五日以上十日以下拘留，可以并处一千元以下罚款；情节较轻的，处五日以下拘留或者一千元以下罚款：（一）故意散布谣言，谎报险情、疫情、灾情、警情或者以其他方法故意扰乱公共秩序的；（二）投放虚假的爆炸性、毒害性、放射性、腐蚀性物质或者传染病病原体等危险物质扰乱公共秩序的；（三）扬言实施放火、爆炸、投放危险物质等危害公共安全犯罪行为扰乱公共秩序的。

第七十二条第二项　有下列行为之一的，处五日以上十日以下拘留，可以并处一千元以下罚款；情节较轻的，处警告或者一千元以下罚款：……（二）伪造、隐匿、毁灭证据或者提供虚假证言、谎报案情，影响行政执法机关依法办案的；

【案例提示】

谎报案情，表面看似“只是一通电话”，实则是对社会资源的浪费、对法律秩序的挑战。在接到报警后，公安机关会依据既定流程开展一系列工作，从接警、出警，到调查取证、传唤违法嫌疑人，每一步都需要严格审批。虚假案情的出现，会导致公安机关的工作效率下降，还会影响到对各类案件的整体侦破与处理进度。因此，请广大群众谨记：

1. 增强个人法律意识。谎报案情其本质是违反治安管理行为，必须依法追责、从严处置。通过深入学习法律知识，了解自身行为的法律后果，时刻以法律为准绳规范自身行为，从思想根源上杜绝谎报案情的念头。

2. 理性解决矛盾纠纷。生活中的争执、摩擦难以避免，但用虚假报警来“吓退对方”，不仅无法真正解决问题，反而让自己面临违法犯罪。遇到纠纷，可通过协商、调解、合法维权等途径表达诉求，必要时可借助司法途径，依法申请调解、提起民事诉讼等。柯某之所以被拘留，正是因为其将私人恩怨带入公共资源平台，利用社会资源处理私人矛盾，最终搬起石头砸了自己的脚。

3. 珍惜并尊重警力资源。“110”不是万能工具，更不是情绪发泄渠道。它承担着无数急难险重任务，尤其在突发灾害、刑事案件等情况下，每一通电话、每一次调度都至关重要。请把警力资源留给真正需要的人，为他人生命财产安全让出通道。

十七、明知是赃物而窝藏行为应予以处罚

盗窃违法犯罪行为屡禁不止，下游变现方式不断隐形变异、翻新升级。为规避调查，违法行为人往往存在窝藏、转移、隐匿赃款赃物的行为，甚至通过掩饰、转换等手段将非法所得披上“合法”外衣，不仅增加调查取证难度，在一定程度上还助长了盗窃、抢劫等行为。当下，随着犯罪手段日益多样，此类违法活动也呈现出愈发隐蔽、涉及范围更广的态势，从传统物品到新兴电子产品、虚拟财产，无一不成为目标，打击窝藏、转移、代销赃

物行为刻不容缓。严肃查处窝藏、转移、代销赃物行为，既是证实“上游”盗窃行为的要求，也是惩治“下游”变现行为的应有之义。

【基本案情】

某日，某派出所接到群众报警，称其电动车失踪。接警后，派出所迅速赶赴现场开展工作，通过调取案发地附近录像、分析研判，迅速锁定了盗窃嫌疑人刘某，于当日下午6时许在某镇将刘某抓获。刘某称其观察该电动车停在原地好几天，车钥匙也没拔，一时起了据为己有的贪念。在盗窃车辆后，刘某将车辆停放在弟弟刘某乡家中。随后派出所民警前往刘某乡家，将其抓获。违法行为人刘某乡在明知电动车是哥哥刘某盗窃所得赃物的情况下，仍然将该车送往隔壁镇与他人交易。盗窃违法行人刘某被依法给予行政拘留7日、罚款500元的行政处罚，窝藏、转移、代销赃物违法行为人刘某乡被依法给予行政拘留5日、罚款200元的行政处罚。

【案情分析】

在本案中，刘某的行为构成盗窃违法，依法受到行政处罚；而其弟刘某乡明知电动车为哥哥刘某盗窃所得，主观上仍积极帮助转移并与他人交易，其客观行为扰乱了社会管理秩序，侵害了被盗车主的财产权益，其行为尚不构成刑事犯罪，但已达到《治安管理处罚法》规定的处罚标准，依法应受到行政处罚。值得注意的是，若明知是犯罪所得及其产生的收益而予以窝藏、转移、收购、代为销售或者以其他方式掩饰、隐瞒的，将可能构成《刑法》意义上的掩饰、隐瞒犯罪所得罪，可能面临刑事处罚。

【法条链接】

1.《治安管理处罚法》第七十二条第三项　有下列行为之一的，处五日以上十日以下拘留，可以并处一千元以下罚款；情节较轻的，处警告或者一千元以下罚款：……（三）明知是赃物而窝藏、转移或者代为销售的；

2.《刑法》第三百一十二条 明知是犯罪所得及其产生的收益而予以窝藏、转移、收购、代为销售或者以其他方式掩饰、隐瞒的，处三年以下有期徒刑、拘役或管制，并处或者单处罚金；情节严重的，处三年以上七年以下有期徒刑，并处罚金。

单位犯前款罪的，对单位判处罚金，并对其直接负责的主管人员和其他直接责任人员，依照前款的规定处罚。

【案例提示】

窝藏赃物不是“顺水人情”，而是违法行为的“共犯身影”。不论是因亲属关系、朋友托付，还是交易贪利，只要明知是赃物仍转移、代销、隐匿的，均属于违法行为，情节严重的将触犯《刑法》。在此，广大群众、商户和特殊行业从业者应从以下两方面切实增强守法意识：

1. 谨慎对待，警惕委托。当亲朋好友提出帮忙保管物品或协助运输物品的请求时，不可盲目应允，需秉持审慎态度。对于来源不明、用途含糊的物品，要格外留意。若对方无法清晰阐述物品的合理用途，切勿因碍于情面，在未核实物品合法性的情况下，稀里糊涂地成为转移、窝藏赃物的“帮凶”。

2. 规范收购，流程管理。对于从事废品回收、二手物资收购等业务的企业而言，规范收购流程是避免涉案风险的关键。详细登记身份信息，索取物品合法来源凭证，建立完善的内部审核机制，定期对收购物品及相关证明材料进行复查，确保每一笔交易合规，保障企业自身稳健发展。

十八、刻划、涂污等故意破坏文物行为应予以处罚

在千百年的时光沉淀中，文物与名胜古迹承载着中华民族的

文化血脉和历史记忆。然而，一些游客在游览中却抱有“留个纪念”的错误观念，将“打卡留名”当作“仪式感”，用随手一刻、轻率一写，损坏了文化遗产。

2025年3月，《文物保护法》修订并正式施行，对加强文物保护、提升全民文化自觉、守护历史文明起到了积极推动作用。近年来，各地景区频繁出现“乱刻乱画”“手摸文物”等不文明行为，既损坏了文物原貌，也影响了公众参观体验。

【基本案情】

某日上午9时，某著名风景区派出所接到景区综治巡查队员报告：在“好汉坡”顶端崖壁处发现游客刻画文字的痕迹，存在人为破坏古迹的行为。接警后，派出所迅速指派民警到现场查看，并开展调查取证。经核查，周某承认当天与朋友在登山途中，为纪念旅行，用随手拾起的石块在崖壁上刻写了自己的名字。民警当场指出其行为已违反《治安管理处罚法》。周某认识到问题严重性，表示悔过并配合清理所刻痕迹。鉴于周某认错态度诚恳、未造成不可修复的后果，公安机关依据《治安管理处罚法》对其处以500元罚款。

【案情分析】

游客周某作为完全民事行为能力人，是本案违法主体。其出于留念目的，用石头在崖壁上刻划名字，其行为具有主观故意，明知该举动不妥仍为之，侵犯的客体是国家对文物、名胜古迹的管理秩序。周某在“好汉坡”顶崖壁上人为刻划文字，损坏景区古迹的事实存在，造成社会不良影响。依据《治安管理处罚法》，公安机关对违法行为人处以500元的罚款。

【法条链接】

1.《治安管理处罚法》第七十五条　有下列行为之一的，处警告或者五百元以下罚款；情节较重的，处五日以上十日以下拘留，并处五百元以上一千元以下罚款：（一）刻划、涂污或者以其他方式故意损坏国家保护的文物、名胜古迹的；（二）违反国家规定，在文物保护单位附近进行爆破、钻探、挖掘等活动，危及文物安全的。

2.《刑法》第三百二十四条 故意损毁国家保护的珍贵文物或者被确定为全国重点文物保护单位、省级文物保护单位的文物的，处三年以下有期徒刑或者拘役，并处或者单处罚金；情节严重的，处三年以上十年以下有期徒刑，并处罚金。

故意损毁国家保护的名胜古迹，情节严重的，处五年以下有期徒刑或者拘役，并处或者单处罚金。

过失损毁国家保护的珍贵文物或者被确定为全国重点文物保护单位、省级文物保护单位的文物，造成严重后果的，处三年以下有期徒刑或者拘役。

3.《文物保护法》第九十六条 违反本法规定，损害他人民事权益的，依法承担民事责任；构成违反治安管理行为的，由公安机关依法给予治安管理处罚；构成犯罪的，依法追究刑事责任。

【案例提示】

名胜古迹和文物不仅是眼前可见的石碑石刻、馆藏器物，更是承载中华文明的历史见证，是连接过去与未来的文化桥梁。一旦遭到破坏，历史信息的流失将难以修复，文化传承的断裂将无可挽回。为此，广大市民和游客应增强文物保护意识，筑牢法律底线：

1. 敬畏历史，不以刻痕留名。文物不可复制，古迹不可重来。刻下“某某到此一游”的，不是纪念，而是污点；毁掉的，不仅是石面，还有民族的尊严。每位游客应深刻认识到，文物与名胜古迹属于国家与全体人民，是全社会共同守护的文化财富。真正的“留念”，不该建立在破坏之上，而应建立在敬畏与保护中。

2. 约束个人言行，遵守景区规则。每一条参观路线、每一处围栏、每一项提示，都是景区为文物保护和游客安全精心设计的，广大游客应自觉规范在景区内的一举一动，严格遵循景区制定的各项规章制度。在游览路线选择、观景停留区域、参观时间限制等方面，做到文明规范、理性出行。

3. 探索文明留念，传播美好体验。留住旅程的记忆不必靠一笔“乱刻”，现代科技和文创产品为我们提供了更丰富、文明的纪念方式。使用相机、手机拍摄风景、合影，在纪念册中书写游览心情、心得，选购具有地域文化特色的文创商品，参与景区推出的“数字留影”“文明打卡”等线上互动项目，不仅更具文化价值，而且不会对文物造成不可逆的损害，还可以更好地守护和传承中华民族的文化瑰宝。

十九、偷开他人机动车行为应予以处罚

公安部发布的最新统计数据显示，2024年，全国机动车保有量达4.53亿辆，其中汽车3.53亿辆；机动车驾驶人达5.42亿人，其中汽车驾驶人5.06亿人。随着社会汽车保有量的不断上升，汽车已深度嵌入社会运转体系。但在日常生活中，偷开他人机动车的违法行为时有发生。

偷开，是指未经机动车所有人、管理人、驾驶人或者其他占有人许可或者同意，并在上述人员不知晓的情况下，擅自驾驶他人所有或者占有的机动车。上述行为不仅严重侵犯公民的合法财产权益，还极易引发交通事故等后果；不仅破坏交通管理秩序，还给人民群众生命财产安全带来严重威胁。

【基本案情】

某日晚11时许，赵某与范某在街上闲逛发现路边停放着一辆崭新的上海大众轿车，二人凑近后发现车门未锁，车钥匙也在车上，便萌生了“开车去兜风”的想法，于是赵某载着范某将车开走。在兜风的过程中，范某想练习一下车辆驾驶，赵某就让范某开车，自己坐副驾驶指挥。因范某驾驶不当，将车撞在路边树

上，造成车辆前保险杠损坏。事后二人将车开回，并停放至原停车位。

第二天，车主发现车辆损坏且有被人驾驶过的痕迹，立即报警。接警后，当地公安机关迅速调取了事发当晚周边的路面监控，很快锁定了违法嫌疑人赵某与范某的身份，二人对偷开他人机动车的事实供认不讳。公安机关对赵某、范某分别给予罚款1500元的行政处罚。

【案情分析】

赵某与范某作为具有完全行为能力的自然人，在生理和精神状态正常的情况下，实施了偷开他人机动车的行为，具备承担相应法律后果的能力。二人在街上闲逛，发现车门未锁、钥匙在车上时，主动萌生“开车去兜风”的想法，并付诸行动，存在明显的故意心理，其行为侵犯了车主对车辆的财产所有权，赵某与范某未经授权开走车辆，破坏了车主对车辆的正常占有和使用状态。一系列行为有完整的过程，造成了车辆被偷开以及损坏的结果。依照《治安管理处罚法》相关规定罚款1500元；涉及车辆损坏的部分，要求赵某、范某对车主进行赔偿。

【法条链接】

1.《治安管理处罚法》第七十六条第一项　有下列行为之一的，处一千元以上二千元以下罚款；情节严重的，处十日以上十五日以下拘留，可以并处二千元以下罚款：（一）偷开他人机动车的；

2.《刑法》第二百六十四条　盗窃公私财物，数额较大的，或者多次盗窃、入户盗窃、携带凶器盗窃、扒窃的，处三年以下有期徒刑、拘役或者管制，并处或者单处罚金；数额巨大或者有其他严重情节的，处三年以上十年以下有期徒刑，并处罚金；数额特别巨大或者有其他特别严重情节的，处十年以上有期徒刑或者无期徒刑，并处罚金或者没收财产。

3.《最高人民法院、最高人民检察院关于办理盗窃刑事案件适用法律若干问题的解释》第十条　偷开他人机动车的，按照下列规定处理：（一）偷开机动车，导致车辆丢失的，以盗窃罪定罪处罚；（二）为盗窃其他财物，偷开机动车作为犯罪工具使用后非法占有车辆，或者将车辆遗弃导致丢失的，被盗车辆的价值计入盗窃数额；（三）为实施其他犯罪，偷开机动车作为犯罪工具使用后非法占有车辆，或者将车辆遗弃导致丢失的，以盗窃罪和其他犯罪数罪并罚；将车辆送回未造成丢失的，按照其所实施的其他犯罪从重处罚。

【案例提示】

偷开他人机动车系违法行为，造成严重后果可能涉嫌刑事犯罪。切勿因一时之欲望偷开他人机动车，更不能心存侥幸，对偷开机动车的行为不以为意，放纵自己开车的欲望，最终走上违法、犯罪道路则悔之晚矣。

1. 偷开即违法，侥幸终难逃。不少人存在侥幸心理，认为车主未上锁或是熟人就可以“暂借使用”。实际上，法律并未因“熟人关系”“归还车辆”“未获利”等理由豁免责任。偷开行为无论造成损失与否，其本身就是对公共管理秩序的破坏，依法应予以处罚。一旦因偷开引发交通事故、人员伤亡或他人财产重大损失，将不仅面临治安管理处罚，还可能被追究刑事责任。

2. 无证更危险，驾车需资质。偷开他人机动车者不乏无证驾驶人员，其中不少是未成年人。这类群体法律意识淡薄，缺乏驾驶技能，遇突发情况易惊慌失控，极易导致交通事故。一旦发生事故，不仅自己面临处罚，还可能让家庭背上沉重赔偿代价。驾驶机动车是严肃的法律行为，必须经过正规培训、考核合格，获取驾驶资格后方可上路。

3. 育人重引导，守法靠共治。家庭是预防违法行为的第一道关口。家长应妥善保管车辆钥匙，切勿让未成年人或无证人员接触车辆，更不可“默许试驾”或“放任尝鲜”，同时要用真实案例教育孩子尊法、畏法、守法。

一念之差，悔之晚矣。偷开他人机动车，不是“青春刺激”，而是违法行为；不是“潇洒一回”，而是安全与自由的“双重翻车”。应时刻警惕身边的“动手冲动”，用法律与责任守护社会的交通秩序和公共安全。

二十、无证驾驶船舶行为应予以处罚

随着我国内河航运和沿海运输业的快速发展，水上交通日益繁忙，船舶驾驶的专业性和安全性要求也不断提升。根据有关法律规定，驾驶船舶必须持有相应适任证书，未经培训、考试合格的人员，不得上船驾驶。然而，在实际工作中，部分船主为节约成本，冒险雇人无证驾船作业，不仅扰乱正常水上交通秩序，更将自身和他人的生命安全置于危险中。

与此同时，此类违法行为隐蔽性较强、监管难度大，违法行为人通常抱有侥幸心理，躲避执法机关的检查。近年来，随着执法部门之间联合执法机制的日趋成熟，对无证驾驶船舶的打击力度也不断加大。

【基本案情】

刘某经营一艘往返两地的干货船。因航运生意不景气，为节省开支，他辞退了有证驾驶人，自己无证驾驶运货。某月底，刘某驾驶满载货物的干货船抵达某地渔山锚地时，被当地交通运输执法大队港航大队日常巡查发现异常。经核查，确认刘某无证驾驶。随后，港航大队将情况通报给公安分局水上派出所，两部门联合调查，掌握了刘某无证驾驶的充分证据。根据《治安管理处罚法》的相关规定，刘某最终被处以行政拘留并处罚款的行政处罚。

【案情分析】

本案主体为刘某，其经营干货船业务，具备完全民事行为能力，能够对自身行为承担法律责任。因航运生意不景气，自行无证驾驶运货，存在主观故意违法的心理状态。其行为侵犯了水上交通管理秩序以及公共安全，扰乱了正常的航运管理规定，无证驾驶行为有充分的调查证据予以证实。刘某的行为违反《治安管理处罚法》，被依法处以行政拘留10日并处罚款1000元的行政处罚。

【法条链接】

1.《治安管理处罚法》第七十六条第二项　有下列行为之一的，处一千元以上二千元以下罚款；情节严重的，处十日以上十五日以下拘留，可以并处二千元以下罚款：……（二）未取得驾驶证驾驶或者偷开他人航空器、机动船舶的。

2.《刑法》第一百三十三条　违反交通运输管理法规，因而发生重大事故，致人重伤、死亡或者使公私财产遭受重大损失的，处三年以下有期徒刑或者拘役；交通运输肇事后逃逸或者有其他特别恶劣情节的，处三年以上七年以下有期徒刑；因逃逸致人死亡的，处七年以上有期徒刑。

3.《海上交通安全法》第九十七条　在船舶上工作未持有船员适任证书、船员健康证明或者所持船员适任证书、健康证明不符合要求的，由海事管理机构对船舶的所有人、经营人或者管理人处一万元以上十万元以下的罚款，对责任船员处三千元以上三万元以下的罚款；情节严重的，对船舶的所有人、经营人或者管理人处三万元以上三十万元以下的罚款，暂扣责任船员的船员适任证书六个月至十二个月，直至吊销船员适任证书。

4.《内河交通安全管理条例》第九条　船员经水上交通安全专业培训，其中客船和载运危险货物船舶的船员还应当经相应的特殊培训，并经海事管理机构考试合格，取得相应的适任证书或者其他适任证件，方可担任船员职务。严禁未取得适任证书或者其他适任证件的船员上岗。

船员应当遵守职业道德，提高业务素质，严格依法履行职责。

第九十条　违反本条例的规定，触犯《中华人民共和国治安管理处罚法》，构成违反治安管理行为的，由公安机关给予治安管理处罚。

【案例提示】

驾驶船舶必须依法取得相应资格证件。内河船舶驾驶员需持有内河船舶船员适任证书，沿海航行船舶驾驶员除具备沿海船舶船员适任证书外，从事客船、油船等特殊船舶运输的船员，还需获取特殊培训合格证。这些证书是合法驾驶船舶的法定要件，其背后是保障水上交通安全的法律逻辑。

1. 无证驾驶属违法行为，法律后果不容忽视。根据《内河交通安全管理条例》《治安管理处罚法》等法律法规，未取得相应船舶驾驶证件擅自驾船的行为属于违法。若因无证驾驶造成事故或人员伤亡，更可能面临刑事处罚。驾驶船舶作为一项专业性较强的操作行为，必须持证上岗。

2. 水上环境复杂多变，非法操作危害极大。相较于陆地交通，水上航行受水流、风浪、视距等因素影响更大，突发情况多、应对难度高。无证人员普遍缺乏必要的安全知识和操作技能，遇到紧急情况往往无法作出正确反应，极易导致船只失控、碰撞、倾覆等事故。

3. 船舶管理需加强，群众守法是关键。广大群众应切实增强守法意识，严格遵守船舶驾驶管理规定，不私自借船、偷船，不将船只交由无证人员使用。对于家庭拥有船舶的村民，应加强日常管理，妥善保管钥匙，避免“人船分离”等安全隐患。同时，广大群众也要主动抵制、举报无证驾船等行为，共同营造安全有序的水上交通环境。

二十一、故意破坏他人坟墓行为应予以处罚

“慎终追远，民德归厚矣。”慎终追远的传统，是中华民族几千年来薪火不息的精神文化纽带。坟墓作为后人寄托哀思的场所，不仅承载着个体情感与家族记忆，更映射着整个社会的伦理底线与人文精神。每一次庄重的祭扫，都是对先辈的缅怀，对家族精神的传承，是中华民族“孝”文化的深刻体现。

破坏、污损坟墓如同一把利刃，直刺逝者家属的内心深处。面对此类事件，仅仅依靠法律的制裁远远不够，我们更应从文化根源和人际关系的角度出发，积极修复被破坏的邻里关系，重拾对传统习俗的尊重。

【基本案情】

某日，某地公安机关接村民黄某报警，称其亲属的墓碑被他人故意砸毁。经调查，受害方黄某所属宗支与侵害方黄某甲所属宗支百余年前同出一门，但近代分支发展后墓地使用范围存有分歧。黄某为缅怀先祖，在村后山立碑纪念，黄某甲认为其擅自立碑行为系“侵占坟山”，遂组织十余名本支族人深夜前往，将墓碑推倒砸毁。公安机关接警后迅速展开调查，依法对参与毁墓的黄某甲等人进行传唤，最终对其中2名主要违法行为人依法给予行政拘留的处罚。

【案情分析】

侵害方为黄某甲组织的其支族成员，受害方为黄某。黄某甲明知砸毁墓碑的行为违法，仍因认为黄某立碑侵占其支族坟山，在交涉无果后，故意组织人员实施砸毁行为，存在主观故意。该行为侵犯了黄某对其亲属墓碑的所有权，违背公序良俗。侵犯的客体是社会管理秩序，并造成墓碑污损、损毁等后果。

【法条链接】

1.《治安管理处罚法》第七十七条第一项　有下列行为之一

的，处五日以上十日以下拘留；情节严重的，处十日以上十五日以下拘留，可以并处二千元以下罚款：（一）故意破坏、污损他人坟墓或者毁坏、丢弃他人尸骨、骨灰的；

2.《最高人民法院关于确定民事侵权精神损害赔偿责任若干问题的解释》第三条　死者的姓名、肖像、名誉、荣誉、隐私、遗体、遗骨等受到侵害，其近亲属向人民法院提起诉讼请求精神损害赔偿的，人民法院应当依法予以支持。

【案例提示】

慎终追远一直是民族精神的核心所在。破坏、污损坟墓行为不仅是对逝者的不敬，更是对其亲属情感的深深伤害，严重扰乱了社会公共秩序。近年来，部分地方因土地纠纷、家族矛盾等因素引发冲突，招致群众的强烈不满和舆论关注。广大群众在日常生活中应增强法治意识和文明观念，警惕此类行为可能带来的法律风险和社会危害，做到自觉守法、理性行事。

1. 增强尊重意识，坚守道德底线。坟墓作为亲属寄托情感、悼念先人的场所，不仅承载着个体记忆，更关系到社会的伦理秩序。破坏坟墓行为，往往会引发激烈的情绪反应，影响社会和谐稳定。在日常生活中应自觉尊重他人宗教信仰和丧葬习俗，在任何情况下都不可通过污损、推倒、焚烧、泼漆等方式对坟墓进行破坏。

2. 正确处理纠纷，拒绝非法手段。破坏坟墓多因矛盾激化引发，如家庭内部争产、邻里土地争执、旧怨积压等。群众如遇类似问题，应理性协商、依法调解，必要时寻求司法途径解决，而不应以“毁墓泄愤”来表达不满。这种行为不仅违法，还可能构成寻衅滋事、故意毁坏财物等罪名，得不偿失。

3. 远离违法牟利，防范法律风险。在个别案件中，破坏坟墓还涉及非法盗掘、倒卖骨灰盒或祭祀用品，牟取非法利益。这类行为已经突破了违反治安管理范畴，易触犯《刑法》，涉嫌文物犯罪。群众应自觉远离，不提供帮助、不收购涉案物品，发现问题应及时报警，积极配合公安机关打击此类行为。

每一位公民都应强化法治意识、提高文明素养，稳住情、守住法，共同营造尊重生命、敬畏传统、和谐有序的社会环境。

二十二、组织卖淫行为应予以处罚

“黄”对个人身心健康、家庭和睦造成巨大损害，侵犯社会主义道德风尚，毒化社会风气，严重危害社会管理秩序。组织卖淫的违法犯罪分子通常在宾馆、洗浴中心、会所等设置或变相设置卖淫场所，以招募、雇佣、纠集等手段，利用现代化的交通与通信设施，管理或控制多人从事卖淫活动。

近年来，随着新型传播媒介的快速发展及广泛应用，此类交易的隐蔽性更强、危害更大。卖淫，是指以获得物质报酬为目的，非法与不特定的异性或者同性发生性关系的行为。公安机关保持严打高压态势，对可能滋生卖淫违法犯罪的行业场所和重点区域持续开展检查，对发现的涉黄违法犯罪行为发现一起查处一起，进一步净化社会治安环境，违者或将面临治安管理处罚。

【基本案情】

接群众举报，某足道中心有涉及卖淫嫖娼的违法行为，公安机关经综合研判后开展抓捕行动，共抓获卖淫人员3名、嫖客3名。经调查，该足道中心法人为牟取非法利益，在其经营的足浴店内，招募于某、张某、刘某三名女性在店内从事卖淫活动，由前台收取嫖资后，按照四六分成，卖淫人员分得六成，通过微信转账的方式分配给卖淫人员于某、张某、刘某。当日22时，在该足道中心内查获卖淫女于某、张某、刘某。公安机关对于某、张某、刘某的卖淫行为处以拘留15日并罚款5000元的行政处罚，对足道中心法人涉嫌容留、介绍卖淫行为立案侦查。

【案情分析】

本案中卖淫行为主体为于某、张某、刘某3名成年女性，在足道中心内向嫖客提供违法色情服务，客观上通过色情手段换取金钱报酬，主观上对其违法行为明知而为，违背社会道德，依法应予处罚。对足道中心法人涉嫌的容留、介绍卖淫行为开展立案侦查。对涉嫌嫖娼行为的人员进行进一步深挖，事实确认后，依法进行处罚。

【法条链接】

1.《治安管理处罚法》第七十八条　卖淫、嫖娼的，处十日以上十五日以下拘留，可以并处五千元以下罚款；情节较轻的，处五日以下拘留或者一千元以下罚款。

在公共场所拉客招嫖的，处五日以下拘留或者一千元以下罚款。

2.《刑法》第三百五十八条第一款　组织、强迫他人卖淫的，处五年以上十年以下有期徒刑，并处罚金；情节严重的，处十年以上有期徒刑或者无期徒刑，并处罚金或者没收财产。

【案例提示】

当前，部分不法分子以网络社交平台、美容按摩店、私人会所等为幌子，进行卖淫活动招揽，甚至利用高薪诱惑、感情欺骗等手段引诱女性参与卖淫活动。广大群众应擦亮眼睛，保持理性，不贪图小利、不抱侥幸心理，坚决拒绝参与违法交易，特提示如下：

1. 严格遵守法律法规，拒绝卖淫违法活动。卖淫不仅违反社会道德和法律规定，还可能导致各类性病的传播。网络上流传的不给钱就不构成卖淫是不准确的，只要双方合意以金钱、财物为目的发生性关系，即使没有实际交付嫖资，也属卖淫嫖娼行为。

2. 加强教育宣传，营造健康的社会环境。社会各界应共同努力，加强对青少年的法治教育和道德教育，培养健康向上的价值观，预防和抵制卖淫等不良行为的侵害。媒体和公众人物应发挥积极作用，宣传正能量，弘扬社会主义核心价值观，营造风清气正的社会环境。

3. 提供帮助支持，帮助卖淫者回归正轨。社会各界应当关心和帮助因各种原因从事卖淫活动的人，提供心理辅导、职业培训和就业机会，帮助他们摆脱困境，回归正常生活轨道。对那些因受到欺骗、胁迫而从事卖淫活动的受害者，社会应给予更多的关怀和支持，帮助他们恢复身心健康，重新融入社会。

二十三、卖淫嫖娼行为应予以处罚

嫖娼作为一种严重破坏社会风尚的违法行为，长期潜藏于社会之中，不仅违反国家法律，践踏社会公德，更是影响家庭稳定、危害公共健康、滋生违法犯罪的重要诱因。现实中，不少家庭因成员卷入嫖娼行为而遭遇信任危机，导致夫妻决裂、子女受挫。卖淫嫖娼活动常常伴随着吸毒、敲诈勒索、诈骗等违法犯罪行为，其隐蔽性、传播性与危害性日益加剧，严重威胁社会秩序与公众安全。对此，公安机关持续保持高压打击态势，依法严惩一切涉黄行为，积极引导社会各界树立健康观念、弘扬良俗风尚，共同营造风清气正的社会环境。

【基本案情】

某派出所民警在日常工作中，获取辖区某足浴店内有人从事卖淫嫖娼活动的线索。派出所高度重视，提前对该足浴店进行了多日的秘密侦查，掌握了其内部结构、人员活动规律以及可能存在的卖淫嫖娼交易模式。在掌握充分证据后，行动正式展开。一组民警负责控制出入口，防止店内人员逃脱；另一组民警则直接进入店内，对各个房间进行仔细搜查。民警当场查获了正在进行嫖娼活动的王某、黄某、杨某3人。随后，3名涉案人员被带回派出所接受进一步调查。经询问，他们对自己的嫖娼行为供认不讳。

公安机关根据《治安管理处罚法》第78条规定，依法给予王某、黄某、杨某3人行政拘留15日并处罚款5000元的处罚；对卖淫人员进行性病检查并处罚；对足浴店立案侦查。

【案情分析】

这起嫖娼案件中，行为主体为王某、黄某、杨某3人，他们作为具有完全民事行为能力的个体，实施了违法活动。主观方面，3人明知嫖娼行为违反法律规定，仍主动寻求并参与，存在主观故意。客体上，其行为严重破坏了社会治安秩序与良好的社会风尚，损害了公序良俗。客观方面，3人在足浴店内进行嫖娼交易，被民警当场查获，证据确凿。按照《治安管理处罚法》第78条规定，依法给予王某、黄某、杨某3人行政拘留15日并处罚款5000元的处罚。同时，对卖淫人员进行性病检查并进行处罚；对足浴店进行立案侦查。

【法条链接】

1.《治安管理处罚法》第七十八条　卖淫、嫖娼的，处十日以上十五日以下拘留，可以并处五千元以下罚款；情节较轻的，处五日以下拘留或者一千元以下罚款。

在公共场所拉客招嫖的，处五日以下拘留或者一千元以下罚款。

2.《刑法》第三百五十八条第一款　组织、强迫他人卖淫的，处五年以上十年以下有期徒刑，并处罚金；情节严重的，处十年以上有期徒刑或者无期徒刑，并处罚金或者没收财产。

【案例提示】

嫖娼行为不仅触犯了法律，更会对个人声誉、家庭稳定和社会秩序带来严重影响。虽然有人认为嫖娼行为是一种个人选择，但在法律面前，它是违法行为，任何人都应意识到其严重后果。

1. 嫖娼违法，必受处罚。嫖娼行为违反《治安管理处罚法》，一经查实，将面临行政拘留、罚款等处罚。违法记录影响个人声誉，还可能影响工作、出国、子女教育等诸多方面。一些嫖娼者还落入“仙人跳”陷阱，被不法分子偷拍敲诈，悔之晚矣。远离违法行为，不仅是守法底线，更是人生底线。

2. 提高警惕，远离诱惑。当前，嫖娼行为呈网络化、隐蔽化趋势，很多违法行为通过社交平台、虚假“服务”广告等手段伪装出现，不法分子甚至专门设计圈套，诱导受害者上钩再行敲诈。广大群众尤其是年轻人，应当增强法治意识，提高辨别能力，警惕“低价服务”“快速上门”等陷阱信息，自觉远离不良场所，杜绝侥幸心理。

嫖娼行为并非“个人私德问题”，而是法律明令禁止、社会高度警惕、群众深恶痛绝的违法行为。它带来的不仅是拘留与罚款，更可能是名誉尽毁、事业断裂、家庭崩塌、身心俱损。敬畏法律，洁身自好，是对自己人生的负责；拒绝黄害，远离诱惑，是对家庭与社会的担当。

二十四、招嫖行为应予以处罚

拉客招嫖，既要有“拉客”行为，即主动拉拢、引诱、纠缠的行为，也要有“招嫖”行为。只要在公共场所“拉客”和“招嫖”行为即可构成该行为，不必实施事实上的卖淫嫖娼行为。同时，卖淫人员必须有拉客招嫖的具体行为，如有公开拉扯他人、阻挡他人等行为，并有向他人表达卖淫意图的意思表示。随着社交平台和通信工具的发展，拉客招嫖手段不断“翻新”，严重冲击着社会伦理与法律底线。

【基本案情】

某日，在当地公安机关的专项清查行动中，某派出所查处一起拉客招嫖案件。民警在工作中发现辖区有“站街招嫖”的违法行为。对此，派出所对该路段进行缜密侦查，在某大街发现有一女子经常夜间主动搭讪路人，民警抓住时机立刻上前盘问，当场查获该女子涉嫌拉客招嫖的违法行为，随即将女子带回派出所接受调查。经询问，该女关某（36岁）对其在某大街拉客招嫖的行为供认不讳。公安机关根据《治安管理处罚法》第78条的规定，对关某予以行政拘留5日的行政处罚。

【案情分析】

案件中，主体为关某，具有完全民事行为能力，选择通过违法手段牟取利益。从主观方面来看，关某在大街上主动搭讪路人，其行为明显是故意为之，以实现招嫖获利的目的。在客体上，拉客招嫖行为严重破坏社会公序良俗，扰乱社会治安管理秩序，侵蚀健康文明的社会风气。客观方面，关某在夜间于大街上实施主动搭讪路人的具体招嫖语言、行为，被民警当场查获，证据确凿。公安机关根据《治安管理处罚法》第78条的规定，对关某予以行政拘留5日的行政处罚。

【法条链接】

《治安管理处罚法》第七十八条　卖淫、嫖娼的，处十日以上十五日以下拘留，可以并处五千元以下罚款；情节较轻的，处五日以下拘留或者一千元以下罚款。

在公共场所拉客招嫖的，处五日以下拘留或者一千元以下罚款。

【案例提示】

警惕“拉客招嫖”陷阱，守法自律远离风险。近年来，一些不法分子在街头以“按摩”“陪聊”“特殊服务”等为幌子，招揽他人参与嫖娼活动。这类“拉客招嫖”行为严重扰乱社会秩序，广大群众必须高度警惕，增强法律意识，远离此类违法活动，切实维护自身安全和社会公共秩序。

1. 洁身自好，严守底线。当前“拉客”手段花样百出，既有街头搭讪、诱导至隐蔽场所，也有通过短视频平台、社交软件发布“擦边”广告，诱人上钩。一些行为背后实为“设局”，一旦进入指定场所，不仅可能被偷拍、敲诈，甚至人身安全也面临威胁。群众应保持警觉，对陌生搭讪保持谨慎，避免掉入陷阱。

2. 勤劳正途，摒弃邪念。不要被拉客招嫖看似“轻松来钱”的假象迷惑。靠这种不正当手段获利，既违背道德又触犯法律。用双手辛勤劳动，合法合规赚钱，生活才能踏实安稳。要在心底筑牢抵制此类行为的堤坝，树立勤劳致富的正确理念，坚决对拉客招嫖说“不”。

3. 全民监督，净化环境。作为守法公民，应当增强自律意识，自觉抵制低俗诱惑，远离不良场所，不看、不信、不传涉黄信息。同时，积极参与监督举报，勇于揭发违法行为。守法，是最好的保护伞。共同提高警惕、严守法律、不信诱惑、不入陷阱，做文明守法的践行者，共筑安全稳定的社会防线。

二十五、介绍他人卖淫行为应予以处罚

引诱、容留、介绍卖淫，是指以金钱、物质或者其他利益诱使他人卖淫，或者为卖淫者和嫖娼者提供场所或者进行居间介绍，尚不够刑事处罚的行为。介绍卖淫的角色多是出于营利目的，但即便介绍人未从介绍行为中获利，仍然可能构成介绍卖淫甚至涉嫌介绍卖淫罪。

卖淫和嫖娼行为系互为依存前提，故延伸出介绍卖淫与介绍嫖娼是否存在交集的话题。若仅介绍熟人或朋友去嫖娼，提供卖淫一方的地点或者联系方式，与卖淫一方并无关联，应属于介绍嫖娼范畴，不应因对促成卖淫行为具有一定的原因力而视为介绍卖淫。为了卖淫一方的利益而介绍他人去嫖娼，则可认定为介绍卖淫，应予以行政处罚。无论是出于好心还是为了赚钱，只要帮别人搭桥牵线实施相关行为，均涉及违法犯罪行为。

【基本案情】

谢某经营一家洗浴城。该洗浴城主要经营项目为洗脚、按摩、推油、盐浴（洗澡），其中推油、洗澡两项包含为他人提供238元的服务（手淫、口交）。周某为谢某朋友，某日介绍了徐某来接受手淫、口交等服务。店里收入由谢某、周某与提供手淫服务的人员平分。当日，当地派出所接到群众举报，前往该洗浴城进行检查，当场抓获提供手淫服务的女子王某、肖某及其服务对象，经徐某交代，是周某介绍、撺掇他来本店接受手淫服务的。经调查询问，发现周某为第三次介绍他人来接受服务，得到好处费共计150元。公安机关依法对周某处行政拘留10日，并处罚款3000元；对王某、肖某、徐某处行政拘留10日，并处罚款3000元；对谢某经营的洗浴城进行立案侦查。

【案情分析】

周某符合介绍卖淫行为主体要求。在主观方面，周某明知洗浴城存在提供手淫、口交等非法性服务项目，为获取好处费积极介绍徐某前往，主观上存在故意，该行为侵犯了社会治安管理秩序以及良好的社会道德风尚。非法性交易活动严重扰乱社会公序良俗，对社会风气造成恶劣影响。周某实施了具体的介绍行为，撺掇徐某来店接受服务，且已不是首次，此次被抓获时是第三次介绍他人，其行为促使了卖淫嫖娼行为的发生。

王某、肖某、徐某等人的行为属于卖淫嫖娼行为，根据《治安管理处罚法》和《全国人民代表大会常务委员会关于严禁卖淫嫖娼的决定》的规定，不特定的异性之间或者同性之间以金钱、财物为媒介发生不正当性关系的行为，包括口淫、手淫、鸡奸等行为，都属于卖淫嫖娼行为，对行为人应当依法处理。

谢某作为洗浴城的经营者，为卖淫嫖娼提供了经营场所，根据其违法行为程度开展立案侦查。

【法条链接】

1.《治安管理处罚法》第七十九条　引诱、容留、介绍他人卖淫的，处十日以上十五日以下拘留，可以并处五千元以下罚款；情节较轻的，处五日以下拘留或者一千元以上二千元以下罚款。

2.《刑法》第三百五十九条　引诱、容留、介绍他人卖淫的，处五年以下有期徒刑、拘役或者管制，并处罚金；情节严重的，处五年以上有期徒刑，并处罚金。

引诱不满十四周岁的幼女卖淫的，处五年以上有期徒刑，并处罚金。

第三百六十一条　旅馆业、饮食服务业、文化娱乐业、出租汽车业等单位的人员，利用本单位的条件，组织、强迫、引诱、容留、介绍他人卖淫的，依照本法第三百五十八条、第三百五十九条的规定定罪处罚。

前款所列单位的主要负责人，犯前款罪的，从重处罚。

【案例提示】

引诱、容留、介绍卖淫行为危害极大，破坏社会公序良俗，威胁人民群众生命财产安全。现实中，一些人出于“搭个线”“赚点佣金”“帮个朋友”等心理，以为自己并未直接参与卖淫，仅仅介绍他人或提供场所，便可以规避法律制裁，实际上早已触犯法律底线。

1. 勿动歪念，拒绝引诱。切不可为了一时的利益，用金钱、物质或花言巧语去诱使他人走上卖淫这条错误道路。无论是面对经济诱惑，还是出于其他目的，都要坚守法律与道德底线。劝说女性从事卖淫活动，这种行为不仅将他人推向深渊，自己也必将受到法律制裁。

2. 洁身自好，不提供容留场所。不管是自家房屋、租赁的场地，还是经营的店铺、车辆等，严禁提供给他人进行卖淫活动。个别旅馆经营者为增加收入，对店内的卖淫行为视而不见，甚至主动提供帮助，最终都难逃法律的严惩。

3. 遵纪守法，不介绍牵线。切勿在卖淫者和嫖客之间充当“中间人”。无论是帮忙推荐所谓的“特殊服务场所”，还是为双方牵线搭桥、传递信息，哪怕只是随口一提，都可能构成违法。卖淫嫖娼行为本身即为违法，而引诱、容留、介绍卖淫，更是助纣为虐、推波助澜。参与者往往心存侥幸，却最终害人害己。

二十六、利用互联网传播淫秽信息行为应予以处罚

2025年3月26日，中国网络视听协会在成都发布《中国网络视听发展研究报告（2025）》（以下简称《报告2025》）。该报告显示，截至2024年12月，中国网络视听用户规模达到10.91亿人，网络视听市场规模超过12226.49亿元。其中，网络直播是网络视听行业中的一个重要领域。《报告2025》显示，职业主播规模已达到3880万人，日直播场次已经超过350万次。可以说，网络直播不仅成为新主流消费场景，还极大地激发了传统行业的发展潜力。作为新模式新业态，直播行业快速发展难免泥沙俱下。直播打赏机制环节多、链条长，涉及平台、用户、主播等多个主体，在利益驱使下，容易滋生乱象。网络空间具有隐蔽性，也助长个别人的侥幸心理。一些网络主播为博眼球、赚流量，在直播间传播淫秽、低俗信息，不仅突破道德底线、污染网络生态，而且扰乱了社会秩序，触犯了法律法规。

【基本案情】

近日，某公安机关依法查处了一起利用网络平台进行低俗直播并传播淫秽色情视频案件，抓获了违法行为人唐某（即网络主播“野伟”）。网安大队在日常网络巡查中发现，在某直播平台上，某网络主播“野伟”为获取网民打赏，多次以低俗不堪的言语和不雅动作传播内容露骨、淫秽低俗信息，并通过微信传播淫秽色情视频，挑战社会道德底线。直播间多人围观，造成恶劣的社会

影响，公安机关第一时间固定证据并联合相关部门进行执法。公安机关根据《治安管理处罚法》第80条的规定，依法对违法行为人唐某作出行政拘留10日并处罚款3000元的处罚。

【案情分析】

唐某作为具有完全民事行为能力的成年人，长期从事直播平台网络主播一业，明知不可利用网络平台进行低俗直播、传播淫秽色情视频，但为获取网民打赏，仍然继续在直播中多次传播淫秽低俗信息，挑战社会道德底线，并通过微信传播淫秽色情视频，主观故意明显，直播间多人围观，构成传播淫秽信息的违法行为。

【法条链接】

1.《治安管理处罚法》第八十条　制作、运输、复制、出售、出租淫秽的书刊、图片、影片、音像制品等淫秽物品或者利用信息网络、电话以及其他通讯工具传播淫秽信息的，处十日以上十五日以下拘留，可以并处五千元以下罚款；情节较轻的，处五日以下拘留或者一千元以上三千元以下罚款。

前款规定的淫秽物品或者淫秽信息中涉及未成年人的，从重处罚。

2.《刑法》第三百六十四条第一款、第四款　传播淫秽的书刊、影片、音像、图片或者其他淫秽物品，情节严重的，处二年以下有期徒刑、拘役或者管制。

……

向不满十八周岁的未成年人传播淫秽物品的，从重处罚。

【案例提示】

时至今日，网络直播正在成为越来越多的人日常生活的一部分。对主播而言，这是一种展示自我、分享生活的方式，也是一份生产内容、讲究运营的工作。对观众来说，这也是一个休憩身心、呵护情感的选择。正是观众与主播的双向互动，构建起情绪价值，成就了网络直播行业的欣欣向荣。从初衷来看，直播打赏是鼓励作者创作优质内容的好方法。问题的关键就在于一些打赏背后的行为失范，既丧失了理智，也突破了底线。网络不是法外之地，每个人都有责任和义务净化网络环境。

1. 理智打赏，坚守道德。在网络直播环境中，打赏行为不仅是一种经济支持，更是价值取向的直观体现。在打赏时，务必保持清醒的头脑，避免因主播的诱导或直播间氛围的裹挟而盲目冲动。坚决抵制借助打赏宣扬、传播淫秽信息的行为，因为这类内容不仅腐蚀人们的心灵，还严重破坏网络空间的文明健康秩序。只有守住道德底线，理智打赏，才能推动网络直播朝着积极健康的方向发展。

2. 监督举报，净化平台。观众作为网络直播的直接参与者，对直播间内的情况有着最直接的感知。当观看直播时，一旦发现主播或其他观众传播淫秽信息，切不可视而不见，应主动向直播平台反馈，或向网信、公安等相关监管部门举报。每一次及时有效的举报，都是在为净化网络直播环境添砖加瓦，有助于营造风清气正的网络空间，保障广大网民尤其是青少年免受不良信息的侵害。

3. 知法守法，传播正能量。网络空间并非法外之地，了解网络法律法规是每个网民的必修课。大家应深入学习与网络直播相关的法律知识，清楚知晓传播淫秽信息需承担的法律后果，做到心中有法、行为守法。同时，积极在直播间内传播正能量，分享有益的知识、感人的故事，为网络直播行业注入积极向上的力量，引领行业健康有序发展。

二十七、为赌博提供条件或者参与赌博行为均应予以处罚

赌博是一种败坏社会风气的不良行为，属于违法行为。传统的赌博形式，如麻将、扑克、骰子等，仍然广泛存在，通常以家庭、朋友聚会为掩护，进行小规模的赌博活动，但在一些地方，这种行为已经演变成了具有规模和组织性的赌博。同时，随着互

联网和智能手机的普及，网络赌博呈现出迅速发展的态势，通过虚拟货币、电子支付等方式进行资金流转，隐蔽性强、传播快，监管难度大。网络赌博不仅包括传统的牌类、赌类游戏，还衍生出各种形式的网络博彩，一些不法分子利用娱乐场所，如酒吧、KTV等，进行赌博活动。

公安机关对赌博活动一直保持零容忍的态度，坚决打击赌博，依法追究法律责任。

【基本案情】

某派出所接群众举报，在民族中学对面的一家麻将室内有人正在进行赌博活动，随即派出所组织警力前往现场调查。到达现场后，民警发现刘某、代某、李某等14人正在以“打麻将”的方式进行赌博，共收缴1850元人民币的赌资以及3台赌博工具麻雀牌“麻将机”。随后，14名涉嫌赌博的人员被依法传唤至派出所接受调查。经调查，14人对赌博行为供认不讳，县公安局根据《治安管理处罚法》相关规定，依法对参与赌博的14人以及为赌博提供条件的麻将室负责人进行处罚。

【案情分析】

本案违法主体为刘某、代某、李某等14人，他们均为达到法定责任年龄、具有完全民事行为能力的自然人，具备对自身行为的辨认和控制能力，能够独立承担相应的法律后果。他们明知在麻将室内以“打麻将”的方式进行财物输赢的活动属于赌博行为，但仍然积极参与其中，主动追求通过赌博获取财物的目的，构成了明显的主观故意。赌博活动不仅破坏了社会的正常管理秩序，干扰了正常的社会生活和经济秩序，还滋生出一系列诸如诈骗、盗窃等违法犯罪行为，对社会治安造成潜在威胁，与健康文明的社会风尚背道而驰，符合赌博违反治安管理行为的特征。

【法条链接】

《治安管理处罚法》第八十二条　以营利为目的，为赌博提供条件的，或者参与赌博赌资较大的，处五日以下拘留或者一千元以下罚款；情节严重的，处十日以上十五日以下拘留，并处一千元以上五千元以下罚款。

【案例提示】

凡是以营利为目的，用财物通过特定方式比输赢的行为都是赌博活动。任何形式的赌博活动都是违法的，一律禁止和取缔。随着网络的普及，除麻将、扑克、骰子、赌博机等传统赌博形式外，直播线下赌场线上下注、赌球赛等体育赛事的外围赌博、非法获利大量游戏币设立赌局，利用网络红包等移动支付平台衍生的新型赌博形式也越来越常见。

1. 知晓法律红线，抵制赌博诱惑。依据《治安管理处罚法》，以营利为目的，为赌博提供条件的，或者参与赌博赌资较大的，处五日以下拘留或者一千元以下罚款；情节严重的，处十日以上十五日以下拘留，并处一千元以上五千元以下罚款。而《刑法》规定，开设赌场、以赌博为业等情节严重行为，将被追究刑事责任。

2. 认清赌博危害，保护自身权益。赌博绝非致富捷径，而是通往毁灭的陷阱。它是一场财富的骗局，让你多年积蓄瞬间化为乌有；它是家庭的粉碎机，将温馨和睦砸得支离破碎；它是友情的腐蚀剂，让真挚的情谊在利益博弈中荡然无存。赌博更是社会秩序的破坏者，让安宁的生活布满阴霾。为了自己的未来、家人的幸福和社会的稳定，请坚决对赌博说“不”。

3. 树立自律意识，举报赌博行为。培养健身、阅读、学习等健康生活方式，远离赌博带来的不良诱惑。在日常工作与生活中，时刻保持警惕，若发现身边有赌博窝点或线上赌博平台，依据相关规定，可拨打110或前往当地公安机关举报。举报赌博行为有利于协助执法机关打击违法犯罪，营造风清气正的社会环境。

二十八、非法种植罂粟行为应予以处罚

禁毒工作事关国家安危、民族兴衰、人民福祉，毒品一日不除，禁毒斗争就一日不能松懈。国家禁毒委员会办公室发布的《2023年中国毒情形势报告》显示，当前我国毒品问题总体可控，毒情形势总体向好态势得以巩固。

非法种植毒品原植物因其种植成本低、有种植传统、隐蔽性强等特点已经成为我国农村涉毒犯罪的典型代表，犯罪发案量呈逐年增长态势。非法种植毒品原植物犯罪形势的日益严峻，不仅不利于毒品整治成果的巩固，而且阻碍了新农村建设和城市发展。对此，《禁毒法》明确规定，禁止非法种植罂粟、古柯植物、大麻植物以及国家规定管制的可以用于提炼加工毒品的其他原植物。私自种植毒品原植物，无论种植数量多少，都是违法行为，视情节严重程度将对当事人予以治安管理处罚或刑事处罚。

【基本案情】

某日，某县公安局巡特警大队巡逻队员在进行无人机空巡时，发现一居民家庭院围墙上有疑似毒品原植物植株，经仔细辨认后发现为罂粟，便立刻上门进行铲除。

经询问了解到，种植者毛某听说罂粟果能治疗家禽疾病，便抱着侥幸心理将罂粟籽播种在院子里。随后，民警将罂粟全部铲除，毛某被处以罚款300元，同时公安民警对其进行了严厉的批评教育。毛某承认了自己的错误，并保证绝不再犯。

【案情分析】

毛某明知种植罂粟属违法行为，仍然选择听信偏方隐秘种植少量罂粟，主观故意明显，构成非法种植毒品原植物的违法行为，根据《治安管理处罚法》相关规定，非法种植罂粟不满500株，在成熟前自行铲除的，不予处罚。毛某在经过公安民警的批评教育后，认识到了自己非法种植毒品原植物是错误的，并保证不会再种植。

【法条链接】

1.《治安管理处罚法》第八十三条第一款第一项、第二款　有下列行为之一的，处十日以上十五日以下拘留，可以并处五千元以下罚款；情节较轻的，处五日以下拘留或者一千元以下罚款：（一）非法种植罂粟不满五百株或者其他少量毒品原植物的……

有前款第一项行为，在成熟前自行铲除的，不予处罚。

2.《禁毒法》第十九条　国家对麻醉药品药用原植物种植实行管制。禁止非法种植罂粟、古柯植物、大麻植物以及国家规定管制的可以用于提炼加工毒品的其他原植物。禁止走私或者非法买卖、运输、携带、持有未经灭活的毒品原植物种子或者幼苗。

地方各级人民政府发现非法种植毒品原植物的，应当立即采取措施予以制止、铲除。村民委员会、居民委员会发现非法种植毒品原植物的，应当及时予以制止、铲除，并向当地公安机关报告。

第五十九条 有下列行为之一，构成犯罪的，依法追究刑事责任；尚不构成犯罪的，依法给予治安管理处罚：（一）走私、贩卖、运输、制造毒品的；（二）非法持有毒品的；（三）非法种植毒品原植物的；（四）非法买卖、运输、携带、持有未经灭活的毒品原植物种子或者幼苗的；（五）非法传授麻醉药品、精神药品或者易制毒化学品制造方法的；（六）强迫、引诱、教唆、欺骗他人吸食、注射毒品的；（七）向他人提供毒品的。

【案例提示】

近年来，在对非法种植毒品原植物犯罪的高压打击下，该类案件数量逐渐减少，但非法种植罂粟的现象仍然存在，主要原因是部分群众对种植罂粟的危害认知不全、法律意识淡薄、心存侥幸。目前，涉及非法种植毒品原植物的案件中，涉案人员多为中老年人。他们对毒品认识不足，缺少学习了解法律常识的能力与渠道，认为罂粟可入药，采集幼苗果实食用、泡酒能够治疗腹泻、咳嗽等疾病，并不追求经济利益，进而导致非法种植行为的高发频发。

1. 充分认识毒品原植物。了解罂粟、大麻、古柯等常见毒品原植物的特征，提高识别能力。这些植物不仅是毒品制造的原材料，其种植行为本身就严重违法。日常通过禁毒宣传资料、官方媒体报道，以及社区举办的禁毒讲座，增强对毒品原植物的认识，以便在发现相关植物时，能够及时辨别。

2. 知悉违法后果。依据《刑法》和《治安管理处罚法》，非法种植罂粟、大麻等毒品原植物，无论出于何种目的，都将受到法律制裁。种植数量较少的，会面临治安管理处罚，包括罚款和行政拘留；达到一定数量的，将以非法种植毒品原植物罪论处，承担相应的刑事责任。法律的红线不容触碰，切勿因一时的无知或侥幸，陷入违法的泥潭。

3. 杜绝种植毒品原植物行为。不管是在自家院落、闲置土地，还是其他任何场所，坚决杜绝种植毒品原植物。不要被他人关于毒品原植物所谓“药用价值”“观赏价值”误导，不参与任何与毒品原植物种植相关的活动。若发现他人种植，应立即向公安机关举报，避免违法活动蔓延。

二十九、非法持有少量未经灭活的罂粟行为应予以处罚

罂粟壳是罂粟的干燥成熟果壳，被认为具有止咳、止泻、止痛的作用，也有人将其添入食品中以“提味增香”，但作为麻醉药品管制品种，罂粟壳含有吗啡等物质，易使人体产生依赖性而造成瘾癖，长期食用含有罂粟壳或其提取物的汤料，会出现发冷、出虚汗、乏力、面黄肌瘦、犯困等症状，严重时可致人呼吸停止而死亡。

鉴于罂粟壳会对人体健康造成危害，我国政府一直很重视对罂粟壳原料的管理，持续对非法使用罂粟壳原料行为进行打击。对于违反规定运输、买卖、储存、使用罂粟壳者，将视情节轻重予以治安管理处罚或刑事处罚。

【基本案情】

某日上午11时许，某市公安局产业聚集区中心派出所民警对辖区企业、厂院开展拉网式排查工作。民警在某市园区路某某公司发现，该公司员工崔某在厨房消毒柜内非法储存8个罂粟壳，遂依法将崔某口头传唤至派出所进行询问。

经询问，崔某在该公司内负责厨房卫生、洗菜工作。三四年前，崔某在本公司菜地发现有一棵植物上的果实可能是“大烟壳”，为做“治拉肚子偏方”，将这8个植物果实拔掉后储存在消

毒柜内。依据崔某供述的非法储存8个罂粟壳的违法事实，产业聚集区中心派出所根据《治安管理处罚法》相关规定，对非法储存罂粟壳的违法行为人崔某予以罚款200元的行政处罚。

【案情分析】

崔某明知非法储存少量罂粟壳属违法行为，仍然选择听信偏方储存少量罂粟，主观故意明显，构成非法储存少量罂粟壳的违法行为，鉴于崔某违法情节较为轻微，根据《治安管理处罚法》相关规定，处以崔某200元的罚款。

【法条链接】

1.《治安管理处罚法》第八十三条第一款第二项　有下列行为之一的，处十日以上十五日以下拘留，可以并处五千元以下罚款；情节较轻的，处五日以下拘留或者一千元以下罚款：……（二）非法买卖、运输、携带、持有少量未经灭活的罂粟等毒品原植物种子或者幼苗的；

2.《禁毒法》第二十一条　国家对麻醉药品和精神药品实行管制，对麻醉药品和精神药品的实验研究、生产、经营、使用、储存、运输实行许可和查验制度。

国家对易制毒化学品的生产、经营、购买、运输实行许可制度。

禁止非法生产、买卖、运输、储存、提供、持有、使用麻醉药品、精神药品和易制毒化学品。

第五十九条　有下列行为之一，构成犯罪的，依法追究刑事责任；尚不构成犯罪的，依法给予治安管理处罚：（一）走私、贩卖、运输、制造毒品的；（二）非法持有毒品的；（三）非法种植毒品原植物的；（四）非法买卖、运输、携带、持有未经灭活的毒品原植物种子或者幼苗的；（五）非法传授麻醉药品、精神药品或者易制毒化学品制造方法的；（六）强迫、引诱、教唆、欺骗他人吸食、注射毒品的；（七）向他人提供毒品的。

【案例提示】

罂粟壳含有吗啡等物质，易使人体产生依赖性而形成瘾癖，对人体肝脏、心脏有一定的毒害作用。如果长期食用含有罂粟壳的食物，就会造成身体损害，引起精神失常，出现幻觉，有时甚至会导致呼吸停止而致人死亡。因此，我国明令禁止非法运输、买卖、储存、使用罂粟壳。在民间，罂粟壳被认为具有“提味增鲜”的作用。一些餐饮行业从业者为了刺激销量、谋取利益，会选择铤而走险，将罂粟壳及其制品添加至自己的产品中，使之尝起来更加美味，以这种方式来吸引回头客。究其原因，还是部分民众仍然对罂粟壳存在错误认知。实际上，罂粟壳不是香料，所谓的“提味增香”作用并不明显，而吸引“回头客”，只不过是罂粟对大脑的神经中枢造成了影响，使人产生了依赖。

1. 认清罂粟壳的危害和违法性。罂粟壳中含有吗啡、可待因等成瘾性物质，长期食用会使人产生依赖性，对身体健康造成严重损害。我国对罂粟壳实行严格的管制，严禁任何单位和个人非法运输、买卖、储存、使用罂粟壳。无论是出于获利目的，还是为了增添食品风味，此类行为均属违法，切勿心存侥幸。

2. 规范相关经营活动。餐饮行业从业者更需严格遵守相关法律法规，严禁在食品加工过程中添加罂粟壳，杜绝采购、储存罂粟壳。应通过提升烹饪技艺、优化食材品质，为消费者提供安全、健康的食品，树立良好的商业信誉，维护行业的健康发展。

3. 了解法律责任。根据《治安管理处罚法》的规定，非法运输、买卖、储存、使用少量罂粟壳的，公安机关将视情节轻重，给予罚款、行政拘留等治安管理处罚。若行为情节严重，构成犯罪的，将依据《刑法》追究刑事责任。法律红线不容逾越，一旦触碰，必将受到严厉制裁。

三十、向他人提供毒品行为应予以处罚

我国规定的毒品是指鸦片、海洛因、冰毒、吗啡、大麻、可卡因以及国家规定管制的其他能够使人形成瘾癖的麻醉药品和精神药品。毒品严重危害人类身心健康，还会诱发各种违法犯罪行为，是社会的公害、全人类共同的敌人。近年来，我国持续加大对涉毒品案件的监督检查力度，在持续严打高压之下，我国毒品问题得到了有效控制，毒情形势总体保持良好。

打赢新时代禁毒战争，关键在于铲除毒品生存土壤。除了对吸毒人员要加强戒治帮教，对为吸毒人员提供便利的行为也应当进行严厉打击。相较于吸毒人员，向他人提供毒品者造成的社会危害更加严重，对此类违法行为的制裁一直是公安机关禁毒工作的重中之重。

【基本案情】

某日下午1时许，某县公安局某派出所接群众举报后，在辖区护城村一民房里抓获3名吸毒男子。民警调查后发现，其中两人竟然是父子关系。原来，华某几年前沾染毒品后与妻子离婚，儿子阿康（化名）随母亲在外地生活。前一日是阿康的生日，他赶回来看望爷爷奶奶。凌晨1时许，他向父亲要生日礼物时，华某从口袋中摸出一小包毒品，称“这可是好东西”。当着儿子的面，华某开始吸食毒品，亢奋的他对儿子大谈人生理想。接着，他将毒品塞给阿康，说：“今天是你18岁生日，没什么礼物送你，尝尝这个吧。”去年10月，阿康曾从父亲那里吸过几口毒品，被公安机关处理。但他抵挡不住毒品的诱惑，再次吸毒。此时，华某的一名毒友林某也赶来“凑热闹”，直到下午3人均被公安机关抓获。

经尿检，3人均呈阳性，且对自己采取烤吸方式吸食麻古和冰毒的违法事实供认不讳。

【案情分析】

华某曾经因吸毒导致婚姻破裂，家庭破散。作为具有完全民事行为能力的成年人，明知吸毒并向他人提供毒品行为为法律所禁止，仍然继续采取烤吸方式吸食麻古和冰毒，同时向其儿子和朋友提供毒品吸食。华某主观故意明显，不仅自己吸食毒品，且存在引诱他人吸食毒品及向他人提供毒品的行为。公安机关根据《治安管理处罚法》第84条的规定，对华某予以行政拘留15日并处罚款3000元的处罚，对阿康和林某予以行政拘留13日的处罚。同时责令其6个月至1年内不得进入娱乐场所，不得擅自接触涉及毒品违法犯罪人员。

【法条链接】

1.《治安管理处罚法》第八十四条　有下列行为之一的，处十日以上十五日以下拘留，可以并处三千元以下罚款；情节较轻的，处五日以下拘留或者一千元以下罚款：（一）非法持有鸦片不满二百克、海洛因或者甲基苯丙胺不满十克或者其他少量毒品的；（二）向他人提供毒品的；（三）吸食、注射毒品的；（四）胁迫、欺骗医务人员开具麻醉药品、精神药品的。

聚众、组织吸食、注射毒品的，对首要分子、组织者依照前款的规定从重处罚。

吸食、注射毒品的，可以同时责令其六个月至一年以内不得进入娱乐场所、不得擅自接触涉及毒品违法犯罪人员。违反规定的，处五日以下拘留或者一千元以下罚款。

第八十五条　引诱、教唆、欺骗或者强迫他人吸食、注射毒品的，处十日以上十五日以下拘留，并处一千元以上五千元以下罚款。

容留他人吸食、注射毒品或者介绍买卖毒品的，处十日以上十五日以下拘留，可以并处三千元以下罚款；情节较轻的，处五日以下拘留或者一千元以下罚款。

2.《禁毒法》第五十九条　有下列行为之一，构成犯罪的，依法追究刑事责任；尚不构成犯罪的，依法给予治安管理处罚：

（一）走私、贩卖、运输、制造毒品的；（二）非法持有毒品的；（三）非法种植毒品原植物的；（四）非法买卖、运输、携带、持有未经灭活的毒品原植物种子或者幼苗的；（五）非法传授麻醉药品、精神药品或者易制毒化学品制造方法的；（六）强迫、引诱、教唆、欺骗他人吸食、注射毒品的；（七）向他人提供毒品的。

【案例提示】

在现代社会，毒品问题始终是一颗毒瘤，威胁着个人健康、家庭幸福与社会稳定，如潜藏暗处的恶魔，随时准备吞噬生命。拒绝吸食毒品，同时拒绝他人提供毒品、向他人提供毒品，是我们每个人都必须重视的事。

在生活中，一旦遭遇他人提供毒品，采取正确、有效的拒绝方式，是守护自身安全，避免陷入毒品泥潭的关键。

1. 态度坚定明确表达立场。当有人向你提供毒品时，最有效的方法就是立刻、坚定地说“不”。不要给对方模棱两可的信号，以免让其误以为你有动摇的可能。用清晰、严肃的语气表明坚决不碰毒品，“这是绝对不可能的事”，让对方清楚知道你的底线，放弃劝诱的念头。

2. 主动脱身远离危险环境。果断离开现场，如果对方无视你的拒绝，继续纠缠，甚至试图强迫你接触毒品，不要犹豫，立刻离开现场。或寻求他人帮助，如警察、社区工作人员或信任的朋友、家人，将遭遇的情况详细告知他们，让他们协助处理，避免再次陷入类似危险。

3. 学习禁毒法律知识。主动学习禁毒知识，了解毒品的种类、危害和防范方法，提高对毒品的识别能力。此外，还要增强法律意识，认识到吸毒、贩毒是违法犯罪行为，一旦触犯，将受到法律的严惩。让我们从自身做起，了解毒品危害，掌握防范方法，积极传播禁毒知识，为营造无毒社会贡献力量。

三十一、欺骗医务人员开具精神药物行为应予以处罚

随着国家禁毒工作力度持续加大，传统毒品的获取难度大增，一些不法分子将麻醉药品、精神药品作为传统毒品的替代物进行贩卖、吸食，相关案件量快速增长。麻醉药品和精神药品在医疗领域有特定用途，但因具有成瘾性和滥用风险，受到严格管控。在我国，针对麻醉药品和精神药品，国务院专门制定了《麻醉药品名录》和《精神药品名录》。2016年重新修订的《麻醉药品和精神药品管理条例》也对这类药品的生产、经营、储存、使用、运输等各个环节做出了详尽的规定。2023年11月6日，国家药监局发布了《麻醉药品和精神药品实验研究管理规定（征求意见稿）》，进一步对该领域的相关规定作出了细化。胁迫、欺骗开具麻醉药品、精神药品，是指通过暴力威胁、恐吓等胁迫手段，或者采用虚构事实、隐瞒真相的欺骗方式，迫使、诱导具有开具麻醉药品、精神药品处方资质的医务人员，为其开具这类特殊药品的行为。同时，部分医疗从业人员在管理、使用麻醉药品、精神药品过程中违法犯罪，导致麻醉药品、精神药品管理失控，甚至流入制贩毒渠道，造成了严重的社会危害。

【基本案情】

某派出所在开展夏季治安巡查集中统一行动中了解到，朱某冒用自己母亲（几年前已故）癌症晚期的身份，继续在医院骗取精神药品。获悉情况后，该派出所立即联合县公安局刑警大队开始调查取证，并一举将违法人员朱某、张某抓获。经突审，朱某交代，其母亲生前患了癌症，晚期时医生为其开具精神药品（吗啡缓释片），前几年母亲病逝后，朱某继续利用母亲身份在医院骗取药物，并提供给张某。张某交代，自己的母亲患有佝偻症和帕金森病且经常发病疼痛，一个偶然的机会吃了朱某母亲的药物（吗啡缓释片），病情明显好转，但其母亲的病不属于能开该药物

的范畴，无法在医院开到该药物。朱某母亲去世后，两人经过商量，决定由朱某继续冒用其母亲身份骗取药品给张某母亲服用。考虑到朱某冒领精神药品是为了给朋友母亲治病，且张某母亲已于近期去世，朱某已经停止冒领精神药品，最终某县公安局依法给予涉案人员朱某和张某罚款500元的处罚。

【案情分析】

本案的违法主体为朱某和张某。朱某作为实施冒用已故母亲身份骗取精神药品行为的主要责任人，具备完全民事行为能力，清楚知晓自身行为是在违反相关法律法规及医院药品管理规定的情况下进行操作。张某虽然没有直接实施骗取药品的行为，但其与朱某商量并接受朱某提供的骗取而来的药品，同样参与到了整个违法活动链条之中。朱某明知母亲已经去世，不再符合开具精神药品（吗啡缓释片）的条件，却仍然继续利用母亲身份，主动实施欺骗医院的行为，目的是获取该药品。麻醉药品和精神药品因具有成瘾性和潜在滥用风险，受到国家严格管控，旨在确保其合理、安全地用于医疗需求。朱某和张某的行为，破坏了这一严谨的管理制度，使得药品流向不符合规定的渠道，同时，干扰了医院正常的诊疗流程，对整个医疗秩序造成了不良影响。

综合其动机并非用于非法交易、滥用等恶劣目的，且后续停止了违法行为，社会危害性相对较小，县公安局根据法律规定，结合案件具体情节作出罚款500元的处罚决定。

【法条链接】

1.《治安管理处罚法》第八十四条　有下列行为之一的，处十日以上十五日以下拘留，可以并处三千元以下罚款；情节较轻的，处五日以下拘留或者一千元以下罚款：（一）非法持有鸦片不满二百克、海洛因或者甲基苯丙胺不满十克或者其他少量毒品的；（二）向他人提供毒品的；（三）吸食、注射毒品的；（四）胁迫、欺骗医务人员开具麻醉药品、精神药品的。

聚众、组织吸食、注射毒品的，对首要分子、组织者依照前款的规定从重处罚。

吸食、注射毒品的，可以同时责令其六个月至一年以内不得进入娱乐场所、不得擅自接触涉及毒品违法犯罪人员。违反规定的，处五日以下拘留或者一千元以下罚款。

2.《禁毒法》第二十一条　国家对麻醉药品和精神药品实行管制，对麻醉药品和精神药品的实验研究、生产、经营、使用、储存、运输实行许可和查验制度。

国家对易制毒化学品的生产、经营、购买、运输实行许可制度。

禁止非法生产、买卖、运输、储存、提供、持有、使用麻醉药品、精神药品和易制毒化学品。

第五十九条　有下列行为之一，构成犯罪的，依法追究刑事责任；尚不构成犯罪的，依法给予治安管理处罚：（一）走私、贩卖、运输、制造毒品的；（二）非法持有毒品的；（三）非法种植毒品原植物的；（四）非法买卖、运输、携带、持有未经灭活的毒品原植物种子或者幼苗的；（五）非法传授麻醉药品、精神药品或者易制毒化学品制造方法的；（六）强迫、引诱、教唆、欺骗他人吸食、注射毒品的；（七）向他人提供毒品的。

【案例提示】

根据《麻醉药品和精神药品管理条例》第3条第1、2款的规定，麻醉药品和精神药品，是指列入麻醉药品目录、精神药品目录的药品和其他物质。精神药品分为第一类精神药品和第二类精神药品。目录由国务院药品监督管理部门会同国务院公安部门、国务院卫生主管部门制定、调整并公布。其中，麻醉药品，一般是指连续使用后易产生依赖性、形成瘾癖的药品；精神药品，一般是指直接作用于中枢神经系统，使其兴奋或者抑制，连续使用可能产生依赖性的药品。不同于通常理解的于外科术前使用的麻醉药，麻醉药品指的是麻醉性镇痛药，连续使用后易产生身体依赖性，形成瘾癖。例如，常见的吗啡，在针对严重创伤、战伤、烧伤、晚期癌症等疼痛时是一种有效的镇痛剂，也可用于心源性哮喘和心肌梗死，但同时吗啡也具有极强的成瘾性和极大的副作用，会使人出现头痛、头晕、肌肉抽搐、惊厥和呼吸抑制等症状，严重时会因其对呼吸系统的抑制而导致死亡。

1. 医疗机构应当定期进行有关法律法规、专业知识、职业道德教育和培训。相关医护人员应当合理把握使用范围和剂量，定期对患者进行复诊，当有麻醉药品和精神药品需要带出医疗机构使用时，应当要求患者提供相应的诊断证明和身份证件资料。

2. 规范用药行为，按规定使用药品。如果因医疗需要使用麻醉、精神类药品，务必严格遵循医嘱，按时、按量服用，不得擅自转借、转让药品给他人。将药品随意转赠，不仅可能对他人健康造成危害，还可能导致药品流入非法渠道，引发一系列法律问题。

三十二、为违法犯罪行为人通风报信行为应予以处罚

为吸毒、赌博、卖淫嫖娼人员通风报信，必须是在公安机关查处吸毒、赌博、卖淫嫖娼活动期间，包括公安机关拟开展行动的准备阶段以及查处活动的实施过程中，将公安机关查处活动的相关信息，如行动的时间、方式等告知吸毒、赌博、卖淫嫖娼的违法犯罪分子。通风报信的形式不限，如打电话、发信息、使用事先约定的暗号等，使违法犯罪行为人知悉相关信息。在进行扫除黄赌毒专项行动时，群众应当积极配合公安机关，勿以任何形式参与通风报信，纵容、包庇违法犯罪行为。

【基本案情】

公安机关接到群众举报，辖区内某洗浴场所存在卖淫嫖娼违法活动。接警后民警立刻赶往现场，在民警赶到该洗浴场所时，发现当值保安员潘某使用对讲机以“接待贵宾幺零零”的暗语，为洗浴场所内的卖淫嫖娼人员通风报信，有意干扰公安机关正常执法。

经调查得知，保安服务有限公司于2年前将未取得保安证的员工潘某等人安排到该洗浴场所担任保安员。保安员潘某在为该洗浴场所提供安保服务过程中，根据洗浴场所安排，在发现公安民警到该洗浴场所执行公务时，第一时间为场所内部违法活动通风报信。根据《治安管理处罚法》之规定，潘某为卖淫嫖娼人员通风报信，构成为卖淫嫖娼人员通风报信的违反治安管理行为，被公安机关依法给予行政拘留10日的处罚。

【案情分析】

保安员潘某作为直接实施违法行为的个人，明知公安民警在执行公务，却根据洗浴场所的安排，使用暗语为卖淫嫖娼人员通风报信，目的是有意干扰公安机关正常执法，存在明显的主观故意。潘某的通风报信行为使得公安机关查处卖淫嫖娼违法活动的工作受到干扰，破坏了正常的执法秩序，同时也对社会治安管理秩序造成了负面影响。根据《治安管理处罚法》第87条的规定，公安机关对潘某予以行政拘留10日的处罚。

【法条链接】

《治安管理处罚法》第八十七条　旅馆业、饮食服务业、文化娱乐业、出租汽车业等单位的人员，在公安机关查处吸毒、赌博、卖淫、嫖娼活动时，为违法犯罪行为人通风报信的，或者以其他方式为上述活动提供条件的，处十日以上十五日以下拘留；情节较轻的，处五日以下拘留或者一千元以上二千元以下罚款。

【案例提示】

在社会生活中，吸毒、赌博、卖淫嫖娼等行为不仅严重损害个人身心健康，破坏家庭和睦，还扰乱社会秩序，侵蚀社会风气。为这些违法犯罪活动通风报信，不仅让违法者逃脱惩处，更是对法律尊严和社会公平正义的公然挑战。

1. 认清行为本质与危害。向吸毒、赌博、卖淫嫖娼人员通风报信，是助长违法犯罪行为的帮凶行径。此类行为导致执法机关难以及时打击违法活动，使违法分子继续逍遥法外，对社会造成持续危害。

2. 增强守法意识与自我约束。日常生活中，要主动学习法律法规，清晰认识为违法活动通风报信属于违法行为。一旦实施，将面临治安管理处罚，情节严重的还可能触犯《刑法》。遇到执法机关开展打击吸毒、赌博、卖淫嫖娼等执法行动时，应积极配合，绝不能为违法者通风报信，避免因一时糊涂触犯法律红线。

3. 积极举报违法犯罪行为。发现吸毒、赌博、卖淫嫖娼等违法犯罪活动，或有人准备为其通风报信时，要及时向公安机关举报。举报方式多样，可拨打110报警电话，也可前往当地公安机关或通过政务服务平台进行举报，帮助执法机关破获案件，维护社会和谐稳定。

三十三、向他人酒饮中加入“听话水”以欺骗他人吸毒行为应予以处罚

在吸毒人员走上不归路的原因中，交友不慎是关键。大多数人并不十分了解毒品的危害，往往受到他人的教唆、引诱、欺骗后开始吸毒。由于吸毒人员大多存在以贩养吸问题，同时他们害怕被歧视和孤立，存在引诱身边人吸毒的倾向；此外，一些吸毒人员反复戒毒仍难以戒除毒瘾，存在破罐子破摔心理，增加了其引诱他人吸毒的可能。引诱、教唆、欺骗他人吸毒这一恶劣行为，成为了毒品传播的“帮凶”，将无辜的人们一步步拖向

深渊。

《吸毒人员"吸第一口"原因的调查报告》显示，大多数吸毒人员在染上毒瘾前对毒品危害没有明确的认知。在"吸第一口"前对毒品危害没有了解的占47.5%，了解不多的占40.5%，两项合计缺少毒品危害认知的占88%。他们中第一次吸毒的平均年龄为22.9岁，生活经验和社会阅历并不丰富，在他人的怂恿，尤其在亲朋好友的示范、蛊惑和引诱下，容易打消对毒品危害的顾虑，产生强烈的尝毒冲动。

在禁毒工作过程中，打击教唆、引诱、欺骗吸毒的行为一直都是重中之重。了解这类违反治安管理的行为，是筑牢全民禁毒防线的重要一环，能让我们在日常生活中更好地保护自己与他人。

【基本案情】

某日上午，某市年轻的公司白领丁某（男）向所在地派出所报案称：前一日晚7时，其与公司同事李某相约吃饭，其间，自己起身离开去洗手间一趟，回来后喝下了啤酒，喝完后就感觉头晕、意识模糊，并不断呕吐，非常难受，于是，打车去女朋友工作的医院进行检查，检查后身体并无大碍，医生女朋友警觉地让其做了尿检，结果检出了氯硝西泮、7–氨基氯硝西泮和赛拉嗪成分。而这些是GHB（Gamma–Hydroxybutyate）的主要成分，俗称"听话水""诱惑水"，国家将其列入一类精神管制药物，并对其生产、销售、使用等环节进行严格管控，属于《刑法》规定的毒品范畴。

接报案后，民警立即展开调查，调取当日监控发现李某趁丁某起身离开座位后向丁某的啤酒中滴入了某种液体。经询问，李某承认往丁某啤酒杯中滴入了"听话水"。公安机关认定李某构成欺骗他人吸毒行为，遂对其进行了治安管理处罚。

【案情分析】

本案的违法主体为李某，在整个事件中，李某作为具有完全民事行为能力和刑事责任能力的自然人，能够清晰地认识到自己的行为性质以及可能产生的后果。在实施向丁某啤酒中滴入“听话水”这一行为时，李某心智健全，不存在精神障碍或其他导致其无法辨认或控制自身行为的情形，主观上表现为故意。李某明知“听话水”属于国家严格管制的精神类药物，将其使用于他人具有违法性，仍然积极追求让丁某摄入“听话水”这一危害结果的发生，丁某随后出现头晕、意识模糊、呕吐等不适症状，经尿检检出“听话水”的主要成分，这些危害后果与李某的行为存在直接因果关系，证明了李某欺骗他人吸毒行为的实际发生。

综上，李某的行为在主体、主观方面、客体、客观方面均符合欺骗他人吸毒的违法特征，公安机关对其作出治安管理处罚，具有充分的事实依据和法律依据。

【法条链接】

1.《治安管理处罚法》第八十五条　引诱、教唆、欺骗或者强迫他人吸食、注射毒品的，处十日以上十五日以下拘留，并处一千元以上五千元以下罚款。

容留他人吸食、注射毒品或者介绍买卖毒品的，处十日以上十五日以下拘留，可以并处三千元以下罚款；情节较轻的，处五日以下拘留或者一千元以下罚款。

2.《禁毒法》第五十九条　有下列行为之一，构成犯罪的，依法追究刑事责任；尚不构成犯罪的，依法给予治安管理处罚：（一）走私、贩卖、运输、制造毒品的；（二）非法持有毒品的；（三）非法种植毒品原植物的；（四）非法买卖、运输、携带、持有未经灭活的毒品原植物种子或者幼苗的；（五）非法传授麻醉药品、精神药品或者易制毒化学品制造方法的；（六）强迫、引诱、教唆、欺骗他人吸食、注射毒品的；（七）向他人提供毒品的。

3.《刑法》第三百五十三条　引诱、教唆、欺骗他人吸食、注射毒品的，处三年以下有期徒刑、拘役或者管制，并处罚金；情节严重的，处三年以上七年以下有期徒刑，并处罚金。

强迫他人吸食、注射毒品的，处三年以上十年以下有期徒刑，并处罚金。

引诱、教唆、欺骗或者强迫未成年人吸食、注射毒品的，从重处罚。

【案例提示】

根据《吸毒人员“吸第一口”原因的调查报告》，“吸第一口”的毒品，94.1%来自身边的亲朋好友圈。在当前形势下，不法分子往往将毒品伪装成零食或饮料，看着像可乐罐的电子烟、五颜六色的跳跳糖、香甜可口的奶茶都有可能是别有用心之人精心准备的新型毒品。

1. 谨慎对待社交圈。“吸第一口”的案例表明，熟人朋友圈是毒品传播的主要途径。因此，要时刻保持警惕，对身边亲朋好友提出的可疑要求或提供的不明物品，务必保持清醒的头脑，切勿因碍于情面或好奇心理而盲目接受。在社交活动中，如有人以各种理由劝诱你尝试看似新奇的物品，或提及与毒品相关的话题，应立即提高警惕，果断拒绝，并及时向公安机关举报。

2. 拒绝吸毒，并拒绝教唆、引诱、欺骗他人吸毒。法律对此类违反治安管理行为有着严厉的制裁。《治安管理处罚法》《刑法》均对此作出了规定。预防毒品侵害，不仅关乎个人的健康和幸福，也是每个公民应尽的社会责任。让我们携手行动，提高警惕，远离毒品，共同营造一个无毒的社会环境。

三十四、饲养动物影响他人正常生活行为应予以处罚

随着人们生活物质条件的提升和对高品质生活的追求，越来越多的人选择饲养宠物来陪伴自己。与此同时，因宠物产生的噪声扰民、伤人、环境污染等问题引发的纠纷也随之增多。根据国家疾病

预防控制局发布的法定传染病报告发病数统计，2024年全国共报告狂犬病170例，与2023年的122例相比上升了39%。这是自2007年以来，我国连续17年狂犬病持续下降后的首次上升。中国医学救援协会动物伤害救治分会会长王传林认为，“宠物饲养数量增加、公众对狂犬病的认知不足、动物致伤防治体系不完善，以及社会环境和生活方式的变化等都可能是导致狂犬病发病率上升的重要因素”。

动物并非独立的法律主体，而是依附于饲养人的客体，动物无法独立承担法律责任，是由饲养人承担管理义务和相应的法律责任。因此，饲养人并非为宠物“背锅”，而是为自己的疏忽大意和不尽责“买单”，承担相应的法律责任。

【基本案情】

派出所接辖区居民陈女士报警称，邻居吴某家的宠物狗只要无人看管就狂吠不止。因陈女士已退休，平日居家时间较长，深受噪声干扰，要求公安机关对吴某进行处罚。民警接警后立即开展调查，发现宠物犬佩戴有止吠项圈，当天系项圈没电导致止吠功能失效。民警还走访了同一栋楼的其他居民，收到邻居对于吴某宠物犬吠噪声干扰正常生活的反映。因此，民警对吴某进行了口头警告并建议将犬只放置到其他隔音房间，并及时更换止吠项圈，陈女士和吴某都表示同意。没想到过了几日，吴某家的狗吠声变本加厉，陈女士无奈再次报警，民警来到现场走访邻居发现，这几日狗吠声已严重影响生活，民警现场制作笔录，并将吴某传唤至派出所接受调查，最终对吴某予以罚款500元的行政处罚。

【案情分析】

本案的责任主体为吴某。吴某作为宠物犬的饲养人，对宠物犬负有管理责任，在犬只出现噪声扰民问题时，需承担相应义务。作为完全民事行为能力人，吴某具备对其饲养宠物行为可能产生后果的认知能力，也有能力采取必要措施控制宠物犬的行为，避免对他人生活造成干扰。在事件初始阶段，吴某并非故意让宠物犬制造噪声干扰他人生活。犬吠系止吠项圈没电导致，这表明他已采取了一定措施预防犬吠扰民。然而，在民警首次警告并给出建议后，吴某未能有效解决犬吠问题，致使犬吠声变本加厉，严重影响邻居生活。这反映出其在后续管理过程中，对宠物犬吠扰民问题持漠视态度，存在主观上的疏忽与懈怠，导致了危害后果的扩大。宠物犬长时间、高强度的吠叫，干扰了陈女士及同一栋楼其他居民的日常生活，破坏了居民本应享有的安静居住环境，影响了居民的生活质量与身心健康，侵犯了居民合法的生活权益。

民警通过走访邻居收集证据，并制作笔录，证实犬吠声已严重影响居民生活，其构成饲养动物干扰正常生活的违反治安管理行为。最终，公安机关依据调查结果，根据《治安管理处罚法》对吴某作出罚款500元的行政处罚。

【法条链接】

《治安管理处罚法》第八十九条　饲养动物，干扰他人正常生活的，处警告；警告后不改正的，或者放任动物恐吓他人的，处一千元以下罚款。

违反有关法律、法规、规章规定，出售、饲养烈性犬等危险动物的，处警告；警告后不改正的，或者致使动物伤害他人的，处五日以下拘留或者一千元以下罚款；情节较重的，处五日以上十日以下拘留。

未对动物采取安全措施，致使动物伤害他人的，处一千元以下罚款；情节较重的，处五日以上十日以下拘留。

驱使动物伤害他人的，依照本法第五十一条的规定处罚。

【案例提示】

遵守社会公德，依法文明养犬。宠物为我们的生活带来陪伴与欢乐，但养宠过程中，如果管理不当，极易干扰他人的正常生活，不仅违背社会公德，还可能触犯法律。营造和谐的居住环境，避免因饲养动物引发纠纷与违法问题。

1. 明晰养宠干扰他人法律后果。饲养人对宠物负有全方位的管理责任。依据《治安管理处罚法》，饲养动物干扰他人正常生活的，公安机关有权给予警告；警告后不改正，或者放任动物恐吓他人的，将被处以罚款。饲养人的每一项养宠行为，都可能对他人的生活造成影响，必须时刻谨记自身责任与法律后果。

2. 采取有效措施控制宠物行为。从源头减少宠物对他人的干扰，主动为宠物配备必要的止吠设备，并定期检查设备是否正常运行。当宠物出现吠叫时，应及时安抚和制止，避免长时间噪声干扰。外出遛宠时，使用牵引绳、嘴套等工具，防止宠物惊吓或伤害他人。同时，尽量避免在居民休息时间进行可能导致宠物大声喧哗的活动。

3. 培养良好的养宠习惯。对宠物进行科学训练，帮助它们养成安静、文明的行为习惯。比如，训练宠物在固定区域进食、休息，避免随意跑动和吠叫。定期带宠物进行体检，确保它们身体健康，减少因身体不适引发的异常吠叫。

4. 积极处理邻里反馈。若邻居反馈宠物存在扰民问题，应主动倾听，诚恳沟通，积极采取措施解决问题。不要漠视他人的诉求，避免矛盾升级。可以与邻居协商确定合理的解决方案，如调整遛宠时间、加强宠物管理等，维护良好的邻里关系。

三十五、未对动物采取安全措施致使动物伤害他人行为应予以处罚

犬咬人事件直接的责任人并不是犬，而是犬背后的管理人和饲养人，如果对他们严加管理，危害后果就可以在很大程度上避免。《动物防疫法》规定了犬只登记的条件、出行规范，以及饲养犬只防疫管理的具体办法。《民法典》《治安管理处罚法》《动物防疫法》等法律均对养犬管理提出了明确的规范要求。

【基本案情】

某日，派出所接到报警称某村某号张某家养了一条大狼狗，平时遛狗的时候张某都不拴狗链，这条狗经常冲到路人周围，冲着路人大叫，追逐路过的电动车，数次致骑行电动车的群众摔跤，邻居、社区要求张某注意自己的养狗规范，但张某不以为然，也向村委等部门反映过情况，但都无济于事。公安机关多次调查，综合判断，张某构成放任动物恐吓他人的违反治安管理行为，对张某作出了罚款500元的治安管理处罚。

【案情分析】

本案责任主体为张某。张某作为大狼狗的饲养者，对犬只具有直接的管理义务与控制能力。其为完全民事行为能力人，能够认知自身行为及其可能产生的后果，需对因饲养动物导致的各类问题承担相应责任。其在主观上表现为故意放任。在邻居和社区多次提醒，村委等部门也介入协调的情况下，张某依然对遛狗不拴狗链的行为不以为然，未采取任何有效措施管控大狼狗的行为。这表明张某明知其放任犬只随意行动可能对路人造成惊吓，进而引发危害后果，却依旧消极对待，任由危险状态持续存在，具有主观上的故意。大狼狗多次冲到路人周围大叫、追逐电动车，致使骑行电动车的群众摔跤，这种行为使路人的人身安全时刻处于潜在威胁之中，侵害了公民在公共区域安全通行的合法权益。张某构成放任动物恐吓他人的行为。最终，公安机关根据《治安管理处罚法》的规定，对张某作出罚款500元的治安管理处罚。

【法条链接】

《治安管理处罚法》第八十九条　饲养动物，干扰他人正常生活的，处警告；警告后不改正的，或者放任动物恐吓他人的，处一千元以下罚款。

违反有关法律、法规、规章规定，出售、饲养烈性犬等危险动物的，处警告；警告后不改正的，或者致使动物伤害他人的，处五日以下拘留或者一千元以下罚款；情节较重的，处五日以上十日以下拘留。

未对动物采取安全措施，致使动物伤害他人的，处一千元以下罚款；情节较重的，处五日以上十日以下拘留。

驱使动物伤害他人的，依照本法第五十一条的规定处罚。

【案例提示】

饲养动物应遵守法律法规，尊重社会公德，不得妨碍他人生产和生活。疏于管理饲养的动物、遛狗不拴绳、养狗不办证、随意弃养宠物、饲养禁止饲养的大型烈性犬等行为，有悖社会公德，可能违反法律法规，还可能因动物伤人而承担赔偿责任。遵守法规，依法养犬，依法主动办理养犬登记和安全免疫手续，禁止饲养《禁养犬目录》收录的犬只。不虐待、遗弃犬只，不在非法交易场所交易犬只，自觉接受养犬管理部门的管理。饲养犬只的公民日常要做到：

1. 加强约束，安全养犬。选择合适活动场所：带犬只外出活动时，要选择适宜的场所，尽量避开人员密集区域和他人休息时间。尊重他人的生活空间，避免因犬只活动干扰他人正常生活而引发不必要的矛盾。要加强犬只训练，培养犬只保持安静的好习惯，特别是在早、中、晚居民正常休息时段，要尽量避免犬只在生活区内狂吠，防止扰民现象发生。

2. 主动承担责任，妥善处置。注重邻里和谐，体谅他人感受，防止养犬侵扰他人正常生活，避免发生矛盾纠纷。一旦动物出现恐吓他人的行为，饲养者应立即制止，并向受惊吓者诚恳道歉。若造成他人人身伤害或财产损失，要主动承担相应的赔偿责任，切勿逃避。

3. 严格约束动物行为。外出遛宠时，务必使用牵引绳、嘴套等工具，对犬只进行有效控制，避免其突然冲向路人、车辆。大型犬和烈性犬，更要采取特殊防护措施，防止意外发生。训练犬只养成良好的行为习惯，引导其在面对陌生人或车辆时保持安静、温顺。

第四章　处罚程序

第一节　调　　查

一、民警对于不配合的当事人可使用强制传唤

近年来，党中央对公安机关执法规范化工作高度重视，执法规范化建设成效显著。但在实际工作中，民警实施传唤时却还存在一些问题。民警实施传唤不规范，侵害相对人合法权益的情况时有发生。为了规范人民警察的执法活动、防止其滥用权力，以及彰显法治精神对人权的尊重，促进社会和谐稳定发展，《治安管理处罚法》第96条规定了需要对违反治安管理行为人进行传唤的程序和条件。明确规定对无正当理由不接受传唤或者逃避传唤的人，经公安机关办案部门负责人批准，可以强制传唤。公安机关在被传唤人已经配合的情况下不得实施强制传唤，以确保公民权利得到充分尊重和保护。

【基本案情】

胡某拥有某房屋25%的产权。因房屋共有人之间产生纠纷，胡某4次损坏了该房屋的大门门锁，导致其他共有人多次维修和更换。派出所接到报警后，立即派出民警对该案件进行调查。20日后，派出所得到线索，派出2名民警在胡某可能经过的车站守候，拦住刚下车出站的胡某，在表明执法身份后，口头传唤胡某到派出所接受调查，胡某撒腿就跑，民警立即追赶，终将其抓获，

经向派出所所长报告并获得批准后，使用手铐对其进行强制传唤，带回派出所并对其进行财物检查、询问和调查。当天，派出所及时通知了胡某的家属，经调查，决定对胡某行政拘留10日。胡某以派出所对其强制传唤违法为由，向法院提起了行政诉讼。

【案情分析】

胡某虽然是房屋的产权共有人，但出于对其他房屋共有人的报复心理，4次损坏该房屋的大门门锁，导致其他共有人多次维修和更换，侵犯了其他房屋共有人的财产权利，主观故意明显，构成故意损毁公私财物的违法行为。根据《治安管理处罚法》相关规定，胡某将面临罚款或行政拘留的处罚。本案中，派出所民警使用手铐对胡某实施强制传唤属于合法行为。根据《治安管理处罚法》第96条之规定，对无正当理由不接受传唤或者逃避传唤的人，经公安机关办案部门负责人批准，才可以强制传唤。而本案中的胡某面对民警的传唤，撒腿就跑，对公安机关的传唤不予接受，而是想办法逃避，因此派出所民警经向派出所所长报告并获得批准后可以对其强制传唤。

【法条链接】

《治安管理处罚法》第五十九条　故意损毁公私财物的，处五日以下拘留或者一千元以下罚款；情节较重的，处五日以上十日以下拘留，可以并处三千元以下罚款。

第九十六条　需要传唤违反治安管理行为人接受调查的，经公安机关办案部门负责人批准，使用传唤证传唤。对现场发现的违反治安管理行为人，人民警察经出示人民警察证，可以口头传唤，但应当在询问笔录中注明。

公安机关应当将传唤的原因和依据告知被传唤人。对无正当理由不接受传唤或者逃避传唤的人，经公安机关办案部门负责人批准，可以强制传唤。

【案例提示】

治安传唤是公安机关办理治安案件的一项重要程序，分为口头传唤和书面传唤。作为执法环节，公安机关办案民警必须依法传唤。强制传唤经过批准是可以使用警械的。作为被传唤人，面对公安机关的合法传唤，应当接受并予以配合，无正当理由不接受传唤或者逃避传唤，办案民警可以强制传唤。

1. 强制传唤是针对“无正当理由不接受传唤或者逃避传唤”的被传唤人适用的行政强制措施。被传唤人提出的理由是否正当，实践中可由办案民警根据案件的情节、性质和一般的社会常识以及被传唤人的不同情况判定。在相关法律法规中，仅有《治安管理处罚法》《出境入境管理法》对于公安机关实施强制传唤有明确规定，故公安机关办理其他行政案件时不得实施强制传唤。

2. 强制传唤应经公安派出所、县级以上公安机关办案部门或者出入境边防检查机关负责人批准。紧急情况下当场实施强制传唤的，办案民警应当在返回单位后立即报告，并补办批准手续。审批时可以使用书面审批文书，也可以由负责人在附卷的相关文书材料首页的右上角签批。

3. 实施强制传唤，应当场告知被传唤人采取强制传唤的理由、依据以及被传唤人依法享有的权利、救济途径。强制传唤时，可以依法使用手铐、警绳等约束性警械。实施强制传唤时，办案民警应当当场告知当事人家属实施强制传唤的公安机关、理由、地点和期限；无法当场告知的，应当在实施强制传唤后立即通过电话、短信、传真等方式通知；身份不明、拒不提供家属联系方式或者因自然灾害等不可抗力导致无法通知的，可以不予通知。告知、通知家属情况或者无法通知家属的原因应当在询问笔录中注明。

二、现场辨认应由民警主持，辅警只能起配合作用

辨认是固定证据的重要手段，有助于确定与案件相关的场所、

物品或人员，为案件的进一步调查和处理提供依据。通过辨认，可以帮助公安机关更准确地还原案件的真相，明确案件的事实关系和责任归属。合法有效的辨认笔录是具有法律效力的证据形式，可以在行政案件办理中作为证明案件事实的依据。因此，公安机关在进行辨认时，必须严格遵守法律规定，确保辨认的合法性、有效性和正当性，以实现法律效果与社会效果的有机统一。

【基本案情】

谭某（26岁）于某日0时30分许，利用社交软件进行招嫖。同日2时许，与刘某约定以2500元的价格（未支付）到位于某小区的民宿内提供性服务。谭某抵达约定地点后，刘某冒充便衣警察举报其从事卖淫活动，威胁索要1000元（未支付）。随后，谭某报警。派出所接警后抵达该民宿将两人带回，并进行了询问，随后指派民警陆某、辅警李某，带两人返回民宿进行场所的辨认。民宿老板在没有联系到租客刘某和公安机关的情况下，已经把房间里的行李清理出来并让其他客人入住，导致了辨认时的不便和房间用品位置发生变化。在辨认过程中，因需要当事人逐个辨认，民警让谭某戴着手铐蹲在马路旁等待，辅警负责看守。民警陆某带着违反治安管理行为人刘某到房间内进行辨认，并对辨认过程进行了同步录音录像，同时制作了辨认笔录，由民警陆某、违反治安管理行为人签名并按指印。

【案情分析】

刘某冒充便衣警察的身份以举报谭某从事卖淫活动相威胁向其索要1000元的行为，构成了冒充国家机关工作人员招摇撞骗行为，且属于从重处罚的情形，按照《治安管理处罚法》相关规定将面临罚款或行政拘留的处罚。根据《治安管理处罚法》第108条之规定，公安机关在执法办案场所进行辨认的，可以由一名民警进行。公安派出所在办理本案过程中，民警让谭某戴着手铐蹲在马路旁等待，由辅警李某负责看守，民警陆某带着违反治安管理行为人刘某到房间内进行辨认，并按照规定对辨认过程进行了同步录音录像，制作了辨认笔录，同时由民警陆某、违反治安管理行为人签名并按指印，执法主体合法，程序规范。

【法条链接】

《治安管理处罚法》第六十二条　冒充国家机关工作人员招摇撞骗的，处十日以上十五日以下拘留，可以并处一千元以下罚款；情节较轻的，处五日以上十日以下拘留。

冒充军警人员招摇撞骗的，从重处罚。

盗用、冒用个人、组织的身份、名义或者以其他虚假身份招摇撞骗的，处五日以下拘留或者一千元以下罚款；情节较重的，处五日以上十日以下拘留，可以并处一千元以下罚款。

第一百零七条　为了查明案情，人民警察可以让违反治安管理行为人、被侵害人和其他证人对与违反治安管理行为有关的场所、物品进行辨认，也可以让被侵害人、其他证人对违反治安管理行为人进行辨认，或者让违反治安管理行为人对其他违反治安管理行为人进行辨认。

辨认应当制作辨认笔录，由人民警察和辨认人签名、盖章或者按指印。

第一百零八条　公安机关进行询问、辨认、勘验，实施行政强制措施等调查取证工作时，人民警察不得少于二人。

公安机关在规范设置、严格管理的执法办案场所进行询问、扣押、辨认的，或者进行调解的，可以由一名人民警察进行。

依照前款规定由一名人民警察进行询问、扣押、辨认、调解的，应当全程同步录音录像。未按规定全程同步录音录像或者录音录像资料损毁、丢失的，相关证据不能作为处罚的根据。

【案例提示】

在公安机关办理治安案件时，辨认是一个非常重要的环节，辨认过程中形成的辨认笔录是重要的证据之一。通过辨认，可以固定与案件相关的物证、人证等，增强证据的可靠性和有效性。公安机关在办理治安案件时，应严格按照法律规定的程序进行辨认，确保辨认的合法性，从而为案件的公正处理提供坚实的基础。

在进行辨认时，公安机关应采取以下措施确保程序的合法性和公正性：

1. 确保辨认活动由具备法定资格的民警主持，避免由辅警或其他不具备执法资格的人员进行。由一名民警进行辨认的，应当全程同步录音录像。

2. 辨认前，应当查明辨认人是否具备辨认条件，向辨认人详细询问辨认对象的具体特征，明确告知辨认人辨认的目的、过程和其所拥有的权利，告知辨认人故意作虚假辨认应当承担的法律责任。

3. 在辨认过程中，应尊重并保护违反治安管理行为人的隐私权，尽量避免在公共场合进行辨认，减少不必要的心理负担和社会影响。确有必要在公共场合辨认的，要注意保护违反治安管理行为人的隐私。

4. 在辨认结束后，确保所有参与辨认的人员特别是见证人在辨认笔录上签名、盖章或按指印，确认辨认结果。

三、鉴定人须具备相应的资质

在公安机关办理治安案件过程中，确保程序的合法性是维护法律公正和保障当事人权益的关键。鉴定是某些治安案件办理的重要环节，能为案件办理提供有力的证据支持，是判断案件性质和作出公正裁决的基础。通过第三方专业机构的鉴定，可以保证案件处理的客观性和公正性，避免因主观判断导致的不公平。鉴定结果对当事人的实体权益有直接影响。案件的鉴定人必须事先取得相应的资质，否则不能承担鉴定任务。鉴定中心在接到鉴定任务后，应当合理安排鉴定人。公安机关在指派或聘请鉴定人时也应当注意审查，如果发现鉴定人不具备鉴定人资格，鉴定结论无效。

【基本案情】

张某系某市居民，项某系同小区邻居。某日16时许，张某向某区公安分局下属某派出所报案，称因邻居砸坏其桌椅、摄像头引发邻里纠纷。派出所立案后进行调查，向张某调取了视频监控，对项某进行传唤，对相关人员进行调查询问。据查，项某有故意损毁张某摄像头及防盗门等物品的行为。派出所遂对张某被损坏的中西式背椅（材质白酸枝木）、白木圆台面加转盘、防盗门、智能猫眼及摄像头5件物品进行价格认定。某市某区价格认证中心因人手不足，安排尚未取得鉴定人资格的助理李某进行鉴定并出具价格认定结论书，认定上述物品价值合计为4579元。当日，派出所发现鉴定人不具备鉴定人资格，立即向某市某区价格认证中心指出，并说明由助理李某作出的鉴定意见不能作为治安管理处罚的证据。

【案情分析】

本案中，某市某区价格认证中心在接到派出所对损坏物品进行价格认定的聘请后，因人手不足，明知李某尚未取得鉴定人资格，还是安排其进行价格鉴定并出具价格认定结论书，幸亏派出所及时发现问题并立即纠正，维护了办案程序的公平正义。根据《治安管理处罚法》第106条之规定，为了查明案情，需要解决案件中有争议的专门性问题的，应当指派或者聘请具有专门知识的人员进行鉴定。本案中，鉴定助理李某不具备鉴定人资格，不能单独作出鉴定结论，即作出的鉴定结论无效，派出所不能据此对项某作出治安管理处罚。

【法条链接】

《治安管理处罚法》第一百零六条　为了查明案情，需要解决案件中有争议的专门性问题的，应当指派或者聘请具有专门知识的人员进行鉴定；鉴定人鉴定后，应当写出鉴定意见，并且签名。

【案例提示】

1.“专门性问题”是指一般人凭常识难以判断的问题。例如，伤情鉴定，即对人身伤害的部位、程度、成因、后果以及身体恢复情况等进行鉴定；价格鉴定，即对违反治安管理所得的物品进行估价；违禁品和危险品鉴定，即对查获的国家禁止制造、经营、流通的违禁品和易燃、易爆、剧毒物品进行鉴别和判断；精神病鉴定，即要判明被鉴定人是否患有精神疾病，患何种精神疾病，实施危害行为时的精神状态，精神疾病和所实施的危害行为之间的关系，以及有无责任能力；等等。

2. 专门性问题“有争议”时才需要做鉴定。公安机关在办理治安案件时讲求的是效率和成本，如果专门性问题不存在争议，则无须鉴定。

3. 鉴定人的资质要求。除公安机关自己的鉴定技术人员可以担任鉴定人外，社会上的鉴定技术人员只要符合《全国人民代表大会常务委员会关于司法鉴定管理问题的决定》规定的条件，申请登记从事司法鉴定业务，且具备鉴定资格的，公安机关也可以聘请其对案件涉及的专门性问题进行鉴定。具体需要符合的条件有：（1）具有与所申请从事的司法鉴定业务相关的高级专业技术职称；（2）具有与所申请从事的司法鉴定业务相关的专业执业资格或者高等院校相关专业本科以上学历，从事相关工作5年以上；（3）具有与所申请从事的司法鉴定业务相关工作10年以上经历，具有较强的专业技能。因故意犯罪或者职务过失犯罪受过刑事处罚的，受过开除公职处分的，以及被撤销鉴定人登记的人员，不得从事司法鉴定业务。

4. 办案人民警察应当对鉴定意见进行审查。对经审查作为证据使用的鉴定意见，公安机关应当在收到鉴定意见之日起5日内将鉴定意见复印件送达违法嫌疑人和被侵害人。违法嫌疑人或者被侵害人对鉴定意见有异议的，可以在收到鉴定意见复印件之日起3日内提出重新鉴定的申请，经县级以上公安机关批准后，进行重新鉴定。同一行政案件的同一事项重新鉴定以一次为限。重新鉴定，公安机关应当另行指派或者聘请鉴定人。

四、报警案件不属于公安机关职责管辖范围的，民警应及时告知并说明理由

公安机关是我国人民民主专政政权中具有武装性质的治安行政和刑事执法机关。其任务是维护国家安全，保障社会治安秩序，保护公民的人身安全、人身自由和合法财产，预防、制止和惩治违法犯罪活动，保障社会主义现代化建设的顺利进行。在法治社会中，公安机关的职责有明确规定。当公民合法权益遭受不法侵害时，都会向公安机关报警求助。然而，并非所有的侵权行为均属于公安机关的职责管辖范围。面对公民的各类报警，公安机关应依法妥善处理，切实保障公民的合法权益。

【基本案情】

王某拥有某市某区某路46号的房屋产权。某日下午，该房屋面临暴力强拆。王某母亲到派出所报警，同时请求保护财产权。民警了解了事情的来龙去脉后，认为此类情形不属于违反治安管理行为，侵权行为不属于公安机关的职责管辖范围，依照规定不予立案。派出所作出《不予立案告知书》，同时告知王某母亲，按照职责划分，她应向拆迁办提出诉求，才能协调解决此事。

【案情分析】

本案中，王某的房屋面临强拆，其母亲到派出所报警并请求保护财产权，民警经过进一步了解后得知此类情形不属于公安机关职责管辖范围。派出所根据《治安管理处罚法》第90条之规定，

明确告知对方此类情形不属于违反治安管理行为，不属于公安机关的职责管辖范围，公安机关不能立案，已向报案人说明理由，并告知其应当到拆迁办协调解决此事。

【法条链接】

《治安管理处罚法》第九十条　公安机关对报案、控告、举报或者违反治安管理行为人主动投案，以及其他国家机关移送的违反治安管理案件，应当立即立案并进行调查；认为不属于违反治安管理行为的，应当告知报案人、控告人、举报人、投案人，并说明理由。

【案例提示】

对于报案人所报警的案件不属于公安机关管辖，在接报案时能够当场判断的，应当立即口头告知报案人向其他主管机关报案，并明确说明理由。明确告知报案人应向哪个有权管辖的机关（如法院、检察院、市场监管、民政等部门）提出诉求，并可提供联系方式或建议。如遇紧急情况，应先期处置再移交主管机关。

本案中，强制拆迁行为系政府行为，因此行政机关工作人员依据政府指令执行房屋拆迁政策是否违法不属于公安机关职责管辖范围。王某房屋财产损害的行为是行政机关组织实施的拆除行为，派出所应当作出《不予立案告知书》，及时告知王某举报的事项不属于公安机关管辖范围，如对房屋拆除等行为不服，可以就该行为提起行政复议或者行政诉讼。

行政执法机关拆迁房屋的行为不属于公安机关管辖，公安机关依法不予立案没有错误，但有时处理不当可能会导致报案人心存不满，误告公安机关不作为。因此，在处理这类案件时，公安机关能够当场认定的，应当立即口头告知报案人；如果不能当场认定，应开展初步调查，将调查结果依法书面告知报案人，履行及时接处警登记、调查、告知等法定职责。另外，要向报案人解释不予受理的法律理由、依据，以及救济渠道，如果因拆迁遭受损失，有权提起行政诉讼。公安机关应当避免接警后不出警，出警后不调查，敷衍报案人等做法。但在两种行政职权交叉存在时，公安机关仍有管辖权。例如，在房屋拆迁过程中出现故意伤害、非法拘禁等违法行为时，公安机关应依法履行职责予以受理。

本案中派出所对王某母亲的报案，经向拆迁单位等部门调查了解情况后，认为不属于违反治安管理行为，不予立案，并依法告知报案人并说明理由，执法行为规范。

五、实施行政处罚应以立案为前提

立案是公安机关办理治安案件的第一步，是启动整个执法程序的关键环节。公安机关办理治安案件，必须先进行接报案登记，并制作立案登记表和立案回执，才能开展后续的调查取证工作。如果未进行接报案登记，治安案件的调查工作就不能启动，调取所收集的证据系无效证据，再作出行政处罚更是违法。

规范立案程序、规范制作法律文书，能够进一步推进执法规范化，提高执法质量，有利于公安机关更好地履行打击违法犯罪的职责使命。

【基本案情】

某日，某县公安局接群众举报，辖区内一养生馆5楼有人组织卖淫，次日县公安局依法对涉嫌组织卖淫的张某等5人立案侦查。在侦查过程中，县公安局将余某作为证人进行询问，向余某送达行政案件权利义务告知书并制作了询问笔录。在询问过程中获知余某存在嫖娼行为，于是对余某涉嫌嫖娼行为进行立案。经进一步调查，证实了余某的嫖娼行为。次日，县公安局对余某进行了行政处罚告知并送达《行政处罚决定书》，认定余某有嫖娼行为，决定对余某罚款500元，并将相关信息录入办案网络平台。

【案情分析】

余某明知嫖娼行为违法，还故意为之，构成了违法行为，按照《治安管理处罚法》相关规定将面临罚款或行政拘留的处罚。本案中，县公安局在办理刑事案件时将余某作为证人进行询问，获取线索发现余某存在嫖娼行为，如果对余某涉嫌嫖娼的行政违法行为未经立案，直接进行调查并作出罚款500元的处理决定，必然属于程序违法。此类情形在实践中经常会遇到，执法民警一定不要忘记办理立案的手续。根据《治安管理处罚法》相关规定，公安机关对报案、控告、举报或者违反治安管理行为人主动投案，以及其他国家机关移送的违反治安管理案件，应当立即立案，才能进行调查。

【法条链接】

《治安管理处罚法》第七十八条　卖淫、嫖娼的，处十日以上十五日以下拘留，可以并处五千元以下罚款；情节较轻的，处五日以下拘留或者一千元以下罚款。

在公共场所拉客招嫖的，处五日以下拘留或者一千元以下罚款。

第九十条　公安机关对报案、控告、举报或者违反治安管理行为人主动投案，以及其他国家机关移送的违反治安管理案件，应当立即立案并进行调查；认为不属于违反治安管理行为的，应当告知报案人、控告人、举报人、投案人，并说明理由。

【案例提示】

在本案中，公安机关在办理组织卖淫刑事案件中，以证人的身份对余某进行了询问，在询问过程中发现余某有嫖娼行为。经进一步调查，公安机关证实了余某的嫖娼行为。假设民警并未对余某涉嫌嫖娼的行为进行立案就启动对案件的调查，对余某作出罚款500元的行政处罚，就属于违法。

为规范治安案件立案的程序，公安机关应当采取以下改善措施：

1. 建立和完善立案监督机制。公安机关内部应对治安案件立案工作进行定期或不定期的检查，确保立案工作的及时性和准确性。

2. 加强对立案民警的培训和管理。公安机关应加强对立案民警的业务培训，提高他们的法律素养和业务水平，确保他们能够准确、及时地处理立案工作。

3. 优化立案工作流程和提高信息化水平。公安机关应对立案工作流程进行优化，简化不必要的程序，提高工作效率。还应积极推进信息化建设，利用现代信息技术手段提高立案工作的信息化水平，实现立案工作的电子化、网络化和智能化，提高立案工作的准确性和时效性。

六、非紧急情况下民警检查公民住所须持有检查证

在法治社会中，公民的合法权益受到法律的严格保护。根据《宪法》第39条的规定，公民的住宅不受侵犯，非法搜查或非法侵入公民住宅是被禁止的行为。在实际接处警、治安案件办理过程中，公安机关在进行检查时要注意不要忽视必要的法律程序，以免侵害公民权利。

公安机关进入公民住宅实施检查时，要按规定出示检查证，这不仅体现了法律对公民权利的保护，也确保了执法行为的合法性。

【基本案情】

某日17时，吴某与张某、杨某三人在赵某家中用扑克牌玩“斗地主”，每局单注50元，有“炸”翻倍。接到群众举报后，派出所指派2名民警抵达赵某家中进行查处。进入住宅前，民警出示了县级以上人民政府公安机关开具的检查证，表明了执法身份。经检查，民警当场查获4人正在“斗地主”，带回公安机关盘查。派出所的办案人员在对吴某、张某、杨某、赵某进行询问后，对4人进行告知并制作了笔录。次日再次对4人进行询问，经复核后，于当日以赌博行为决定对4人分别处以行政拘留15日，并各处罚款1800元，于当日执行。吴某不服，申请治安行政复议。

【案情分析】

本案中吴某等4人以用扑克牌玩“斗地主”的方式进行赌博，赌资较大，妨害了社会管理秩序，构成了赌博行为，按照《治安管理处罚法》相关规定将面临罚款或行政拘留的处罚。公安派出所在接到群众举报后，指派2名民警抵达赵某家中进行查处。根据《治安管理处罚法》第103条之规定，检查公民住所应当出示县级以上人民政府公安机关开具的检查证。本案中公安机关接到群众举报后，派出所民警在进入公民住宅前出示了县级以上人民政府公安机关开具的检查证，并出示人民警察证表明执法身份，才进入住所进行检查，并查获了吴某等人的赌博违法行为。作为执法机关，派出所民警依法履行职责，严格依照法定程序办案，很好地维护了公安机关的良好形象。

【法条链接】

《治安管理处罚法》第八十二条　以营利为目的，为赌博提供条件的，或者参与赌博赌资较大的，处五日以下拘留或者一千元以下罚款；情节严重的，处十日以上十五日以下拘留，并处一千元以上五千元以下罚款。

第一百零三条　公安机关对与违反治安管理行为有关的场所或者违反治安管理行为人的人身、物品可以进行检查。检查时，人民警察不得少于二人，并应当出示人民警察证。

对场所进行检查的，经县级以上人民政府公安机关负责人批准，使用检查证检查；对确有必要立即进行检查的，人民警察经出示人民警察证，可以当场检查，并应当全程同步录音录像。检查公民住所应当出示县级以上人民政府公安机关开具的检查证。

检查妇女的身体，应当由女性工作人员或者医师进行。

【案例提示】

公安机关在查处治安案件时对场所或者违反治安管理行为人的人身、物品进行检查可以及时发现和制止违法犯罪行为，防止违法犯罪的发生或进一步发展。通过现场检查，公安机关可以收集与案件相关的证据，为案件的调查和处理提供依据。公安机关在检查时，必须严格遵守法律规定的程序，确保执法行为的合法性、合理性和有效性。如果检查程序不符合法律规定，所收集的证据可能会被认定为非法证据，从而在法庭上不被采纳。同时，不合法的检查可能会侵犯公民的隐私权、财产权等基本权利，引起公民的不满和投诉，进一步损害公安机关的公信力和形象，影响公众对执法机关的信任。

公安机关在检查过程中，应当注意以下事项：

1. 公安机关在进行检查时，必须由2名以上人民警察执行，并应当出示人民警察证，确保检查的合法性和正当性。

2. 对场所进行检查时，需经县级以上人民政府公安机关负责人批准，使用检查证进行检查。除公民住所外，对于确有必要立即进行检查的情况，人民警察在出示人民警察证后，可以当场进行检查，并全程同步录音录像。

3. 检查公民住所时，必须出示县级以上人民政府公安机关开具的检查证，以保障公民的居住安全和隐私权。紧急情况下，如有证据表明或者有群众报警称公民住所内正在发生危害公共安全或者公民人身安全的案（事）件，或者违法存放危险物质，不立即检查可能会对公共安全或者公民人身、财产安全造成重大危害的，人民警察经出示工作证件，可以当场检查。

4. 在检查过程中，公安机关应尊重公民的合法权益，避免不必要的干扰和侵犯，确保检查工作合法、合理、有序进行。

5. 公安机关在检查过程中，应向被检查人说明相关法律规定和可能的法律后果，提高公民的法律意识和自我保护能力。

七、在询问聋哑人时应当有通晓手语等交流方式的人提供帮助

治安询问是查明治安案件事实的关键步骤，有助于收集证据，了

解案件的经过和相关当事人的陈述。通过询问可以固定证据，包括当事人的陈述、证人的证言等，为后续的案件处理提供依据。询问过程中，被询问人的合法权益受到法律保护，体现了法治原则和公正性。

聋哑人属于特殊群体，需要特别的法律保护，确保他们的合法权益不受侵害。对聋哑人提供翻译或使用手语，可以确保询问过程中沟通的有效性。

【基本案情】

某日19时，某派出所接到群众报案称辖区内某浴池有人盗窃，于是派出2名民警迅速赶到现场，将正在实施盗窃的王某（21岁，系听障人士）抓获。通过调查发现，王某盗窃手机1部，经鉴定价值为800元。民警对王某进行口头传唤，王某嗷嗷大叫，极力反抗，挣脱后撒腿就跑。2名民警几经周折终于将其制服，为其戴上手铐后强行带到派出所。因派出所没有通晓手语的民警，无法进行治安询问，而王某具有高中文化程度，民警建议其用电脑打字进行交流，但王某不从，极度不配合。于是派出所只好从当地的特殊学校请来通晓手语的人提供帮助。

【案情分析】

本案中，王某以非法占有为目的，盗窃了价值800元手机1部，构成了盗窃行为，按照《治安管理处罚法》相关规定将面临罚款或行政拘留的处罚。尽管王某不配合民警执法，但办案民警能够依法执法，保障了王某的合法权益。根据《治安管理处罚法》相关规定，询问聋哑的违反治安管理行为人、被侵害人或者其他证人，应当有通晓手语等交流方式的人提供帮助，并在笔录上注明。本案中，某派出所民警询问聋哑的违法嫌疑人王某时，建议其用电脑打字进行交流但未获得同意，于是到当地的特殊学校请来通晓手语的人提供帮助，保障了聋哑人的合法权益。

【法条链接】

《治安管理处罚法》第五十八条　盗窃、诈骗、哄抢、抢夺或者敲诈勒索的，处五日以上十日以下拘留或者二千元以下罚款；情节较重的，处十日以上十五日以下拘留，可以并处三千元以下罚款。

第一百零一条　询问聋哑的违反治安管理行为人、被侵害人或者其他证人，应当有通晓手语等交流方式的人提供帮助，并在笔录上注明。

询问不通晓当地通用的语言文字的违反治安管理行为人、被侵害人或者其他证人，应当配备翻译人员，并在笔录上注明。

【案例提示】

询问是治安案件调查的重要环节，实务中部分案件因询问过程中忽视特殊群体的实体权利，出现程序违法，进而导致公安机关在行政诉讼中败诉，相关处罚被撤销。

公安机关在询问聋哑人时应当注意以下事项：

1. 询问聋哑的违反治安管理行为人、被侵害人或者其他证人时，应当有通晓手语等交流方式的人提供帮助，并将这一情况在笔录上注明。这是为了确保聋哑人能够准确理解询问的内容，并能有效地表达自己的意见。

2. 在询问笔录中应当注明有通晓手语等交流方式的人提供帮助的事实，还应当注明手语翻译人员的姓名、住址、工作单位和联系方式等，以备核查。

3. 询问笔录完成后，应当交给被询问人核对；对于没有阅读能力的，应当由手语翻译人员向其翻译笔录内容。

4. 被询问人有权要求提供书面材料，公安机关应予以准许。必要时，人民警察也可以要求被询问人自行书写相关材料。

5. 询问查证过程应当全程同步录音录像，确保询问过程的透明和公正。在询问查证期间，公安机关应当保证聋哑人的饮食和必要的休息时间，保障其基本生活需求。

第二节　决　　定

一、公安机关是作出治安管理处罚决定的唯一主体

我国治安管理工作由各级人民政府公安机关负责，治安管理处罚决定只能由公安机关作出。公安机关作出治安管理处罚决定的，应当制作治安管理处罚决定书，由作出处罚决定的公安机关加盖印章。根据《治安管理处罚法》等规定，治安管理处罚由县级公安机关决定，警告、1000元以下的罚款，可以由公安派出所决定。对违反治安管理的外国人决定限期出境或者驱逐出境的，由案件承办机关逐级上报省公安厅（局）或者公安部审批决定。其中，对违反治安管理案情简单、证据确凿的外国人依法适用限期出境的，由省、自治区、直辖市公安厅（局）审批，制作行政处罚决定书，并抄报公安部备案。但是，对于案情重大、复杂，易引起外交纠纷或者涉及国家安全的案件以及其他涉外案件的外国人处以限期出境，或者对已与我国公民生育子女的毗邻国家边境地区非法入境、非法居留人员限期出境的，应当层报公安部审批。此外，案件需要给予社区戒毒、强制隔离戒毒等处理的，公安机关依法作出决定；案件有违法所得和非法财物、违禁品、管制器具的，公安机关应当依法予以追缴或者收缴。

【基本案情】

某日0时许，潘某（男，26岁）等人在某饭店吃饭。结账途中，潘某将饭店服务员肖某（男，22岁）放置在一餐桌椅子上的手机装入口袋。在吧台结账时，经肖某询问索要，潘某将手机归还肖某。后潘某等人与饭店4名工作人员因结账问题发生肢体冲

突。潘某手持啤酒瓶和程某相互厮打，双方都有损伤，后经伤情鉴定为轻微伤。该市某区公安分局接到报警后进行立案调查，后根据《治安管理处罚法》有关规定对潘某以盗窃、故意伤害分别作出处罚决定，合并执行行政拘留20日，并处罚款1000元，制作并送达《行政处罚决定书》。潘某不服该处罚决定，以自己的行为是捡拾手机而不是盗窃等为由向某区人民政府申请行政复议。后潘某因对维持原行政处罚决定的行政复议决定不服，向人民法院提起行政诉讼。一审、二审法院经审理均认为：某区公安分局具有对潘某作出行政处罚决定之职权，对潘某作出的《行政处罚决定书》认定事实清楚，适用法律正确，处罚幅度适当，执法程序合法。

【案情分析】

1.“捡拾”客观上尚有控制或占有属性的遗失物、遗忘物、埋藏物、隐藏物、临时存放物的，均构成盗窃。不承担法律责任的“捡拾”行为，只适用于根据生活常识可以认定的无主物、丢弃物。本案中，肖某将手机放置在饭店内餐桌椅子上，虽然不是贴身或者近身控制，但并未丧失占有、控制权。潘某已满14周岁，达到法定责任年龄，具备责任能力，主观上以非法占有为目的，客观上将肖某放置在饭店餐桌椅子上、尚有占有权属的手机装入口袋，以秘密窃取方式非法据为己有，侵害了肖某的手机占有权，其性质是盗窃，而非“捡拾”。手机价值未达盗窃罪要求的“较大数额”，构成《治安管理处罚法》第58条规定的盗窃行为。

2. 潘某与饭店工作人员程某等人因结账问题发生肢体冲突，手持啤酒瓶砸程某，构成故意伤害行为。潘某主观上具有伤害他人身体的故意，客观上用啤酒瓶砸伤他人身体，侵害了他人人身健康权利，造成他人轻微伤害，尚不够刑事处罚，构成《治安管理处罚法》第51条规定的故意伤害行为。

3. 本案公安机关对潘某的治安管理处罚决定是合并执行行政拘留20日，并处罚款1000元，应当由县级公安机关或者公安分局决定，某区公安分局具有处罚决定权限。

【法条链接】

1.《治安管理处罚法》第八条第一款 违反治安管理行为对他人造成损害的，除依照本法给予治安管理处罚外，行为人或者其监护人还应当依法承担民事责任。

第五十八条 盗窃、诈骗、哄抢、抢夺或者敲诈勒索的，处五日以上十日以下拘留或者二千元以下罚款；情节较重的，处十日以上十五日以下拘留，可以并处三千元以下罚款。

第一百零九条 治安管理处罚由县级以上地方人民政府公安机关决定；其中警告、一千元以下的罚款，可以由公安派出所决定。

2.《公安机关执行〈中华人民共和国治安管理处罚法〉有关问题的解释》

二、关于涉外治安案件的办理问题。《治安管理处罚法》第10条第2款规定："对违反治安管理的外国人，可以附加适用限期出境或者驱逐出境"。对外国人需要依法适用限期出境、驱逐出境处罚的，由承办案件的公安机关逐级上报公安部或者公安部授权的省级人民政府公安机关决定，由承办案件的公安机关执行。对外国人依法决定行政拘留的，由承办案件的县级以上（含县级，下同）公安机关决定，不再报上一级公安机关批准。对外国人依法决定警告、罚款、行政拘留，并附加适用限期出境、驱逐出境处罚的，应当在警告、罚款、行政拘留执行完毕后，再执行限期出境、驱逐出境。

3.《行政复议法》第六十七条 行政行为有实施主体不具有行政主体资格或者没有依据等重大且明显违法情形，申请人申请确认行政行为无效的，行政复议机关确认该行政行为无效。

4.《行政诉讼法》第七十五条 行政行为有实施主体不具有行政主体资格或者没有依据等重大且明显违法情形，原告申请确认行政行为无效的，人民法院判决确认无效。

【案例提示】

1. 公民须守法，违法必追究。根据《民法典》规定，拾得遗失物，应当返还权利人，或者送交公安机关等有关部门；拾得漂流物、发现埋藏物或者隐藏物的，参照适用拾得遗失物的有关规定。即使对遗失物、遗忘物、漂流物、埋藏物、隐藏物，也不得“捡拾”后据为己有。一时贪念，以非法占有为目的，以“捡拾”他人财物为名，行盗窃之实，轻者被处治安管理处罚，重者承担刑事责任。

2. 全社会都应当依照宪法和法律行使权利或权力、履行义务或职责。公民办事要依法、遇事要找法、解决问题要用法、化解矛盾要靠法。遇到纠纷冲突要克制、礼让，一时冲动、暴怒，大打出手，殴打伤害他人身体的，轻者将被处治安管理处罚，重者承担刑事责任。行为对他人造成人身或者财产等损害的，行为人或者其监护人应当依法承担民事责任。

3. 与治安案件有关的人员均有义务配合公安机关依法执法。法律授权公安机关及其人民警察依法办理治安案件，进行立案、调查取证、作出治安管理处罚决定等各项工作，有关公民、法人或者其他组织均有义务配合。公安机关作出治安管理处罚决定后，被处罚人应当自觉履行处罚决定内容，否则应承担相应法律责任。

4. 公安机关作出治安管理处罚决定，不得超出管辖权限、决定权限等法定职权。否则，将承担“主体不具有行政主体资格”所导致的处罚决定无效等后果。

5. 公安机关应规范、严格、公正、高效实施治安管理处罚。处罚过程中应落实“谁执法，谁普法”的法治教育责任，引导公众充分认识到“违法必担责”“违法有代价”，增强法治观念，建立不敢违法、不能违法、不想违法的法治环境，形成“全民守法”的良好氛围。

二、作出治安管理处罚决定前应履行告知程序并听取行为人陈述和申辩

治安管理处罚决定前的告知，是保障违反治安管理行为人在公安机关作出治安管理处罚决定前充分享有知情权和申辩权的程序制度。公安机关作出治安管理处罚决定前，应当告知违反治安管理行为人拟作出治安管理处罚的内容及事实、理由、依据，并告知违反治安管理行为人依法享有的权利，包括陈述和申辩的权利，以及特殊情形案件的行为人享有的要求举行听证的权利。因此，处罚决定前的告知包括一般告知和听证告知。一般告知即作出任何治安管理处罚决定前都应当履行的告知，告知内容不包括听证事项的告知；听证告知则是对于具有特殊情形的案件，公安机关在一般告知的基础上，还应当告知违反治安管理行为人有权要求举行听证及申请期间、申请机关等相关事项。行为人要求听证的，公安机关应当及时依法举行听证。公安机关对具有以下情形之一的案件，应当告知违反治安管理行为人有权要求举行听证：一是拟作出吊销许可证件、处以4000元以上罚款的治安管理处罚决定或者采取责令停业整顿措施的；二是未成年人违反治安管理可能执行行政拘留的；三是其他案情复杂或者具有重大社会影响的案件，违反治安管理行为人要求听证，公安机关认为有必要的。告知的对象是违反治安管理行为人；违反治安管理行为人不满18周岁的，还应当告知未成年人的父母或者其他监护人，充分听取其意见。公安机关履行告知，应当充分听取违反治安管理行为人的意见，对违反治安管理行为人提出的事实、理由和证据应当进行复核；违反治安管理行为人提出的事实、理由或者证据成立的，应当采纳。适用一般程序作出治安管理处罚决定的，应当采用书面形式履行告知，制作《行政处罚告知笔录》；对快速办理或者当场处罚的治安案件，可以采用口头方式履行告知。对违反治安

管理行为事实清楚，证据确实充分，依法应当予以治安管理处罚，因违反治安管理行为人逃跑等原因无法履行告知义务的，可以采取公告方式予以告知。自公告之日起7日内，违反治安管理行为人未提出申辩的，可以依法作出处罚决定。依法作出不予处罚决定的，可以不履行告知。

【基本案情】

某日19时41分，某区公安分局接到高某（男，32岁）报警称自己被韩某（男，30岁）打伤。该分局于第二日立案并进行询问、委托伤情鉴定等调查取证，查明韩某因琐事殴打他人，伤情鉴定为轻微伤的事实。据此，该分局决定对韩某给予行政拘留10日，并处罚款500元的处罚，制作《行政处罚决定书》。该分局对韩某进行了处罚决定前的告知，制作《行政处罚告知笔录》，载明“对上述告知事项提出陈述和申辩”，随后制作并送达《行政处罚决定书》。后韩某不服处罚决定，以某区公安分局未对自己的陈述与申辩进行复核等理由提起行政诉讼。法院审理认为：从对韩某的行政处罚告知笔录来看，韩某仅称陈述申辩，但未提出新的事实、理由和证据，分局无须进行复核，判决维持案涉行政处罚决定。

【案情分析】

1. 韩某的行为构成《治安管理处罚法》第51条规定的殴打他人行为。韩某已满14周岁，达到法定责任年龄，具备责任能力，因琐事殴打高某，主观上具有殴打伤害他人的故意，客观上采用殴打方式致高某人身轻微伤害，侵害了高某的人身健康权利，尚不够刑事处罚，构成殴打他人行为。

2. 韩某殴打高某，致高某人身轻微伤害，还对高某造成民事损害，除应受到治安管理处罚外，还应当依法承担民事责任。

3. 本案中某区公安分局遵循“先告知后决定”的规定，在制作《行政处罚决定书》之前履行了告知程序，听取了韩某的陈述和申辩。鉴于韩某的陈述与申辩内容未提出新的“事实、理由或证据”，公安分局无须复核。

【法条链接】

1.《治安管理处罚法》第一百一十二条　公安机关作出治安管理处罚决定前，应当告知违反治安管理行为人拟作出治安管理处罚的内容及事实、理由、依据，并告知违反治安管理行为人依法享有的权利。

违反治安管理行为人有权陈述和申辩。公安机关必须充分听取违反治安管理行为人的意见，对违反治安管理行为人提出的事实、理由和证据，应当进行复核；违反治安管理行为人提出的事实、理由或者证据成立的，公安机关应当采纳。

违反治安管理行为人不满十八周岁的，还应当依照前两款的规定告知未成年人的父母或者其他监护人，充分听取其意见。

公安机关不得因违反治安管理行为人的陈述、申辩而加重其处罚。

第一百一十七条　公安机关作出吊销许可证件、处四千元以上罚款的治安管理处罚决定或者采取责令停业整顿措施前，应当告知违反治安管理行为人有权要求举行听证；违反治安管理行为人要求听证的，公安机关应当及时依法举行听证。

对依照本法第二十三条第二款规定可能执行行政拘留的未成年人，公安机关应当告知未成年人和其监护人有权要求举行听证；未成年人和其监护人要求听证的，公安机关应当及时依法举行听证。对未成年人案件的听证不公开举行。

前两款规定以外的案情复杂或者具有重大社会影响的案件，违反治安管理行为人要求听证，公安机关认为必要的，应当及时依法举行听证。

公安机关不得因违反治安管理行为人要求听证而加重其处罚。

2.《行政处罚法》第六十二条　行政机关及其执法人员在作出行政处罚决定之前，未依照本法第四十四条、第四十五条的规定向当事人告知拟作出的行政处罚内容及事实、理由、依据，或者拒绝听取当事人的陈述、申辩，不得作出行政处罚决定；当事人明确放弃陈述或者申辩权利的除外。

【案例提示】

1. 公民办事要依法、遇事要找法、解决问题要用法、化解矛盾要靠法。在生活、工作、社会活动中发生矛盾纠纷，要理性、平和、依法解决。大打出手，不仅矛盾纠纷得不到解决，还要承担法律责任，伤害程度轻者（轻微伤）构成违反治安管理行为，将被处治安管理处罚；伤害程度重者（轻伤以上）构成犯罪行为，承担刑事责任。行为造成他人身心或财产等损害的，行为人或者其监护人还应承担民事责任。

2. 公安机关作出治安管理处罚决定，应当依法履行处罚决定前的告知义务，否则构成程序违法。处罚决定前的告知，对治安管理处罚决定机关而言，是程序义务，必须依法履行，有利于强化行政权力的程序制约和法律监督，促使公安机关审慎公正作出处罚决定。

3. 治安管理处罚决定前的告知，对于违反治安管理行为人而言，是一项重要的程序性权利，行为人应当依法积极行使相应权利，否则视为放弃。处罚决定前的告知，是保障违反治安管理行为人行使知情权、参与权、申辩权和听证权的程序制度，行为人应当配合办案程序，以法定方式和要求，在法定期间积极听取告知，行使陈述和申辩、要求听证等权利，沉默不表态、拒签文书等消极行为，或者逾期申辩、逾期申请听证的，均视为放弃权利。

三、治安管理处罚听证程序是保障当事人参与处罚程序、表达意见的重要程序

治安管理处罚的听证既是违反治安管理行为人的重要程序性

权利，也是体现行政公开的重要程序制度，为当事人参与处罚程序、表达意见、进行质证和申辩提供了机会，更有利于处罚结果公正。根据规定，公安机关作出吊销许可证件、处4000元以上罚款的治安管理处罚决定或者采取责令停业整顿措施前，应当告知违反治安管理行为人有权要求举行听证；对可能执行行政拘留的未成年人，应当告知未成年人和其监护人有权要求举行听证。违反治安管理行为人（或者违反治安管理的未成年人和其监护人）在公安机关告知后法定期间要求听证的，公安机关应当及时依法举行听证。此外，对其他案情复杂或者具有重大社会影响的案件，违反治安管理行为人要求听证，公安机关认为有必要的，应当及时依法举行听证。对未成年人案件的听证不公开举行。公安机关不得因违反治安管理行为人要求听证而加重其处罚。违反治安管理行为人或者其监护人提出举行听证或放弃听证的要求，在听证申请期限届满前可以撤回；放弃听证或者撤回听证要求后，在听证申请期限届满前又提出听证要求的，公安机关应当允许。

【基本案情】

某日，某县公安局民警询问胡某（女，22岁）时，胡某供述其通过微信联络，与昵称为“秋日私语”的男子实施过卖淫嫖娼，该县公安局遂立案调查。第二日，民警用微信联络“秋日私语”，相约见面后，口头传唤该男子到公安局办案中心进行询问、辨认等查证，后查明该男子系刘某（男，23岁），及其于一个月前与微信昵称为“山川故里”的女子即胡某发生性交易的时间、地点，刘某向胡某支付嫖资的金额、转账方式等。处罚前，某县公安局告知刘某拟对其行政拘留并处4000元罚款处罚，刘某享有陈述、申辩和听证的权利，刘某当时明确表示不提出陈述、申辩，不要求听证。告知后在申请听证期限届满的第二天，该县公安局制作《行政处罚决定书》并于当日送达。刘某不服该处罚决定，以“某县公安局听证期限未届满就作出行政处罚，程序违法”等理由提起行政诉讼。

【案情分析】

1. 本案胡某与刘某构成卖淫嫖娼行为。卖淫嫖娼，即不特定的异性或者同性之间，以钱财为媒介，发生不正当性关系的行为。其中，卖淫行为是指以获取钱财为目的，向不特定的人员提供不正当性服务的行为；嫖娼行为是指以淫乐为目的，以给付钱财为交易条件，与卖淫者发生不正当性关系的行为。本案中，胡某与刘某均已年满14周岁，达到法定责任年龄，具备责任能力。二人通过微信联络相识后实施不正当性交易，主观上胡某以获取钱财为目的、刘某以淫乐为目的，客观上以刘某向胡某支付嫖资为条件、胡某向刘某提供不正当性服务，二人构成卖淫嫖娼行为。

2. 本案中某县公安局在作出治安管理处罚决定前对行为人刘某履行了告知，并在听证申请期限届满的第二日送达处罚决定书，程序合法，公安局的告知内容包括一般告知和听证告知，刘某在告知时明确表示放弃听证，且在听证申请期间内未撤回。听证申请期间从告知之日的第二日起算，期限届满的最后一日是节假日的，以节假日后的第一日为期限届满的日期。在听证申请期间内，行为人和其监护人提出举行听证要求后有权撤回或变更，公安机关应当允许，最终以听证申请期限届满前的最后要求为准。

【法条链接】

《治安管理处罚法》第七十八条第一款　卖淫、嫖娼的，处十日以上十五日以下拘留，可以并处五千元以下罚款；情节较轻的，处五日以下拘留或者一千元以下罚款。

第一百一十七条　公安机关作出吊销许可证件、处四千元以上罚款的治安管理处罚决定或者采取责令停业整顿措施前，应当告知违反治安管理行为人有权要求举行听证；违反治安管理行为人要求听证的，公安机关应当及时依法举行听证。

对依照本法第二十三条第二款规定可能执行行政拘留的未成年人，公安机关应当告知未成年人和其监护人有权要求举行听证；未成年人和其监护人要求听证的，公安机关应当及时依法举行听证。对未成年人案件的听证不公开举行。

前两款规定以外的案情复杂或者具有重大社会影响的案件，违反治安管理行为人要求听证，公安机关认为必要的，应当及时依法举行听证。

公安机关不得因违反治安管理行为人要求听证而加重其处罚。

【案例提示】

1. 公民要自觉遵守社会公德、职业道德、家庭美德，自觉践行社会主义核心价值观，不断加强道德修养，明辨是非曲直，增强自我定力，远离卖淫嫖娼。卖淫嫖娼不仅违法，而且违反社会公德、家庭美德，妨害社会管理，污染社会风气。卖淫嫖娼容易传播性病和艾滋病等疾病，给家庭和社会稳定带来安全风险，甚至引发更为严重的违法犯罪。为维护社会治安秩序和良好的社会风气，法律严禁卖淫嫖娼。实施卖淫嫖娼行为的，依据《治安管理处罚法》第78条第1款的规定实施治安管理处罚。

2. 执法的最好效果就是要让人心服口服，从而教育公民自觉守法。根据《治安管理处罚法》第6条第3款的规定，办理治安案件应当坚持教育与处罚相结合的原则，充分释法说理，教育公民、法人或者其他组织自觉守法。公安机关要充分保障当事人的程序性权利，让人民群众在每一次执法办案中都能感受到公平正义。对于应当举行听证的治安管理处罚决定，公安机关应当规范适用听证程序，充分保障当事人的听证权利，包括处罚决定前履行听证告知义务，留足听证申请期间，公开举行听证，听证过程中保障当事人的陈述、申辩权，以及根据听证笔录依法作出治安管理处罚决定等。应当举行听证而未进行听证告知，或者行为人依法申请听证而未举行听证，或者行为人放弃听证后，听证申请期间尚未届满就作出处罚决定的，构成程序违法。在行政救济程序中，该治安管理处罚决定将被确认违法或者被撤销。

3. 治安管理处罚听证是保障当事人合法权益的重要程序制度。当事人应当配合办案程序，依法积极行使听证权利，消极不表态或逾期申请听证的，视为放弃权利。

四、治安管理处罚决定书必须送达当事人才具有法律效力

送达处罚决定书，是指公安机关按照法定程序和方式，将《行政处罚决定书》或《不予行政处罚决定书》连同《强制隔离戒毒决定书》《社区戒毒决定书》《收缴物品清单》《追缴物品清单》等其他处理决定文书，依法送交受送达人的行为。公安机关作出治安管理处罚决定和其他行政处理决定，应当向被处理人宣告决定书，并当场交付被处理人；无法当场向被处理人宣告的，《治安管理处罚决定书》应当在2日内送达被处理人，其他处理决定书应当在7日内送达被处理人。决定给予行政拘留处罚的，应当及时通知被处理人的家属。有被侵害人的，应当在法定送达期间内将决定书送达被侵害人。送达决定书，应当由被处理人在附卷的决定书上签名或者按指印；被处理人拒绝的，由送达人注明拒绝的事由、送达日期，送达人签名，即视为送达。

【基本案情】

某日晚，在某市某公园门口，张某（男，42岁）与佟某（女，38岁）因多年前的纠纷发生争吵，进而厮打，双方均有轻微伤害。经立案调查，该市某公安派出所决定对佟某以殴打他人给予罚款500元的治安管理处罚，制作并送达《行政处罚决定书》。10日后，该派出所又决定对张某以殴打他人给予罚款500元的治安管理处罚，并制作《行政处罚决定书》。送达时，张某表示不服处罚决

定，拒收。办案民警在附卷的《行政处罚决定书》上标明“本人拒绝签字”，并标明送达时间，最后由民警签名。

【案情分析】

1. 张某与佟某因多年前的纠纷发生争吵，进而厮打，构成相互斗殴（简称“互殴”）行为。二人均已满14周岁，达到责任年龄，具备责任能力，主观上双方出于故意伤害他人的目的，客观上相互对对方实施殴打，造成对方轻微伤害的后果，构成《治安管理处罚法》第51条第1款规定的殴打他人行为。

2. 张某与佟某互殴，给对方造成损害的，除对二人给予治安管理处罚外，二人还应当依法承担民事责任。

3. 本案办案民警送达处罚决定书时被处罚人拒绝签收，民警在附卷的处罚决定书中依法注明相关事项，送达程序合法。对于被处罚人拒绝签收处罚决定书的，民警在附卷或者备案的处罚决定书中的相关注明应当全面，包括拒绝的事由、送达日期，并由送达民警签名，以确定送达主体、送达日期、拒绝事由等送达实际情况。

【法条链接】

1.《治安管理处罚法》第八条第一款　违反治安管理行为对他人造成损害的，除依照本法给予治安管理处罚外，行为人或者其监护人还应当依法承担民事责任。

第五十一条第一款　殴打他人的，或者故意伤害他人身体的，处五日以上十日以下拘留，并处五百元以上一千元以下罚款；情节较轻的，处五日以下拘留或者一千元以下罚款。

第一百一十六条　公安机关应当向被处罚人宣告治安管理处罚决定书，并当场交付被处罚人；无法当场向被处罚人宣告的，应当在二日以内送达被处罚人。决定给予行政拘留处罚的，应当及时通知被处罚人的家属。

有被侵害人的，公安机关应当将决定书送达被侵害人。

2.《行政处罚法》第六十一条　行政处罚决定书应当在宣告后

当场交付当事人；当事人不在场的，行政机关应当在七日内依照《中华人民共和国民事诉讼法》的有关规定，将行政处罚决定书送达当事人。

当事人同意并签订确认书的，行政机关可以采用传真、电子邮件等方式，将行政处罚决定书等送达当事人。

【案例提示】

1. 公民须守法，互殴有成本。公民在生活、工作、社会活动中发生矛盾纠纷，要理性、平和、依法解决。因矛盾纠纷引发互殴构成违反治安管理的，双方均应承担行政责任和相应的民事责任，重者承担刑事责任。

2. 行政处罚决定书必须送达当事人才具有法律效力。否则是一纸空文，不得交付执行。

3. 公安机关应当采用法定方式、在法定时限内送达行政处罚决定书，否则不仅程序违法，而且影响行政处罚决定书的执行效力。送达行政处罚决定书，应当首先采取直接送达方式，即直接将行政处罚决定书交给受送达人本人。受送达人不在场的，采用留置送达、委托送达、邮寄送达、电子送达、公告送达等规定方式送达。经受送达人同意，可以采用传真、互联网通信工具等能够确认其收悉的方式送达。经采取其他法定送达方式无法送达的，可以公告送达，公告范围和方式应当便于公民知晓，公告期限不得少于60日。依照简易程序作出当场处罚决定的，应当将决定书当场交付被处罚人。

4. 送达行政处罚决定书，公安机关应当依法进行告知，以保障被处罚人的相应权利，更有利于增强处罚决定的说理性和执行力。公安机关应当向被处罚人宣告治安管理处罚决定书，借此告知被处罚人有关事项。重点告知：处罚内容及其执行方式、期限和强制执行规定，以及被处罚人行使救济权利的有关事项。

5. 被处罚人收到行政处罚决定书后，应当按要求履行处罚内容，逾期不履行的，将被强制执行。因此，被处罚人在收到行政处罚决定书后，要及时履行义务，避免不必要的法律风险和经济损失。

6. 当事人对处罚决定不服的，可以申请行政复议或者提起行政诉讼的方式进行救济。但应当依法积极行使救济权利，消极或逾期行使的，视为放弃救济权利。禁止采用非法上访等方式表达对处罚决定的不满。

五、当场处罚是当场作出治安管理处罚决定的简易程序

当场处罚即治安管理处罚简易程序，是公安机关现场执法的民警对于违反治安管理行为事实清楚，证据确凿，应处警告或者500元以下罚款的案件，可以当场作出治安管理处罚决定的一种简易化程序。当场处罚有别于一般程序，无须书面的立案手续、详尽的调查取证和严格的审核、审批，无疑简化了办案手续，缩短了办理期限，有利于节省执法成本，提高办案效率。但是，涉及卖淫嫖娼、赌博、毒品的案件，不适用当场处罚。当场作出治安管理处罚决定，有违禁品的，可以当场收缴。当场作出治安管理处罚决定的，民警应当向违反治安管理行为人出示人民警察证，并填写处罚决定书，并由经办的民警签名或者盖章。处罚决定书应当当场交付被处罚人；有被侵害人的，应当同时将决定书送达被侵害人。适用当场处罚，被处罚人对拟作出治安管理处罚的内容及事实、理由、依据没有异议的，可以由一名民警作出治安管理处罚决定，并应当全程同步录音录像。当场作出治安管理处罚决定的，经办的民警应当在24小时以内报所属公安机关备案。

【基本案情】

某日21时30分，某公安派出所民警杨某、宴某对辖区某宾馆进行日常检查，经出示人民警察证，在该宾馆工作人员徐某（女，

22岁）的见证下，检查发现徐某未按规定登记207室住宿旅客的信息。以上事实有检查笔录、现场照片等证据证实。民警根据《治安管理处罚法》有关规定，决定给予徐某罚款200元的处罚。

【案情分析】

1. 宾馆工作人员徐某的行为构成《治安管理处罚法》第67条第1款规定的不按规定登记住宿旅客信息行为。徐某身为宾馆工作人员，负责住宿旅客登记工作，其已满14周岁，达到责任年龄，具备责任能力。主观上徐某明知207室有住宿旅客，且明知自己有义务、有条件登记该住宿旅客信息，客观上对207室住宿旅客未履行登记职责，未登记其身份信息，构成不按规定登记住宿旅客信息行为。

2. 本案符合简易程序适用条件，可以当场作出治安管理处罚决定。本案两名民警办案，徐某不按规定登记住宿旅客信息的违反治安管理行为事实清楚，证据确凿，民警依法决定对徐某给予罚款200元处罚，可以适用简易程序当场处罚，制作处罚决定书，并当场向被处罚人宣告送达。

【法条链接】

1.《治安管理处罚法》第六十七条　从事旅馆业经营活动不按规定登记住宿人员姓名、有效身份证件种类和号码等信息的，或者为身份不明、拒绝登记身份信息的人提供住宿服务的，对其直接负责的主管人员和其他直接责任人员处五百元以上一千元以下罚款；情节较轻的，处警告或者五百元以下罚款。

实施前款行为，妨害反恐怖主义工作进行，违反《中华人民共和国反恐怖主义法》规定的，依照其规定处罚。

从事旅馆业经营活动有下列行为之一的，对其直接负责的主管人员和其他直接责任人员处一千元以上三千元以下罚款；情节严重的，处五日以下拘留，可以并处三千元以上五千元以下罚款：（一）明知住宿人员违反规定将危险物质带入住宿区域，不予制止的；（二）明知住宿人员是犯罪嫌疑人员或者被公安机关通缉的人员，不向公安机关报告的；（三）明知住宿人员利用旅馆实施犯罪活动，不向公安机关报告的。

第一百一十九条　违反治安管理行为事实清楚，证据确凿，处警告或者五百元以下罚款的，可以当场作出治安管理处罚决定。

第一百二十条　当场作出治安管理处罚决定的，人民警察应当向违反治安管理行为人出示人民警察证，并填写处罚决定书。处罚决定书应当当场交付被处罚人；有被侵害人的，并应当将决定书送达被侵害人。

前款规定的处罚决定书，应当载明被处罚人的姓名、违法行为、处罚依据、罚款数额、时间、地点以及公安机关名称，并由经办的人民警察签名或者盖章。

适用当场处罚，被处罚人对拟作出治安管理处罚的内容及事实、理由、依据没有异议的，可以由一名人民警察作出治安管理处罚决定，并应当全程同步录音录像。

当场作出治安管理处罚决定的，经办的人民警察应当在二十四小时以内报所属公安机关备案。

2.《旅馆业治安管理办法》第六条　旅馆接待旅客住宿必须登记。登记时，应当查验旅客的身份证件，按规定的项目如实登记。

接待境外旅客住宿，还应当在24小时内向当地公安机关报送住宿登记表。

【案例提示】

1. 旅馆业作为向社会公众提供住宿服务的经营场所，应当合法经营和重点治安防控，落实住宿旅客登记等各项制度。旅馆业易于被利用从事卖淫嫖娼、赌博、吸毒、传播淫秽物品等违法犯罪活动，或者为违法犯罪人员提供藏匿场所。同时，旅馆内一旦发生火灾、坍塌等灾害事故，其危害后果不堪设想。为加强治安防控，旅馆业应当严格落实住宿旅客登记制度。旅馆业工作人员有不按规定登记住宿旅客信息行为的，根据《治安管理处罚法》第66条的规定，公安机关应当对旅馆业直接负责的主管人员和其他直接责任人员给予治安管理处罚。旅馆负责人参与违法犯罪活动，其所经营的旅馆已成为犯罪活动场所的，公安机关除依法追究其法律责任外，还应当会同市场监督管理部门依法处理该旅馆。

2. 公安机关对旅馆业负有治安管理职责，旅馆业工作人员和住宿旅客应当予以协助。公安机关对旅馆业负有以下职责：指导、监督旅馆建立各项安全管理制度，落实安全防范措施，协助旅馆对工作人员进行安全业务知识的培训，以及安全检查等。

3. 公安机关人民警察在旅馆执行安全检查等公务时，应当出示执法证件，严格依法办事，维护旅馆的正常经营和旅客的合法权益。

4. 当场处罚应当符合“违反治安管理行为事实清楚，证据确凿，处警告或者五百元以下罚款”等事实、证据、裁量等适用条件，严格落实“涉及卖淫嫖娼、赌博、毒品的案件”不适用当场处罚的规定。

5. 办案人民警察应当按照法定程序适用当场处罚，否则程序违法。当场处罚程序包括：向行为人出示执法证件、表明执法身份，收集证据，决定前口头告知并充分听取被处罚人的陈述和申辩，填写当场处罚决定书并当场交付被处罚人，24小时内报所属公安机关备案，依法当场收缴罚款等。

6. 当场收缴罚款应当符合法定要求。一是应当符合以下当场收缴的法定情形：被处200元以下罚款，被处罚人对罚款无异议的；在边远、水上、交通不便地区，旅客列车上或者口岸，被处罚人到指定的银行或者通过电子支付系统缴纳罚款确有困难，经被处罚人提出的；被处罚人在当地没有固定住所，不当场收缴事后难以执行的。二是应当向被处罚人出具省级以上人民政府财政部门统一制发的专用票据，否则被处罚人有权拒绝缴纳罚款。三是应当自收缴罚款之日起2日以内，将当场收缴的罚款交至所属的公安机关；在水上、旅客列车上当场收缴的罚款，应当自抵岸或者到站之日起2日以内，交至所属的公安机关。公安机关应当自收到罚款之日起2日以内将罚款缴付指定的银行。

7. 被处罚人应当配合办案民警在备案的当场处罚决定书上签名或者按指印，注明有关事项。被处罚人拒绝签名或者按指印的，由办案民警在备案的决定书上注明拒绝的事由、送达日期，送达人签名，视为送达。依法当场收缴罚款的，被处罚人应在备案的决定书上注明以下事项：被处200元以下罚款的，注明“对罚款无异议”；在边远、水上、交通不便地区，被处罚人缴纳罚款确有困难的，注明“本人提出当场缴纳罚款”等。

六、当事人不服治安管理处罚决定时依法享有救济权利

无救济则无处罚。行政机关实施行政处罚时，必须保证相对人享有事后救济权利，包括申请行政复议、提起行政诉讼、申请国家赔偿等多种救济途径，并且实行司法终审。治安管理处罚的法律救济，是法律赋予相对人的行政救济权利，是维护相对人合法权益的重要途径，也是监督公安机关依法、公正行使职权，纠正违法或者不当行政处罚，推进法治政府建设的重要法律制度。根据规定，被处罚人、被侵害人对公安机关作出的治安管理处罚决定，收缴、追缴决定，或者采取的有关限制性、禁止性措施等不服的，可以依法申请行政复议或者提起行政诉讼。根据《行政复议法》《行政诉讼法》等规定，公安机关在送达治安管理处罚决定书时，应当告知当事人如不服处罚决定，可以在收到处罚决定书之日起60日内向行政复议机关申请行政复议，或者在3个月内向人民法院提起行政诉讼。当事人因公安机关违法给予治安管理处罚受到损害的，有权依法提出国家赔偿

要求。

【基本案情】

某日0时10分，某县公安局民警在辖区一棋牌室内将正在“打麻将”赌博的魏某（男，22岁）、宋某（男，17岁）、赵某（男，28岁）、刘某（男，27岁）4人查获，查获赌资共计6300元。当日，该县公安局根据《治安管理处罚法》相关规定对4人以赌博行为作出治安管理处罚决定。赵某不服，以在棋牌室内执法民警的人民警察证过期不具有执法资格等为由提起行政诉讼。一审法院经审理认为：人民警察证是公安机关人民警察身份和依法执行职务的凭证和标志，具有身份证明和执行公务的双重属性。本案现场执法的带队民警1人，其人民警察证虽已过期但有正在办理新证件的合理事由，仍然具有执法资格，其在棋牌室赌博现场的执法行为合法。因此，法院认定被诉处罚行为程序合法。

【案情分析】

1. 本案魏某、宋某、赵某、刘某4人的行为构成《治安管理处罚法》第82条规定的赌博行为。赌博行为，是指2人以上以营利为目的，以一定钱财为赌注，互赌输赢非法获取钱财，赌资数额较大，尚不够刑事处罚的行为。本案中，魏某、宋某、赵某、刘某4人均已满14周岁，达到责任年龄，具备责任能力。4人主观上以营利为目的，意图通过赌博非法获取钱财，客观上在棋牌室以“打麻将”实施赌博，赌资共计6300元，尚不够刑事处罚，构成赌博行为。

2. 本案在赌博现场带队执法的民警1人，其“人民警察证”虽然过期但有合理事由，不影响其执法主体资格。根据《公安机关人民警察证使用管理规定》第4条规定：“人民警察证是公安机关人民警察身份和依法执行职务的凭证和标志。公安机关人民警察在依法执行职务时，除法律、法规另有规定外，应当随身携带人民警察证，主动出示并表明人民警察身份”。根据《治安管理处罚法》等规定，办案人民警察在进行口头传唤现场发现的违反治安管理行为人、现场询问、现场检查、当场处罚等现场执法时，应当出示人民警察证。人民警察证遗失、被盗、被抢或者严重损坏、无法继续使用的，应当及时申请补办；因有效期限等主要内容发生变动、确需换发的，应当及时予以换发。

【法条链接】

1.《治安管理处罚法》第一百二十一条 被处罚人、被侵害人对公安机关依照本法规定作出的治安管理处罚决定，作出的收缴、追缴决定，或者采取的有关限制性、禁止性措施等不服的，可以依法申请行政复议或者提起行政诉讼。

2.《行政处罚法》第七条 公民、法人或者其他组织对行政机关所给予的行政处罚，享有陈述权、申辩权；对行政处罚不服的，有权依法申请行政复议或者提起行政诉讼。

公民、法人或者其他组织因行政机关违法给予行政处罚受到损害的，有权依法提出赔偿要求。

3.《行政复议法》第四条第一款 县级以上各级人民政府以及其他依照本法履行行政复议职责的行政机关是行政复议机关。

第十条 公民、法人或者其他组织对行政复议决定不服的，可以依照《中华人民共和国行政诉讼法》的规定向人民法院提起行政诉讼，但是法律规定行政复议决定为最终裁决的除外。

第二十条 公民、法人或者其他组织认为行政行为侵犯其合法权益的，可以自知道或者应当知道该行政行为之日起六十日内提出行政复议申请；但是法律规定的申请期限超过六十日的除外。

因不可抗力或者其他正当理由耽误法定申请期限的，申请期限自障碍消除之日起继续计算。

行政机关作出行政行为时，未告知公民、法人或者其他组织申请行政复议的权利、行政复议机关和申请期限的，申请期限自公民、法人或者其他组织知道或者应当知道申请行政复议的权利、行政复议机关和申请期限之日起计算，但是自知道或者应当知道行政行为内容之日起最长不得超过一年。

第二十三条　有下列情形之一的，申请人应当先向行政复议机关申请行政复议，对行政复议决定不服的，可以再依法向人民法院提起行政诉讼：（一）对当场作出的行政处罚决定不服；（二）对行政机关作出的侵犯其已经依法取得的自然资源的所有权或者使用权的决定不服；（三）认为行政机关存在本法第十一条规定的未履行法定职责情形；（四）申请政府信息公开，行政机关不予公开；（五）法律、行政法规规定应当先向行政复议机关申请行政复议的其他情形。

对前款规定的情形，行政机关在作出行政行为时应当告知公民、法人或者其他组织先向行政复议机关申请行政复议。

4.《行政诉讼法》第四十四条　对属于人民法院受案范围的行政案件，公民、法人或者其他组织可以先向行政机关申请复议，对复议决定不服的，再向人民法院提起诉讼；也可以直接向人民法院提起诉讼。

法律、法规规定应当先向行政机关申请复议，对复议决定不服再向人民法院提起诉讼的，依照法律、法规的规定。

第四十五条　公民、法人或者其他组织不服复议决定的，可以在收到复议决定书之日起十五日内向人民法院提起诉讼。复议机关逾期不作决定的，申请人可以在复议期满之日起十五日内向人民法院提起诉讼。法律另有规定的除外。

第四十六条　公民、法人或者其他组织直接向人民法院提起诉讼的，应当自知道或者应当知道作出行政行为之日起六个月内提出。法律另有规定的除外。

因不动产提起诉讼的案件自行政行为作出之日起超过二十年，其他案件自行政行为作出之日起超过五年提起诉讼的，人民法院不予受理。

5.《国家赔偿法》第三条 行政机关及其工作人员在行使行政职权时有下列侵犯人身权情形之一的，受害人有取得赔偿的权利：（一）违法拘留或者违法采取限制公民人身自由的行政强制措施的；（二）非法拘禁或者以其他方法非法剥夺公民人身自由的；（三）以殴打、虐待等行为或者唆使、放纵他人以殴打、虐待等行为造成公民身体伤害或者死亡的；（四）违法使用武器、警械造成公民身体伤害或者死亡的；（五）造成公民身体伤害或者死亡的其他违法行为。

第四条 行政机关及其工作人员在行使行政职权时有下列侵犯财产权情形之一的，受害人有取得赔偿的权利：（一）违法实施罚款、吊销许可证和执照、责令停产停业、没收财物等行政处罚的；（二）违法对财产采取查封、扣押、冻结等行政强制措施的；（三）违法征收、征用财产的；（四）造成财产损害的其他违法行为。

【案例提示】

1. 公安机关的治安管理处罚决定应当确保经得起行政救济的审查。不仅要求案件事实清楚、证据确实充分、定性准确、处理决定适当、适用法律正确、办案程序合法，而且要求公安机关及其人民警察依法、公正、严格、高效办理治安案件，文明执法，不得徇私舞弊、玩忽职守、滥用职权。

2. 被处理人应当依法行使救济权利。被处理人不服治安管理处罚等处理决定的，可以通过行政救济途径依法维护自身合法权益，围绕案件事实、证据、定性、处理决定、程序、适用法律等事项，在法定立案范围和时限内向有管辖权的行政复议机关申请行政复议，或者向有管辖权的人民法院提起行政诉讼。

第三节 执 行

一、扰乱火车上的公共秩序行为被处以200元以下罚款乘警可当场收缴

罚款，是指公安机关依法责令违反治安管理行为人在一定期限内向国家缴纳一定数额金钱的治安管理处罚。罚款具有适用范围最广和适用频率最高等特点。罚款是一种财产罚，直接涉及被处罚人的经济利益，是执行过程中难度较大的处罚之一，治安管理处罚具有权威性，必须保证有效执行，《治安管理处罚法》对罚款的执行方式、期限和方法等都作了严格规定。根据法律规定、当事人的具体情况和执法环境及情形，罚款有自动履行、当场收缴、强制执行和暂缓或者分期缴纳等4种执行方式。

【基本案情】

某日21时30分许，某市的吴某乘坐的由沈阳站开往青岛北站的G1246次高铁列车即将到达终点站。车上的许多旅客都准备下车，需要穿过车厢的公共通道移动到车厢门口。这时吴某强行将自己的4件行李堵在公共通道上。乘客纷纷对吴某的占道行为表示不满叫他移开行李。吴某不但继续占道，而且对其他乘客谩骂威胁，严重扰乱了高铁列车上的公共秩序。乘警闻讯赶到后对吴某给予口头警告，吴某依然不做改正，继续霸占列车上的公共通道。针对吴某的这种行为，列车乘警对吴某进行了询问，并用执法记录仪拍下了吴某的违法行为，在当场处罚决定书上记录了吴某的陈述和申辩，根据《治安管理处罚法》第26条第1款第3项之规定，

决定给予吴某50元罚款的处罚。

【案情分析】

吴某作为能够准确判断自己行为的成年人，明知自己将4件行李堵在公共通道上的行为会影响其他乘客的通行，经其他乘客提醒不但拒不改正，反而谩骂威胁其他乘客，扰乱了列车上的公共秩序，主观故意明显，已经构成扰乱公共交通工具上公共秩序的违法行为。由于吴某的违法情节较轻，没有造成严重后果，根据《治安管理处罚法》第26条第1款第3项的规定，给予其50元罚款的处罚。根据《治安管理处罚法》第123条第1款第1、2项之规定，因为该处罚是在旅客列车上实施的200元以下的罚款，所以列车乘警可以当场决定并当场收缴吴某的50元罚款。

【法条链接】

《治安管理处罚法》第一百二十三条　受到罚款处罚的人应当自收到处罚决定书之日起十五日以内，到指定的银行或者通过电子支付系统缴纳罚款。但是，有下列情形之一的，人民警察可以当场收缴罚款：（一）被处二百元以下罚款，被处罚人对罚款无异议的；（二）在边远、水上、交通不便地区，旅客列车上或者口岸，公安机关及其人民警察依照本法的规定作出罚款决定后，被处罚人到指定的银行或者通过电子支付系统缴纳罚款确有困难，经被处罚人提出的；（三）被处罚人在当地没有固定住所，不当场收缴事后难以执行的。

第一百二十四条　人民警察当场收缴的罚款，应当自收缴罚款之日起二日以内，交至所属的公安机关；在水上、旅客列车上当场收缴的罚款，应当自抵岸或者到站之日起二日以内，交至所属的公安机关；公安机关应当自收到罚款之日起二日以内将罚款缴付指定的银行。

第一百二十五条　人民警察当场收缴罚款的，应当向被处罚人出具省级以上人民政府财政部门统一制发的专用票据；不出具统一制发的专用票据的，被处罚人有权拒绝缴纳罚款。

【案例提示】

《治安管理处罚法》规定，有下列情形之一的，人民警察可以当场收缴罚款：（1）被处罚人对被处200元以下罚款无异议的；（2）在边远、水上、交通不便地区，旅客列车上或者口岸被处罚人到指定的银行或者通过电子支付系统缴纳罚款确有困难，经被处罚人提出的；（3）被处罚人在当地没有固定住所不当场收缴事后难以执行的。

二、特殊行为人被处以行政拘留处罚的不送拘留所执行

行政拘留，是公安机关依法对违反治安管理行为人在一定期限内拘禁于法定处所即拘留所，从而在短期内限制其人身自由的一种治安管理处罚。行政拘留是一种人身罚，只能适用于自然人，是治安管理处罚中最严厉的处罚种类。根据《治安管理处罚法》的规定，行政拘留的期限为1日以上15日以下，行政拘留处罚分别决定合并执行处罚的，最长不超过20日。行政拘留的执行方式有直接投所执行、折抵执行、不执行和暂缓执行四种，其中最复杂的是暂缓执行，最常用的是直接投所执行，即直接强制执行，也就是把违法行为人直接投送到拘留所执行。如果违法行为人不在违法当地而在外地，经违法行为人所在地公安机关同意，也可以异地执行行政拘留，也就是把违法行为人直接投送到其所在地的拘留所执行行政拘留。

【基本案情】

某日16时许，家住某市某县某街道办事处的高某（男，72岁，户籍所在地为某街道办事处某行政村某庄某号，现住某县某街道办事处，无工作单位，无违法经历。）在本村陈某家中通过搂抱陈某，并用手触摸陈某胸部等方式，对陈某进行猥

亵，后陈某打电话报警。以上事实有高某的陈述和申辩、陈某的陈述等证人证言和监控视频等证据证实，公安机关根据《治安管理处罚法》对高某处以行政拘留6日的处罚，但不送达拘留所执行。

【案情分析】

高某作为具备行为责任能力的成年人，搂抱陈某，并用手触摸陈某的身体隐私部位。这些行为侵犯了女性的性自主权和性不可侵犯权，给陈某的身心造成了一定的伤害，在他们共同居住的村内形成了较坏的影响。高某主观故意明显，构成了违背妇女意志的猥亵女性的违法行为，根据《治安管理处罚法》第52条第1款的规定给予高某6日行政拘留的处罚。同时，因为高某是72岁的老人，社会危害性不大，根据《治安管理处罚法》第23条第1款第3项之规定，给予高某的6日行政拘留只作出处罚决定，并不送达拘留所执行。

【法条链接】

《治安管理处罚法》第二十三条　违反治安管理行为人有下列情形之一，依照本法应当给予行政拘留处罚的，不执行行政拘留处罚：（一）已满十四周岁不满十六周岁的；（二）已满十六周岁不满十八周岁，初次违反治安管理的；（三）七十周岁以上的；（四）怀孕或者哺乳自己不满一周岁婴儿的。

前款第一项、第二项、第三项规定的行为人违反治安管理情节严重、影响恶劣的，或者第一项、第三项规定的行为人在一年以内二次以上违反治安管理的，不受前款规定的限制。

第五十二条　猥亵他人的，处五日以上十日以下拘留；猥亵精神病人、智力残疾人、不满十四周岁的人或者有其他严重情节的，处十日以上十五日以下拘留。

在公共场所故意裸露身体隐私部位的，处警告或者五百元以下罚款；情节恶劣的，处五日以上十日以下拘留。

【案例提示】

根据《治安管理处罚法》，应当注意以下事项：

虽然《治安管理处罚法》规定了已满14周岁不满16周岁的未成年人、已满16周岁不满18周岁初次违反治安管理的未成年人和70周岁以上的老年人及怀孕或者哺乳自己不满1周岁婴儿的妇女等4类人实施了违反治安管理行为依法应当给予行政拘留处罚的，不把这些违法行为人送到拘留所执行行政拘留处罚，但是《治安管理处罚法》另有法条规定，如果已满14周岁不满16周岁的未成年人、已满16周岁不满18周岁初次违反治安管理的未成年人和70周岁以上的老年人违反治安管理情节严重、影响恶劣的，或者已满14周岁不满16周岁的未成年人和70周岁以上的老年人一年内2次以上违反治安管理的，仍然应当把他们送达拘留所执行行政拘留处罚。未成年人或者老年人也不能有恃无恐地多次或者反复实施违反治安管理行为，如果违法行为情节严重、影响恶劣或者屡次违法而不思悔改，主观恶性较大，仍然要受到法律的严惩。

三、采取强制措施限制人身自由的被处罚人的行政拘留应当折抵执行

【基本案情】

某日15时许，在某市某小区南门，蓝某因车辆出入问题与小区物业管理人员发生纠纷，后蓝某将自己的大众牌轿车堵在小区南门时间较长，造成车辆严重拥堵，该小区门口的秩序混乱不堪。经群众报警，分局民警出警后将蓝某带至公安机关。经过初步调查，公安分局刑警大队对蓝某采取了刑事拘留的强制措施，7日后该公安分局刑警大队经过侦查发现蓝某的违法行为不够刑事处罚，就把蓝某移送到当地派出所。当地派出所经过调查，对蓝某作出《行政处罚决定书》。根据《治安管理处罚法》第3条、第26

条第1款第2项之规定，派出所决定给予蓝某行政拘留7日的行政处罚，并根据《治安管理处罚法》第109条的规定，限制人身自由1日折抵行政拘留1日，因此不再把蓝某投送拘留所执行。

【案情分析】

本案中，蓝某作为具备责任能力的成年人，因为车辆出入的琐事与小区物业管理人员发生纠纷，又故意将自己的车辆长时间堵在小区门口，严重妨碍了其他居民的车辆出入，造成了严重拥堵，现场秩序混乱不堪，严重危害了居民小区的生活和交通秩序。当地刑警大队先对蓝某采取了刑事拘留措施，随着对蓝某违法行为的调查，7日后发现其行为的危害程度尚不够刑事处罚。当地派出所根据《治安管理处罚法》第26条的规定给予蓝某7日行政拘留的处罚。由于之前已经对蓝某采取了7日的刑事拘留限制了蓝某的人身自由，根据《治安管理处罚法》第109条的规定，对违法行为人限制人身自由1日折抵行政拘留1日，所以蓝某的7日行政拘留被7日的刑事拘留措施全部折抵，就不再把蓝某投送拘留所执行。注意，这里讲的可以折抵行政拘留的限制人身自由措施，并不包括传唤、约束、留置和继续盘问等行政强制措施，也不包括拘传、监视居住或者限制活动范围等刑事强制措施，只包括刑事拘留和逮捕这两种刑事强制措施。

【法条链接】

《治安管理处罚法》第三条　扰乱公共秩序，妨害公共安全，侵犯人身权利、财产权利，妨害社会管理，具有社会危害性，依照《中华人民共和国刑法》的规定构成犯罪的，依法追究刑事责任；尚不够刑事处罚的，由公安机关依照本法给予治安管理处罚。

第二十六条　有下列行为之一的，处警告或者五百元以下罚款；情节较重的，处五日以上十日以下拘留，可以并处一千元以下罚款：（一）扰乱机关、团体、企业、事业单位秩序，致使工作、生产、营业、医疗、教学、科研不能正常进行，尚未造成严重损失的；（二）扰乱车站、港口、码头、机场、商场、公园、展览馆或者其他公共场所秩序的；（三）扰乱公共汽车、电车、城市轨道交通车辆、火车、船舶、航空器或者其他公共交通工具上的秩序的；（四）非法拦截或者强登、扒乘机动车、船舶、航空器以及其他交通工具，影响交通工具正常行驶的；（五）破坏依法进行的选举秩序的。

聚众实施前款行为的，对首要分子处十日以上十五日以下拘留，可以并处二千元以下罚款。

第一百一十条 对决定给予行政拘留处罚的人，在处罚前已经采取强制措施限制人身自由的时间，应当折抵。限制人身自由一日，折抵行政拘留一日。

【案例提示】

《治安管理处罚法》第110条规定："对决定给予行政拘留处罚的人，在处罚前已经采取强制措施限制人身自由的时间，应当折抵。限制人身自由一日，折抵行政拘留一日。"该条中提到的采取限制人身自由的"强制措施"指的是刑事拘留、逮捕等刑事强制措施，而不包括传唤、约束、留置和继续盘问等限制人身自由的治安行政强制措施，所以，传唤、约束、留置和继续盘问等治安行政强制措施限制人身自由的时间并不能进行折抵。被决定的行政拘留虽然被折抵执行了，但是违法行为人依然是被作出了行政拘留处罚，并执行了行政拘留处罚，因此并不能由此就认为违法行为人没有被治安管理处罚过，而是已经被行政拘留处罚过。

第五章　执法监督

一、民警执法办案应遵守尊重和保障人权的宪法原则

本次《治安管理处罚法》修改，将2004年《宪法》确立的尊重和保障人权原则写入“总则”部分，依法维护宪法权威。修改后的《治安管理处罚法》诸多条款都体现了这一原则，如有关处罚种类设置、涉案财物管理、处罚执行等环节的规定，特别是在执法监督部分，明确制定了禁止性规范，以保障当事人的合法权利。反映在公安执法工作中，就是公安机关及其人民警察在办理治安案件过程中，禁止对违反治安管理行为人打骂、虐待或者侮辱，违者将会受到政纪处分甚至刑事处罚。

【基本案情】

某日，一工地施工双方因施工区域划界问题引发争议并报警。在接处警过程中，某派出所民警曹某存在言语不文明、违反办案程序规定问题，被当事人举报。某公安局经过调查后，确认曹某执法办案存在问题，依据相关规定，给予曹某党内严重警告处分，并调离原单位。某公安局表示将切实加强队伍教育管理，提升执法水平，主动接受社会各界的监督。

【案情分析】

《治安管理处罚法》第132条规定，公安机关及其人民警察办理治安案件，禁止对违反治安管理行为人打骂、虐待或者侮辱。倡导民警在现场执法中采取冲突降级原则，尽可能减少执法现场

的语言冲突和肢体对抗，采取强制措施时严格评估风险和武力限度，按照程序告知或警告，尽可能争取行为人的理解配合。本案中，当报警人不配合时，民警应当理性判断事态，执法语言要文明，切勿违反法定程序。

【法条链接】

《治安管理处罚法》第一百三十二条　公安机关及其人民警察办理治安案件，禁止对违反治安管理行为人打骂、虐待或者侮辱。

【案件提示】

尊重和保障人权是宪法的基本原则。民警执法时要严格按照规定从严规范自己的处置行为。在现场执法过程中，务必遵循冲突降级原则，力求最大限度地减少语言争执与肢体冲突，实施强制措施前需严谨评估风险及武力使用的必要性，并依照法定程序进行告知或警告，理性、平和、文明执法，以期获得公众的理解、配合与支持。

二、公安机关及其人民警察违法行使职权，侵犯公民、法人和其他组织合法权益的，应当赔礼道歉；造成损害的，应当依法承担赔偿责任

按照《公务员法》和《国家赔偿法》的规定，行政赔偿是指行政机关及其工作人员违法行使行政职权，侵犯公民、法人和其他组织的合法权益造成损害的，由国家承担赔偿责任。公务员违法执行公务造成的损害应由国家赔偿，执法人员有过错的应被依法追偿。值得注意的是，《治安管理处罚法》在《国家赔偿法》的基础上，对“赔礼道歉”这一责任承担方式给予了特别强调和优先定位，强调了在治安管理领域，因执法行为引发的冲突中，情感修复、尊严恢复和关系重建具有基础性和优先性。及时的、真诚的赔礼道歉能够有效化解对立情绪，修复受损的警民互信，为

后续可能需要的赔偿或追责奠定一个相对缓和的基础，对于构建和谐警民关系、提升执法公信力具有不可替代的作用。

【基本案情】

某年6月18日，王女士因对派出所民警傅某某等处理其与他人打架一事不满而进行了投诉。当天下午，傅某某以王女士与他人打架为由，着制式警服抵达其住所，欲口头传唤王女士，在王女士家与王女士及其父母发生了肢体冲突，并使用了警械。次年7月，法院一审判决该派出所民警对王女士未使用传唤证而进行口头传唤的行为违反法定程序。9月12日，某区公安分局通报，处警民警对王某进行口头传唤的行为违反法定程序，对王某父母使用警械的行为不符合相关规定，决定对傅某某等处警民警作出相应处理。同时，公安分局对王某及其父母深表歉意，衷心感谢社会各界监督。

【案情分析】

本案中，派出所民警傅某某等因处理王女士与他人打架的治安案件，身着制式警服前往王女士住所对其进行口头传唤，要求其到派出所接受调查询问。口头传唤仅适用于现场发现的违反治安管理行为人。本案中，民警傅某某等对王女士传唤不符合口头传唤的法律规定。次年7月，一审法院作出判决：派出所民警傅某某等对王女士未使用传唤证而进行口头传唤的行为违反了《治安管理处罚法》的法定程序，属于违法行为。这一司法判决为后续的责任认定和追究提供了法律基础。在法院判决后，上级公安机关迅速响应：确认处警民警傅某某对王某进行口头传唤的行为违反法定程序；确认处警民警对王某父母使用警械的行为违法；决定对涉事民警作出相应处理；代表分局向王某及其父母深表歉意，并衷心感谢社会各界监督。公开的赔礼道歉是对《治安管理处罚法》第140条要求的直接履行。

《治安管理处罚法》第96条的强制性规定，旨在保障公民在面对具有强制性的传唤时，能明确知晓传唤的法律依据、事由、接受调查的地点等信息，并作为其后续维权的重要凭证。违法传唤会引发当事人及其家属的不满和对抗情绪。及时、真诚、公开的赔礼道歉有利于修复受损的警民关系，纾解当事人的情绪，减少对抗。

【法条链接】

《治安管理处罚法》第一百四十条　公安机关及其人民警察违法行使职权，侵犯公民、法人和其他组织合法权益的，应当赔礼道歉；造成损害的，应当依法承担赔偿责任。

【案例提示】

程序合法是执法的底线要求。在现代法治社会，程序正义具有独立价值。任何违反法定程序的行为不仅可能导致证据无效、案件处理被动，还会产生法律责任（如赔偿、追偿、处分），严重损害执法权威和形象。

赔礼道歉或者赔偿的前提是要有违法行使职权行为，如何判断、确认违法行为是关键，通常由赔偿义务机关直接确认或提起复议确认、向法院提起诉讼确认。因此，对于权益受到公安机关执法行为侵害的公民、法人或其他组织，在寻求赔礼道歉或国家赔偿时，首要步骤就是通过法定途径（复议或诉讼）确认该执法行为的违法性。本案中，王女士通过行政诉讼成功确认了口头传唤行为的程序违法，为后续的道歉、追责乃至可能的赔偿诉求奠定了坚实的法律基础。公安机关自身也应当建立健全主动发现和确认违法行为的机制，及时纠错、主动担责，将《治安管理处罚法》第140条的要求落到实处，真正做到执法为民、取信于民。